고고학이론 껍질 깨기

ARCHAEOLOGICAL THEORY
IN A NUTSHELL

고고학이론 껍질 깨기

에이드리언 프랫첼리스 지음 | 유용욱 옮김

사회평론아카데미

한강문화재연구원 학술총서 12

고고학이론 껍질 깨기

2021년 11월 26일 초판 1쇄 인쇄
2021년 12월 15일 초판 1쇄 발행

지은이 에이드리언 프랫첼리스
옮긴이 유용욱
펴낸이 윤철호·고하영
책임편집 김혜림
편집 최세정·이소영·엄귀영
디자인 김진운
본문조판 민들레
마케팅 최민규

펴낸곳 (주)사회평론아카데미
등록번호 2013-000247(2013년 8월 23일)
전화 02-326-1545
팩스 02-326-1626
주소 03993 서울특별시 마포구 월드컵북로6길 56
이메일 academy@sapyoung.com
홈페이지 www.sapyoung.com

ISBN 979-11-6707-031-9 93900

데이브 프레드릭슨,[1] 베라매 프레드릭슨,[2] 짐 디츠[3]를
기억하며

이분들이 나의 인생과 연구에 미친 영향은 이루 말할 수 없다.
이분들이 없었다면 나는 아마 변호사나 하고 있을 거다.

1   **데이브 앨런 프레드릭슨**David Allen Fredrickson(1927-2012)은 미국의 고고학자이자 컨트리송 가수이다. 캘리포니아 버클리 대학University of California, Berkeley에서 인류학을 공부하던 중 제2차 세계대전에 참전하였고, 종전 후 같은 학교 대학원에 재학하는 동안 히피 문화에 빠져 전문 가수의 길을 걸었다. 그리고 다시 복학하여 캘리포니아 데이비스 대학University of California, Davis에서 박사학위를 받고, 저자가 재직하고 있는 소노마 주립대학Sonoma State University에서 가르쳤다. 캘리포니아 현지 원주민들과 정서적으로 교감하면서 교내의 인류학연구센터Anthropological Studies Center를 설립하기도 하였다. 저자인 에이드리언 프랫첼리스의 학과 선배이자 직장 동료이며 멘토였다.

2   **베라매 프레드릭슨**Vera-Mae Fredrickson(1926-2011)은 미국의 인류학자이자 데이브 프레드릭슨의 아내이다. 남편과 함께 지역 내 원주민들의 보호 구역 관리 및 고고학 조사 연구를 하였고 교사로 재직하였으며 *News from Native California*라는 캘리포니아 북부 원주민 저널의 창립 주간을 맡기도 하였다.

3   본명은 **제임스 판토 디츠**James Fanto Deetz(1930-2000)로, 저자인 에이드리언 프랫첼리스가 캘리포니아 버클리 대학 인류학과에 다닐 때 지도교수였다. 자세한 연구 업적 및 행적은 본문에 나온다.

한국어판 서문

추상적으로 생각한다는 건 나에게 결코 쉬웠던 적이 없다. 종종 나는 저자의 관점을 이해하기까지 두세 번은 읽어야 했다. 어떤 때는 아무리 노력해도 전혀 이해가 되지 않았다. 아니면 이해했더라도 왜 그런 걸 따지고 거론하는지 알 수 없는 경우도 있었다. 작가, 그리고 나와 다르게 영리한 사람들은 왜 그걸 중요하다고 여길까? 아마 그대들도 같은 경험을 한 적이 있겠지만 인정하고 싶지는 않을 게다. 나는 이 책을 나 같은 사람들을 위해 썼다.

영국의 고고학자 모티머 휠러Mortimer Wheeler는 "죽은 고고학이란 바람에 쓸려 가는 말라 비튼 먼지일 뿐이다dead archaeology is the driest dust that blows."라고 말했다. 이 말은, 고고학이 사람의 삶이나 관심사와는 전혀 상관없는, 우리가 상상할 수 있는 가장 따분한 분야가 될 수도 있다는 의미다. 유물의 개수, 무게, 재질 등을 목록으로 만드는 것. 과거인이 사용하던 토기 형식이나 돌창 창살의 모양 차이를 따지는 문제로 귀결되곤 하는 문화 편년은 바로 그런 고고학의 사례다. 그게 인류의 과거에 대해 발견할 수 있는 전부라면, 그런 걸 찾아 헤매는 건 정력을 쏟을 만큼 중요하다고 볼 수는 없을 것이다. 호기심이나 지적 문제를 풀고자 하는 자발적 욕구만으로는 부족하다. 적어도 나한테는 그렇다.

이 책에서 내가 제시하는 생각들은, 역사가 왜 그렇게 전개되었고 더 중요하게는 왜 사람들이 그렇게 생각하고 행동했는지를 이해하도록 하는 창문이다. 아마 그대는 어떤 생각에는 동의하고, 또 어떤 생각에는 동의하지 않을 것이다. 그리고 그게 내가 의도한 것이기도 하다. 객관적이거나 입증 가능한 진실이란 없기 때문이다. 대신, 이 생각들은 인간의 행위를 다루고 있다. 그대가 좋아하든 말든, 이 생각들은 우리가 지극히 당연하다고 여겨 논할 필요조차 없다고 보는 통상적 견해들을 문제 삼는다. 그리고 '죽은 고고학'을 세상에 대한, 또 그 세상 속에 그대가 처해 있는 입장에 대한 '살아 있는 통찰'로 바꾸어 준다.

만약 전문 학술대회에 참석한 적이 있다면, 많은 고고학자들이 실제 고고학을 하는 데 있어 가륵할 정도로 엄숙한 자세로 임하는 것을 봤을 것이다. 이런 태도는 어떤 이들이 스스로를 남들보다 더 똑똑하고 특별한 사람이라고 여기게끔 만든다. 그 이유는 낯선 지식들을 독점적으로 받아들이고 서로 이해하기 힘든 전문용어로 소통하기 때문이다. 그런 종류의 사고방식은 유머라는 정서를 극도로 배척한다. 유머는 뭔가 있어 보이게 하는 가식적인 가면을 벗겨 사람을 무방비 상태로 만든다. 유머는 우리 모두 인간에 불과하며 나름 존중받을 가치가 있다고 지적해 준다. 그리고 그게 바로 이 책을 어느 정도는 버르장머리 없어 보이게 쓴 이유이기도 하다. 왜냐하면 우리가 진지하게 임할 대상은 연구 주제이지, 우리들 자신이 아니라고 믿기 때문이다.

많은 세월을 미국에서 보냈지만, 사실 나는 영국 출신이다. 여기서 내가 구사한 몇몇 문구들과 의도적으로 장난을 부린 표현들은 그런 문화적 배경에서 나왔다. 아마도 이런 것이 번역자인 유용욱 선생의 작업을 무척 난감하게 했을 수도 있다. 유 선생이 기꺼이 내 책을 번역해 준 것은 나에게 큰 영광이다. 그러나 무엇보다도 감개무량한 것은, 내가 한국과 맺은 특별한 인연 때문이다. 내 며느리는 한국에서 미국으로 부모와 함께 이민 온 조성은이라는 훌륭한 여성이다. 내 손주 녀석인 연희는 한국의 '산토끼' 노래

를 즐겨 부른다. 나는 이러한 인연이 너무나도 자랑스럽고, 유용욱 선생께
서 내 책의 이러한 가치를 깨닫고 믿어 준 것에 깊은 영예감을 표한다.

2021년 9월
미국 캘리포니아에서
에이드리언 프랫첼리스

INTRODUCTION TO THE KOREAN EDITION

Abstract thinking has never been easy for me. Often, I had to read an article two or three times before I understood the author's point. Sometimes I never did understand, despite how hard I tried. Or if I understood the idea I couldn't figure out why anyone would care about it. Why did the writer and a lot of other smart people think it was important? Perhaps you have had the same experience but don't want to admit it. I wrote this book for people like me.

British archaeologist Mortimer Wheeler wrote that "dead archaeology is the driest dust that blows." He meant that archaeology can be the most boring subject imaginable, completely irrelevant to human life and human concerns. Lists of objects, their number, weight, material, and so on. Chronologies of cultures whose differences seem to come down to the types of pottery they used or the shapes of their stone spear points. If that is all there is to be discovered about the human past then perhaps it is not so important to spend much energy on the search. Curiosity and the desire to solve a self-generated intellectual problem are not enough. At least, they are not enough for me.

The ideas I present in this book are windows to understanding why history played out as it did and, more importantly, why people may think and act the way they do. You will probably agree with some and reject others. And that is what I intend. None is an objective, demonstrable Truth. Instead, they are ideas about human behavior. But whether you like them or not, these ideas problematize conventional notions about the world that seem to us so obviously true that they are not worth discussing. They can turn "dead archaeology" into live insights about the world and your place in it.

If you have attended a professional conference you will have noticed that many archaeologists treat the practice of archaeology with great solemnity. This attitude encourages some people to consider themselves special people who are smarter than the rest of us because they have access to esoteric knowledge and communicate with each other in a hard-to-understand technical jargon. Humour is anathema to that way of thinking. Humour makes one vulnerable by removing the mask of aloofness. Humour points out that we are all human and deserve respect. And that is why this book may sometimes seem disrespectful and frivolous. Because I believe we should take our subject seriously, but not ourselves.

Although I have lived in the United States for many years, I grew up in England. So some of the idioms I use in writing and my sense of humour come from that culture. All this must have made Professor Yoo's task very difficult. He did me a great honor by taking up the task of translating my book. But it was more poignant for me than he knew because of my own connection to Korea. My son is married to 조성은, a wonderful woman whose parents emigrated to the United States from Korea. My sweet grandson 연희 likes to sing 산토끼. I am proud of these links and deeply honored that Professor Yoo believes in the value of my book.

Adrian Praetzellis

감사의 글

내 이론에 따르면
그건 아마 토끼일 거야I've got a theory, it could be bunnies.[1]

— 조스 휘던Joss Whedon,[2] 〈뱀파이어 사냥꾼 버피Buffy the Vampire Slayer〉

나는 한동안 시간 날 때 가끔 이 책을 끄적거리다가, 재직 중인 소노마 주립대학Sonoma State University에서 황송하게 하사하신 안식년 휴가를 맞이하면서 바야흐로 탈고할 기회를 얻었다. 안식년이라고 결코 봐주지 않는 우리 학교 인류학연구센터Anthropological Studies Center가 나를 찾지 못하도록 전화, 이메일, 그 밖의 다른 통신수단에서 완전 차단된 비공개 장소로 여러 차례 도망쳐야 했다. 나에게 이렇게 짱(?)박혀 있을 장소를 제공해 준 로이지와 존, 마리아와 토니, 더그와 샤론에게 고마움을 표한다.

물론 이 모든 것은 나의 친구, 동료, 그리고 40년 동안이나 애정 어린 동반자로 함께해 준 메리가 없었다면 불가능했을 거다. 고마워 여보!

2014년 11월 10일, 캘리포니아주 클로버데일Cloverdale에서
에이드리언 프랫첼리스 씀

옮긴이 주

1 미국 인기 TV 드라마인 〈뱀파이어 사냥꾼 버피Buffy the Vampire Slayer〉에 나오는 노래 가사의 한 대목이다. "내 이론에 따르면I've got a theory"이라는 상투어구가 연속적으로 등장하는데, 지극히 단순한 소재거리를 언급할 때도 이론을 들먹이는 현대인의 습관적 이론 의존증의 예를 들기 위해 인용한 것으로 보인다.

2 본명은 **조셉 힐 휘던**Joseph Hill Whedon(1964-)으로 미국의 영화/TV 감독이자 극작가이다. 1992년 개봉한 영화 〈뱀파이어 사냥꾼 버피〉의 각본을 작성하였고, 1997년에는 동명의 TV 시리즈를 직접 제작·감독하였다. 〈뱀파이어 사냥꾼 버피〉는 기존에 전형적으로 나약하게만 묘사되던 금발의 젊은 여성을 뱀파이어 헌터로 설정하는 시도를 통해 전 세계적으로 큰 히트를 쳤다.

차례

이론은
어떻게 작동하는가

문자 '그대로' 번역하는 사람이 거짓말쟁이라면,
뭔가를 덧붙이는 사람은 신성모독자이다.

— 토사포스 메길라Tosafos Megillah[1]

이 책은 무엇에 대한 것인가?

고고학에서 이론이란 마치 식사 때 야채를 남김없이 먹어야 하는 것과 같다. 그게 몸에 좋다고 모든 사람이 말하지만, 막상 그것에 달려드는 것은 별로 흥미로운 일이 아니다.

매튜 존슨Matthew Johnson[2]이 쓴 훌륭한 책 『고고학이론Archaeological Theory』 (2010)과, 내가 쓴 조금 더 가벼운 책 『이론에 죽다Death by Theory』(2011)가 출판되기 전의 대학교 고고학이론 수업은 케케묵은 고전 논문이나 읽는 것이 일반적 풍경이었다. 그리고 그것만으로 충분했다. 학생들은 모두 루이스 빈포드Lewis Binford[3]가 쓴 『인류학으로서의 고고학Archaeology as Anthropology』이나 이안 호더Ian Hodder[4]가 상징에 대하여 쓴 것들을 읽어야 했다. 그런 걸 읽는 게 바람직하다는 점은 충분히 인정한다. 하지만 장황하고 복잡한 빈포드의 글과 추상적이기만 한 호더의 글에 대학원생들이 나가떨어져 결국은 짐 싸서 하산하는 것을 꾸준히 봐 왔다. 이런 일은 저명한 전문가들이 다양한 이론적 주제에 대한 개괄적인 내용을 학생 대상으로 함께 편저한 책들에서도 나타난다. 이 양반들은 자신들의 이야기가 겉과 속이 뒤집힌 것을 알고 있다. 그리고 바로 그게 문제다. 그들이 세상을 이해하는 수준은 너무 심오한데 반해, 표현은 오히려 함축적이다. 그들의 설명은 초보자들의 머릿속을 가로지르는 비유와 암시로 가득 차 있곤 하다.

이와는 별개로, 최근에는 '**넘길패스**TLDR'라는 문제가 또 있다. 이 인터넷 용어는 '너무 길어서 패스Too long, didn't read'의 약자인데, 글이 너무 장황하거나 또는 독자가 그것을 낱낱이 읽을 만큼의 시간이나 관심이 없다는 것을 의미한다. 어떤 의미이건 상관없지만, 어쨌든 학생들에게 던져진 이론 논문들은 궁극적으로 '패스 당할' 운명이 확실하다.

짧기만 한 집중력과 어렵기만 한 읽을거리가 합쳐지면, 고고학자들은 자신이 안다고 믿는 것을 과연 어떻게 알아낼 수 있는지의 문제는 결국 포기할 수밖에 없다. 그리고 고고학의 논리를 밝혀내기는커녕 오히려 어리둥절하게 만들 뿐이다. 어리둥절하게 만든다는 것은 무슨 소리인가? 그건 바로 권위자라 불리는, 혹은 그렇게 되고 싶은 작자들이 쓸데없이 복잡하고 이해하기 힘든 표현을 사용함으로써 자신이 뭘 하는지에 대해 다른 이들이 감탄하고 경외하도록 만드는 방법이다. 그건 마치 "그 잘난 머리로 기를 쓰고 생각하려 하지 마. 아마 너희는 절대 안 될 거야!"라고 조롱하는 태도와 같다. 그러나 고고학이론은 로켓을 연구하는 과학처럼 난해하지 않다_{난 이} _{점이 진짜 감사하다}. 나 같은 사람이 고고학이론의 작동 방법을 이해한다면 그대들도 마찬가지로 이해하게 마련이다. 만약 학술적인 산문이 가장 효과적인 의사소통 수단이라면, 예술이나 문학 작품은 쓸모 없는 잉여물이었을 것이다. 물론 전혀 그렇지 않은 게 현실이지만.

고고학을 어떻게 하면 어리둥절하지 않게 만들 수 있을까? 글쎄, 단지 고고학이 쉽다고 떠드는 것만으로는 충분하지 않다. 인간이 스스로의 다양한 면모를 실제 상황에 적용해야만 가능하다는 점을 강조해야 된다.

　왜 나는 이런 것들을 가르쳐야 할까? 바로 고고학의 가장 중요한 목적 중 하나가물론 내 생각이지만 일상적 삶의 과정을 드러내고, 과거를 일반인들에게 귀속하는, 즉 과거를 '민주화democratize'하는 것이기 때문이다. 나는 이 책에서 각 주제들을 평이한 문장으로 설명하고 친숙한 사례를 활용할 것이다. 이를 통해 이론이라 부를 수 있는 그 무엇인가에 대해 한번 이야기해 볼까 한다.

고고학은 왜 이런 방식으로 이루어질까?

현실적으로 사람들은 고고학을 하기 위해

◎ 접근 방식 혹은 기법들을예를 들면 동물생태학 등을

◎ 주제나 각종 이슈에예를 들면 '도시 빈민가에 대한 기존 생각의 해체' 같은 이슈에 적용하기 위해,

◎ 이론 혹은 세상이 어떻게 돌아가는지에 대한 생각, 예를 들면 **미셸 푸코** Michel Foucault의 사상 등을 근거로 삼는다.

　만약 이런 것들을 하나의 위계질서로위에서 내가 한 것처럼 정리하면, 고고학은 1)연구하고 싶은 주제에서 시작해 2)기법을 갖고 탐구하고 3)그 결과를 이론을 통해 해석하는 것이라 말하는 게 참으로 근사하고 직관적일 것이다. 사실 이렇게 직관적으로 판단하는 경우가 가끔 있기도 하다.

　하지만 실제 고고학 연구에서는 위 세 가지 항목 중 하나 혹은 두 항목만 강조하고, 그 밖의 것은 거의 관심을 가지지 않는 경우가 더 흔하다. 이

건 내가 개인적으로 파악한 것이지 비판하려는 건 아니다. 우리가 고고학의 구조를 알고 있더라도 위 세 가지 중 어느 쪽에 더욱 노력을 기울일지 스스로 결정하는 게 좋을 것이다. 그중에서도 연구계획서를 작성할 때 흔히 나타나는 **설레발**front-end loading이라는 적폐가 있다. 이것은 연구자가 고고학 문헌을 작성하면서 앞 부분에는 최첨단 고난도 사회이론 등을 마구잡이로 처발라 놓지만, 나중에 유적에서 발견된 고고자료를 이해하는 데는 정작 아무짝에도 쓸모없는 지경을 말한다.

고고학에는 다음 두 가지 과정이 포함된다사실 이보다 더 많은 과정을 포괄하지만 여기서는 요점만 제시한다.

◎ **정보의 수집** 지표조사, 땅파기발굴 혹은 실험실 분석 작업 등
◎ **정보의 해석** 과연 그 정보가 무엇을 의미하는지를 결정하여, 친애하는 독자들에게 우리의 이야기를 전달하는 것

몹시 솔직, 담백, 간단, 명료하지 않은가?

대충 말하면 고고학자들은 관련 주제에 대해 최대한 알아내기 위해 단편적 사실fact들을 계속 쌓아 간다고 보면 된다. 예를 들어 교차로 주변에서 집자리 몇 채가 마을로 발전하는 과정을 밝히고 싶다면, 그대가 할 일은 모든 집자리를 남김없이 발굴해서 노출시키기만 하면 된다. 과학철학자인 토머스 쿤Thomas Kuhn[5]은 이런 과정을 '지식 쌓기knowledge-building' 작업이라 일컫는다. 그대는 주제에 대해 점점 더 알게 되고, 기존의 배경지식에 새로운 지식을 계속 덧붙여 나가다 보면, 짜잔! 마침내 그대는 그것을 이해하게 된다. 문제problem에 기법technique을 적용하고 그 결과를 이론theory에 근거해서 해석하는 작업은 기본적으로 단선적 과정에 불과하다. 이러한 **정상과학**正常科學, normal science 모델은 궁극적으로 해결책으로서의 답을 도출하기 마련이고 모

든 사람들은 이에 흡족해한다.

　지금까지 이야기한 것은 사실 그렇게 의도했든 혹은 생각만 했든, 지극히 이상적인 상황이다. 그러나 실제 세상은 이보다 훨씬 너절하게 돌아가고 있다. 아마도 다음 그림 같을 것이다.

고고학 사조의 흐름 핵심 정리하기

많은 고고학자들은 인류학 분야 내에서 성장하였고 인간 행위에서 반복적으로 나타나는 일정한 양상樣相, pattern을 보려고 한다. 또한 진화라는 개념을 좋아하는데, 이것은 새로운 양상들이 어떻게 기존 것들에서 발전해 나가는지 설명하는 틀이다. 만약 이 두 가지를 결합하면, 고고학 역사의 대부분이 도대체 왜 다음과 같은 스토리로 진행되는지 명확하게 이해할 수 있다.

◎ 처음에 사람들은 역사적 설명에 관심을 갖고, 언제/어디서/누구에게 무슨 일이 일어났나를 강조했다. 이를 **문화사**culture history라 불렀다.

◎ 그러다 문화 과정을 이해하고 싶어 하는 신고고학자New Archaeologist란 작자들이 등장해서, 사물이 '왜why' 발생했는가에 대한 질문에 달려든다. 이는 **과정주의**processualism라고 불렀다.

◎ 바야흐로 이 책에 쓰인 대로라면 우리는 **탈과정**postprocessual시대에 와 있다. 이제 고고학자들은 서로 다른 주제와 접근법을 구사하는 여러 분파로 나뉘고 있다.

앞의 요약은 수많은 세부 사항을 건너뛰고, 앞뒤가 맞는 어떤 이야기를 만들기 위해 대충 일반화generalization한 것에 불과하다. 그리고 일반화란 바로 이러한 목적 때문에 존재한다. 그러나 방금 내가 요약해 놓은 거대서사master narrative는 고고학에서의 전환이 순수하게 지적 전통에 기반한다는 잘못된 인상을 주기 딱 좋다. 마치 누군가가 논문 한 편으로 모든 사람들의 마음가짐을 확 바꿔 놓았고, 갑자기 모든 일들이 완전히 달라졌다는 식의 이야기라는 의미다. 고고학이 어떻게 바뀌어 왔고, 현대 고고학이 왜 이 지경에 처했는지에 대한 시각은 정확해야 한다. 하지만 간단하게 요약만 한다면 그 자체로 속임수나 마찬가지다.

이론 타령은 이런 스토리의 일부분에 불과하다. 그러나 고고학이론은 좋든 나쁘든 얄팍한 이 책의 주제이기도 하다. 그대가 돈을 내고 이 책을 사 보는 이상 어쨌든 이론에 몰두해야 하는 것만은 사실이다.

문화사고고학에 대하여

문화사란 바로 고고학이 시작된 곳이고, 아직도 고고학자들이 거의 대부분의 시간을 투자하는 분야다. 수백 년 전의 세상을 상상해 보자. 기억과 기록자료가 남아 있는 시간 이전에 인간의 역사는 거의 백지에 불과했다. 물론 우리가 고고학 유적이나 유물이라고 부르는 것들이 많이 존재했지만, 이러한 것들이 무엇을 의미하는지 알아낼 수는 없었다. 과거에특히 한참 오래전의 과거에 접근할 수가 없었던 셈이다. 예를 들면 선사시대 북미 원주민들은 문자로 된 기록물을 일부 보유했지만 고고학자들에게는 스스로 밝혀내고 서술해야 할 엄청나게 많은 유물과 토착 문화가 남아 있었다.

그래서 초창기 고고학자들은 그야말로 맨땅에서 시작해 인류 역사의 가장 심오한 사실을 알아내야만 했다. 심오한 사실이란 '언제 어디서 무슨 일이 누구에게 일어났나'와 같은 것들이다. 이는 문화사적 접근의 기본적 질문이고, 여기에 대한 배경지식 없이는 어떤 종류의 고고학도 할 수가 없다.

고고학자들은 생물학자에게서 사물을 분류하는 방법을 배웠고, 이를 통해 그들의 상호관계를 이해하려 했다. 크리스티안 톰센Christian Thomsen은 덴마크의 유물을 돌, 쇠, 청동으로 분류해 시간순으로 배열한 것으로 유명하다. 그는 재질에 따라 유물을 분류하였고, 그 밖에 또 다른 속성으로 범주화해 보려 했던 초창기 학자 중 한 명이었다.

돌, 쇠, 청동에 근거해서 유물을 분류한 것은 재질에 따라 물질을 시간순으로 배열한 최초의 시도 중 하나일 것이다. 그리고 우리에게 익숙한 과거인의 시대 이름이석기시대-청동기시대-철기시대 이를 통해 등장했다. 이렇게 대상물object의 집합체가 특정 시기와 장소에 따라 고유한 인간 집단을 대표한다고 생각하는 방식을 문화에 대한 **규범적**normative 관점이라고 한다. 이러한 표준적, 혹은 규범적 접근은 문화사 방법론의 토대가 되었다.

20세기 초·중반의 고고학자들은 형식학typology, 계기연대측정법seriation, 격식을 갖춘 발굴법controlled excavation 등의 방법론을 개발해 왔다. 그들은 대상물을 분류하고 등급class, 형식type, 아형식subtype 등으로 위계질서를 부여하였으며, 이러한 것들을 시공간상에서 비교하는 데 특화된 전문가였다. 이 시기에는 고고학적 **확산**horizon[6] 및 **전통**tradition 같은 익숙한 개념이 고안되기도 했다. 투척용 찌르개projectile point[7]나 토기의 양식style은 시간과 장소에 따라 뚜렷하게 변화한다고 여겨져 매우 인기 있는 연구 대상이었다. 서로 다른 유적에서 특정 형식의 유물들이 함께 발견될 때 이를 유물군assemblage이라고 불렀는데, 이 개념은 고고학적 문화archaeological culture를 구성한다. 이러한 유물군은 고고학적 문화들 간의 상호관계를 시공간에 걸쳐 드러내도록 구성된 셈이다.

물론 이러한 작업을 하는 사람들은 자신들이 '문화사culture history'를 한다고 여기지 않았다. 문화사라는 학파의 이름은 나중에 다른 사람이 붙인 것이다. 만약 여러분이 무엇을 하고 있냐고 물었다면, 그들은 단지 고고학을 할 뿐이라고 답했을 것이다.

20세기 중반에 들어서면서 고고학자들은 전 세계 수많은 지역에서 기본적 편년을 복원할 수 있었다. 그리고 아까 언급했듯이 이런 고고학자들은 맨땅에서부터 시작했기 때문에, 과거에 대한 기초적 질문인 '언제 어디서 누구에게 무슨 일이 생겼나?'에만 가장 큰 관심을 보였다. '왜'라는 질문에는 기본적으로 관심을 안 가졌는데도 불구하고, 그들은 불현듯 변화를 설명할 수 있는 전파diffusion라는 개념을 생각해 냈다. 이러한 개념은 아이디어가 한 집단에서 다른 집단으로 전해지는 것을 말하지만, 무엇이 혁신renovation적 변화를 이끌어 냈는지를 설명할 수는 없었다. 월터 테일러Walter Taylor[8]는 자신의 저서 『고고학연구A Study of Archaeology』(1948)에서, 당시 고고학이 기존 견해와 다른 새로운 접근 방법을 찾지 못한다면 문화 집단의 변동을 이끄는 요인을 결코 알아낼 수 없을 것이라고 지적하기도 했다. 그리고 그 요인을 알고자 한다면 기존 고고학의 케케묵은 선입견에 대한 문제 제기부터 시작해야 했다.

그러한 문제 제기 중 하나는, 20세기 초·중반에 고고학자들이 고안한 '문화'라는 개념이 과연 실제로 존재하던 역사 집단을 설명하고 있는가라는 의문이었다. 앞에서 얘기했던 규범적 관점은 고고학자들이 자체 고안한 개념들이 객관적으로 실존한다고 믿게 만들었다. '비커족Beaker Folk'[9]이나 '후기 단계 태고기 사람들Upper Archaic' 같은 집단은 실제 존재했다고 여겨졌는데, 이러한 개념들이 그저 고고학자들의 추상적 창작품이었다는 생각은 고고학의 전체 구조를 뒤흔드는 것이었다. 1950년대 중반에 앨버트 스폴딩Albert Spaulding[10]과 제임스 포드James Ford[11]는 여러 논문을 통해 설왕설래하며 이 의문에 대한 토론을 본격적으로 진행했다. 요점만 이야기하면, 스폴딩은 고고학자가 구사하는 '형식type'이라는 개념이 실제 그것을 따르는 과거인들의 문화 범주를 대표한다고 주장했다. 반면에 포드는 이러한 개념은 고고학자들이 자신의 연구를 위해 스스로 고안해 낸 요긴한 발명품에 불과하다고 주장했다. 물론 이 이상의 다양한 논쟁이 있기는 했지만 이 정도만 해도 그대가 대충 철저히 알아먹을 것으로 믿는다.

어쨌든 이러한 문제 제기 결과, 많은 고고학자특히 미국 고고학계 인사들가 자신의 지적 전통에 문제가 있다는 점을 깨우쳤다. 자신의 연구 방식이 합리적이라고 믿었지만, 사실은 몹시도 천진난만하고 순진무구한 수준에 불과했음을 알게 된 것이다. 이에 따라 고고학에서 '순수의 시대age of innocence'[12]는 막을 내린다.

귀납, 연역, 그리고 과학적 방법

앞에서 언급한 초창기 고고학자들의 방법은 기본적으로 **귀납적**inductive이다. 그들은 정보를 모으고 질서에 맞게 구성한 다음 그들이 관찰한 양상을 그럴듯하게 설명하고는 했다. 새로운 정보는 기존의 설명틀에 끼워 맞춰지거나 아니면 새로운 틀을 개발하는 데 사용되었다. 누군가가 내린 결론이 정확한지 판단하는 척도는 다른 고고학자들이 그 결론을 진지하게 수용해서 본인의 연구에 적용했는지의 여부에 있었다. 이 접근 방식은 사람들이 '그렇겠거니' 하고 넘길 수준의 뻔한 상식에 기반하고 있었다. 자료와 결론 간 관계에 대해서는 근거 없는 가정들이 난무할 뿐이었다.

이미 말했듯 테일러와 포드가 고고학의 인식론적 문제를 제기하면서, 일부 고고학자들은 흔히 **과학적 방법**이라고 일컫는 자연과학의 연역적 가설검증 방법hypothetico-deductive method을 채택했다. 귀납법은 산더미처럼 쌓인 정보에서 시작해 단 하나의 생각으로 끝나지만, **연역법**deduction은 완전히 그 반대이다.

연역법은,

◎ 세상의 특징 일부를 드러내는 생각이론에서 시작한다.

◎ 현장에서 검증할 수 있는 추론적 진리가설를 고안한다.

현장 자료field data는,

◎ 위의 가설을 확증하든, 아니면 반박하든 둘 중 하나이다.

만약 자료가 가설을 확증하면

◎ 이론은 지지를 받는다그러나 이론 자체가 확증되지는 않는다.

만약 자료가 가설을 확증하지 못하면

◎ 이론은 지지받지 못하며 반박되기 마련이다.

앞의 연역적 사고는 귀납적 사고와 현격한 차이를 보인다. 과학적 방법은 자신이 무엇을 알고자 하는지, 그리고 자신의 작업을 어떻게 진행할지에 대하여 명확하고 분명하게 드러낼 것을 요구한다. 그리고 가장 중요한 것은 자신의 옳고 그름을 어떻게 알아낼 수 있는지를 분명하게 밝혀야 한다. 또한 과학적 방법은 결론에 도달하는 과정을 일목요연하고 상세하게 드러내 보일 것도 요구한다. 그렇게 함으로써 자신이 수행한 연구를 다른 사람들이 평가하도록 한다. 연역적 방법은 연구자가 자료를 결론과 말끔하게 부합하도록 조작하는 것을 방지하기 위해, '논리의 화수분logical black box'[13] 따위는 허용하지 않는다.

흔히 연역적 가설 검증 방법또는 과학적 방법은 다음에 등장하는 과정고고학과 연결되고는 한다.

과정고고학

나는 앞에서 일부 고고학자들이 어떻게 고고학에 불만을 가지게 되었는지 말한 바 있다. 당시 그들의 동료 인류학자들은 전 세계 문화의 공통적 특성이 무엇인지 드러내는 데 몰두하고 있었다. 전통적 고고학인 문화사적 접근은 아직도 과거를 일련의 독특한 사건들전쟁, 이주, 신기술 등이 연속 발생하는 것으로 설명하였고, 유물의 형식분류와 편년에만 천착하고 있었다. 하지만 몇몇 새로운 고고학자들은 월터 테일러가 환기한 문제를 수용했고, 이후에는 영국의 데이비드 클라크David Clarke[14]가 천명한 대로, '왜' 문화가 변화하는지에 대한 입장을 공유하게 된다. 여기서 문화는 특정 집단의 것만이 아니라 포괄적인 인간 문화를 말한다. 이러한 운동을 북미에서는 **신고고학**New Archaeology이라고 부른다. 신고고학자들은 고고학이 특정 집단을 연구할 것이 아니라 주어진 시간 내의 모든 집단을 아우르는 일반적 문화 과정을 연구해야 한다고 생각했다.

이렇게 새로운 생각을 가진 고고학자들은, 문화를 대상물의 집합체인 특정 유물군 정도로만 정의하던 고정관념에 만족할 수 없었다. 신고고학자들은 유물에는 전체적인 문화 체계가 반영되어 있다고 보았다. 그들은 생물학자들에게서 힌트를 얻어, 인간의 문화란 정치, 경제, 상징 체계 및 그 외 모든 것이 호혜적 관계로 묶인 자연 적응 체계라고 보기 시작했다. 이 체계의 하부 요소들이 잘 작동할수록, 사회는 더 성공적으로 적응한 것으로 볼 수 있다.

신고고학은 이렇게 문화를 과정process으로 간주하여 과정고고학이라는 새로운 이름을 갖게 되었다.

문화생태학2장 참조에 대한 생각은 시공간에 걸쳐 다양한 환경에 적응하는 필연성에 근거를 두고 있다. 그리고 이러한 생각은 특정 고고학 사례와 연관된 가설을 검토하는 데 기초 이론으로 활용되곤 했다. 신고고학이 문화변동의 일반적 원인이 무엇인지에 관심을 가지면서, 연역법이 기본 방법으로 등장한다.

루이스 빈포드 같은 신고고학 이론가들은 고고학자들 자신의 목표를 어떻게 생각하고 설정하는지에 영향을 미쳤다. 같은 시기에 또 다른 미국 학자인 마이클 시퍼Michael Schiffer[15]는 유물의 외연적 특성만을 보지 않고 고고학 유적 그 자체의 본질을 들여다보았다. 그는 고고학 유적이 우연히 발생하는 게 아니라, 자연과 인간 행위 과정의 산물로서 예측 가능하다고 주장했다. 시퍼는 유적을 이해하고 유물이 의미하는 바를 알려면, 토양물과 유물이 어떻게 지금의 위치에 남게 됐는지를 이해해야 한다고 주장했다. 새로운 세대의 고고학자들은 시퍼의 생각을 따라 자신들의 자료 수준을 조절하기 시작했는데, 이는 과학적 방법의 중요한 측면이기도 하다.

　　신고고학이 이론을 강조하면서 1960-1970년대 고고학에는 많은 변화가 있었다. 그 영향은 북미에서 가장 두드러졌다. 문화사고고학은 유럽과 다른 지역에서_{심지어 지금까지도} 중시되면서, 그곳의 문화 편년 체계를 보다 세련되게 다듬어 나갈 수 있었다. 많은 고고학자들은 그들이 중요하다고 생각하는 부분을 연구에 포함시켰지만, 나머지는 등한시한 상태로 자신의 관심 분야만을 꾸준히 연구해 갔다. 동유럽과 러시아의 고고학자들은 소련 이데올로기의 통제를 받았기 때문에 이렇게 새로운 움직임을 거의 혹은 전혀 파악할 수 없었다. 그러나 그들 중 일부는 이러한 움직임에 관심을 기울였고, 더 이상 가만히 있을 수만은 없었다. 그들은 제2차 세계대전 이후 프랑스에서 등장한 지적 사조의 영향을 점점 받기 시작했다. 바로 포스트모더니즘이다.

포스트모더니즘,[16] 탈과정고고학, 해석학

모더니즘의 핵심은 1) 지적이고 과학적인 연구를 통해 실재하는 대상_{reality}의 원리를 발견할 수 있고, 2) 사물_{things}에 대해 확실히 파악할 수 있으며, 3) 사실_{fact}은 그것에 대한 우리의 인식과는 별도로 존재_{객관적으로 실존}한다는 것이다. 과학적 방법을 활용해서 자연의 작동 방식을 이해하는 것처럼, 우리 인간의 역사와 문화가 지금의 모습에 어떻게 이르렀는지 과학적 방법으로 알 수 있다는 뜻이다.

　　포스트모더니즘 사상가들은 모더니즘의 이러한 낙관적 견해에 모두

의문을 던진다. 특히 자연과학화학, 물리학 등을 위해 고안한 방법을 인간사에 적용하는 것이 과연 타당한가라는 질문이 대표적이다. 인간은 스스로 최선의 선택을 항상 내리지는 않기 때문에 인간 사회는 확실히 복잡다단하기 마련이다. 이에 포스트모더니스트들은 과학적 방법에 기반해 과거를 설명하는 것이 도대체 뭘 설명해 줄 수 있는지에 의심을 품었다. 그들은 과거가 저절로 끝나 버린 게 아니며 인간이 마무리 지은 것도 아니라고 말한다. 과거는 움직이는 대상으로, 연구자의 관점에 따라 각기 다르게 구축된다. 이러한 생각 중 가장 획기적인 것은, 유물이란 마치 글로 쓰인 텍스트, 즉 글과 같기 때문에 다양한 방식으로 읽기reading가 가능하다는 주장이다10장 참조. 극단적으로는 모더니스트의 대항마로, 세상에는 진정한 '진실truth'이란 없으며 단지 끊임없는 관점만 존재한다는 초hyper-상대주의적relativistic 관점도 제기할 수 있다. 사실 나는 모더니스트에 대한 이런 비판을 썩 좋아하지는 않는데, 그 이유는 실제 이런 방식으로 사는 사람이 거의 없기 때문이다. 살다 보면 인간은 어떤 방식이든지 결정을 할 필요가 있기는 있다.

포스트모더니즘의 여러 입장들이 입지를 더해 가자, 그들은 과정주의가 추구하던 과학적 확실성과는 노선을 달리하며 고고학이라는 학문 분야를 이끌어 나가기 시작했다. 이러한 성장에는 사실 큰 도움이 별로 필요 없었다. 북미의 역사고고학자들은 자신들의 유적이 지닌 풍부한 맥락과, 미국의 문화적 다양성을 정치적으로 다루는 데 필요한 고고학의 잠재성을 일찍이 잘 알고 있었기 때문에4장 참조 과정주의를 우선시하지는 않았다. 그러나 1980년대 포스트모더니즘이 고고학에서 뚜렷하게 자리매김하는 데에는 이안 호더라는 사람의 이름이 필수적이었다. 탈과정주의자post-processualist들은 사회제도의 기원과 사물의 의미를 명백하게 '설명explain'해야 된다고 주장하기보다는, 다양한 관점에서 기원한 해석들을그중 일부는 이 책의 뒷부분에 등장한다 제시했다.

다소 모호한 자료를 가지고 자연과학적 방법을 구사하는 모델 대신, 탈과정주의적 접근은 다양한 생각과 새로운 정보가 꾸준히 길항관계拮抗關係, back-and-forth를 유지한다는 점을 강조한다. 그리고 이러한 생각들은 검증받지도 않고, 대부분의 연구 과제에서 궁극적이고 확실한 답변이란 것은 존재하지도 않았다. 이전 단계에 비해 보다 더 정교한 해석을 꾸준히 제공할 뿐이다. 이러한 접근은 **해석학적**hermeneutics[17] 접근이라고 불린다. 해석학적 접근은 명확하고 결정적인 '답변'을 통해서는 결코 수많은 난제를 풀 수 없으며, 지속적인 재평가를 거치면서 새로운 이해를 추구해야 한다는 사고에 기반을 두고 있다. 이러한 과정을 '해석학적 순환hermeneutic circle'이라고 부른다.

이러한 고고학 사조의 변화는 고고학자들의 연구 주제 범위에도 영향을 미쳤다. 과정적 접근은 모든 고고학자가 환경, 적응, 문화 과정에 대해 커다란 문제의식을 가질 수 있고, 그래야만 한다고 독려하곤 했다. 여기서 한 발자국 물러나 있던 탈과정고고학자들은 어떤 특정한 이론적 접근이든지 간에, 가장 큰 지적 소산을 얻을 수 있는 특정 맥락유적을 해석하기를 선호했다15장 참조. 일부 사람들은 이러한 현상을 과정고고학이 강조하던 기존의 과학적 접근에서 멀어진 것으로 보기도 한다. 그들은 중요하고 포괄적인 주제들에 대한 지적 기반을 축적하는 데 고고학이 기여해야 한다고 본다. 그러나 다른 사람들은 탈과정적 접근법이란 여태까지 과정주의자들이 간과하던 불확실한 것들을 인식한 것에 불과하다고 비판하기도 했다.

이제 요약해 보자

지금까지 묘사한 세 가지 접근법을 요약하면 다음과 같다.

	문화사	과정	탈과정
목표	기술記述, Description	설명說明, Explanation	해석解釋, Interpretation
방법	귀납歸納, Induction	연역演繹, Deduction	해석학解釋學, Hermeneutic
인식론지식의 이론	상식적Commonsensical	모더니즘Modernist	포스트모더니즘Postmodernist

　만약 이 표를 쉽게 이해할 수 있다면, 그대는 추상적 사고를 아주 훌륭하게 하는 셈이다. 하지만 그대들 중 대부분은 구체적인 사례 없이는 이 내용을 완전하게 이해하기 어려울 것이다. 이것이 바로 내가 이 책의 나머지 부분을 집필한 이유다.

　진짜로 날것 그대로의 생생한 고고학이 이루어지는 곳에서는나처럼 일반적인 교재 따위나 집필하는 작가와는 다르게 아직까지도 과정주의자들의 잔재인 '왜 복합사회가 발달하는가?' 등의 커다란 이슈들을 찾는 데에만 관심을 기울이고 있다. 실제로 내가 2장에서 소개하는 사례가 바로 그런 것이기도 하다. 그것이 정말 과정고고학의 사례가 맞는지 아닌지는 중요하지 않아 보인다. 고고학자들은 마치 그대들이 수강 신청을 하거나 체육관에 회원 등록을 하는 방식으로 특정 이론을 따르지는 않는다. 그리고 사람들은 흔히 어디서 유래했는지 출처를 밝히지도 않고 특정 접근이나 이론을 적용하기도 한다. 우리가 만약 스미스란 사람을 '-주의자something-ist'라고 칭한다면, 스미스는 그런 취급(?)에 반대할지도 모른다. 모든 사람이 특정 이론의 범주에 들어맞아야 한다는 이론의 공권력 행사Theory Police 따위는 존재하지 않는다. 하지만 그렇다 해도 학자들은 보통 글의 맨 처음 문단에 인용하는 작품이나 작가를 통해 자신이 누구에게 공감하는지를 알리게 마련이다. 이것은 제복을 입는 것과도 같은 일로, 그들의 연구가 해당 **담론**discourse 내에 포함된다는 것을 의미한다.

해석적 이론과 모델들

아래 그림을 잠깐 시간 내서 들여다보자. 1533년에 한스 홀바인Hans Holbein이
그린 〈대사들The Ambassadors〉이란 회화 작품이다.[18]

이제 두 손으로 책을 살짝 들어올린 다음, 왼손만 눈높이 정도로 좀 더
올려 책을 비스듬히 기울인 채로 다시 그림을 보자. 해골이 보이는가?

해골은 처음 그림을 볼 때부터 거기에 있었다. 하지만 그대가 관찰하는 시점을 바꿔야만 볼 수 있다. 기발하지 않은가? 이런 시각적 비유는 대상과 상황을 바라보는 방식은 무궁무진하다는 탈과정주의적 관점을 통해 고고학적 해석이 가능하다는 것을 그럴듯하게 말해 준다. 사실 내가 정말로 현학적인 척하고자 했다면, 모든 사람은 각자의 고유한 관점이 있다고 말할 것이다. 하지만 모든 사람이 각기 다른 견해를 가질 수는 있어도 그런 식의 극단적 상대주의는 대화의 진전을 막고 효용성도 전혀 없다. 그저 손을 들고 어깨를 들썩이며 '그걸 어떻게 알아?'라고 말할 수밖에 없다.

이를 통해 탈과정주의자들이 우리에게 가져다준 중요한 견해를 다음과 같이 알 수 있다.

무수히 많은 개별적 관점이 존재하고, 또 이해하는 방식도 그만큼 다양하기 마련이지만, 영리한 사람들은 목적 달성을 위한 '더욱 요긴한 방법'을 찾아내곤 했다. 우리의 목적은 사람들이 '무슨 일'을 '왜' 했는지, 그리고 인류의 역사는 왜 이렇게 흘러왔는지를 이해하는 것이다.

나는 이렇게 요긴한 생각들 중 몇 가지를 이 책에서 제시할 것이다. 우리는 이것을 이론이라고 부른다. 만약 '이론'이라는 단어가 너무 위압적으로 느껴진다면, 단순하게 '관점'이라고 불러도 된다. 이론 또는 관점은 세상이 어떻게 작동하는가에 대한 생각이다. 그러나 해석학적 관점을 따른다면 이들 중 어떤 것도 실재를 완벽하게 묘사하지는 않는다. 스페인의 유명한 예술가 파블로 피카소Pablo Picasso는 "예술이란 진실을 말하는 거짓말이다"라고 이야기한 적이 있다. 물론 그가 고고학이론을 떠올리며 한 말은 아니다. 그는 캔버스 위에 실재를 옮길 때, 있는 그대로를 재현하는 사실주의에는 흥미를 느끼지 못했다. 피카소의 표현주의는 사물의 본질에 도달하고자 했다.

"코닝엄 경Lord Albert Connyngham[19]과 함께 로마시대 커다란 무덤barrow을 파던 때는 1844년 8월 후반이다. (…) 갑자기 서남쪽에서 한바탕 폭우가 몰아쳤고 비를 피할 곳은 우리가 이미 파 놓은 무덤의 발굴 구덩이뿐이었다. 그곳에서 우리는 우산과 양산을 겹쳐 쓰고 버텼다." 1852년 12월 토머스 라이트Thomas Wright[20]가 *The Gentleman's Magazine and Historical Review* 38호에 투고한 기사이다.

해석이란 동일한 상황을 서로 다른 측면에서 바라보게 하는 렌즈와 같다. 그래서 한 가지 렌즈로 관찰하는 경우에는 자료가 다르더라도 유사한 해석에 도달하기도 한다. 우리는 흔히 어떤 고고학자의 해석을 그의 이론적 렌즈에 기초해서 미리 예상하기도 한다. 탈과정고고학에서 연구 주제research question에 대한 '답변answers'이란 어느 정도 예측 가능한 수준이다. 이 때문에 고고학적 답변들은 답변에 도달한 절차, 그리고 자료와 아이디어 간 연관 수준 같은 개념들에 비해 덜 중요하게 여겨진다.

과학적 성향을 가지려고 노력하는 고고학자들의 글은 탈과정주의 고고학자들의 일부 수식 어구를 괄호 치면서 어색하게 인용하는 것에 불과하다. 과학적 고고학자들이 가진 통일된 시각은 탈과정주의 쪽의 단편적 인식fragments of perception보다 더 설득력 있게 느껴지기도 한다. 과학적 고고학자들은 적어도 신뢰감이 들 정도로 자신감 있게 말한다. 반대로 탈과정주의자들의 저술을 읽다 보면 가끔씩 "이게 도대체 뭔 소리야?" 라고 머리를 긁적이게 된다. 나는 그런 글들을 읽을 때면, 모든 문장이 이치에 맞지는 않을 것이라고 지레 짐작하는 습관이 들었다. 어떤 산문은 "인지적 경험지식의 습득보다 감정이입동감 창출의 경험을 주려는 의도가 더 크다"고 고든 터커Gordon Tucker[21]는 말했다. 터커가 고고학 문헌을 생각하며 한 말은 아니겠지만 그의 말이 결코 틀린 이야기는 아닐 것이다. 이런 글에서는 저자가 때때로 사라지기도 한다. 저자가 쓴 글은 자체적인 의미가 있지만, 어떤 단어들의 의미는 누적되며 발생하는 효과라거나 아니면 두 단어가 나란히 놓일 때竝置, juxtaposition 드러날 수도 있다. 만약 우리가 모든 생각을 서술적으로 표현 가능하다면 시 같은 건 필요 없을 것이다. 하지만 우리는 시가 엄연히 필요하다는 것도 잘 알고 있다.

이 글을 읽는 그대들 중에 정상과학, 혹은 이와 비슷한 것들에 더 관심이 간다면 이 책은 동어반복이나 마찬가지다. 또 우리가 이미 알고 있는 것을 확인하기만 하는 지식의 막다른 길intellectual dead ends에 불과할지도 모른다. 나는 그대가 책 속의 여러 생각들, 그리고 이런 생각을 고고학이 어떻게 활용하였는지에 대해 전적으로 동의하기를 바라지는 않는다. 대신, 그런 생각들이 의미하는 바가 무엇인지를 이해하고 싶다면 **미결정성**indeterminacy을 받아들이고, 인류학자들의 **문화상대주의**cultural relativity를 견지하는 게 좋다고 권하고 싶다.

이 책에서 제시하는 모든 접근 방법 중 어느 한 방법이 나머지 방법보다 더 낫다고 홍보하는 것은 별로 바람직한 태도가 아닐 것이다. 물론 그대들은 어떤 접근이 다른 것들에 비해 더욱 쓸모 있다고 느낄 수 있다. 그러나

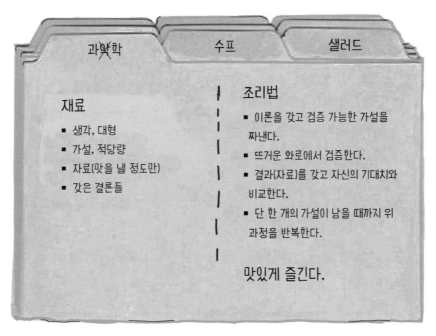

과학을 조리하는 방법. 과학적 방법은 확증이냐 부정이냐의 방식으로 생각을 검증하는 것을 포함한다. 고고학이건 고고학의 일부에 해당하건 간에, 도대체 어느 수준만큼 과학적이어야 하는가? 우리는 과학에서 빌려 온 기법들을 구사하기는 하지만 많은 고고학자의 목표는 사실 인문적 성향이 더 강하다.

인간의 경험이 무척이나 광활하다는 것을 고려하면, 특정한 하나의 생각에 빠져 허우적대거나 우리 모두가 동일한 지적 언어를 구사하는 것이 오히려 이상하지 않을까?

옮긴이 주

1 토사포스Tosafos는 『탈무드』에 기록된 주석을 의미하며, 중세시대의 여러 유대인 학자들이 작성했다. 메길라Megillah는 성서의 「에스더서the Book of Esther」가 수록된 유대교의 두루마리를 일컫는다. 따라서 '토사포스 메길라'는 사람 이름이 아니라, 탈무드의 수많은 버전 중 중세판 주석이 실린 판본을 의미한다.

2 본명은 **매튜 해리 존슨**Matthew Harry Johnson(1962-). 미국 출신의 영국 고고학자로 케임브리지 대학Cambridge University에서 줄곧 공부하였고 이안 호더Ian Hodder의 지도로 박사학위를 받았다. 셰필드 대학University of Sheffield, 더럼 대학University of Durham, 사우샘프턴 대학University of Southampton 등 영국의 대학에서 가르치다가 2011년부터는 미국의 노스웨스턴 대학Northwestern University에서 가르치고 있다. 유럽 역사고고학 및 고고학이론에 지속적으로 관심을 가져왔고 1999년 『Archaeological Theory: An Introduction』을 펴냈다. 이 책은 지금까지 꾸준히 개정판이 나오고 있으며, 한국에서는 2009년 번역서가 출간되었다.

매튜 존슨(김종일 옮김). 2009. 『고고학이론: 입문』. 도서출판 考古.

3 정식 이름은 **루이스 로버츠 빈포드**Lewis Roberts Binford(1931-2011)로, 미국 버지니아Virginia주 노퍽Norfolk에서 출생했다. 20세기 후반의 영미권 고고학자 중 가장 획기적인 아이디어를 제시했으며, 가장 파급력 있는 고고학자 중 한 사람이다. 지금은 과정고고학이라 불리는, 1960년대 당시의 신고고학을 그가 주창한 사실은 잘 알려져 있다. 소위 '스타 고고학자'로서 고고학계의 의제를 주도하고 영향력을 행사하는 학계의 '셀럽'으로 자리 잡은 1세대 고고학자다. 버지니아 기술 연구소Virginia Polytechnic Institute에서 야생생물학을 공부하였고, 졸업 후 입대하여 일본 오키나와沖繩섬의 나하那覇시에 주둔하며 최초로 고고학 발굴에 참여했다. 제대 후 미국 예비역 후원정책 법안GI Bill의 덕으로 노스캐롤라이나 대학University of North Carolina에서 정식으로 인류학을 공부하였고 미시간 대학University of Michigan에서 박사학위를 받았다. 시카고 대학University of Chicago에서 가르치다가 당시 선임 고고학자인 로버트 브레이드우드Robert John Braidwood(1907-2003)와 사이가 틀어지면서 캘리포니아 대학University of California 일대를 전전하다가 결국 1969년 뉴멕시코 대학University of New Mexico에 자리 잡았다. 기존 선학들의 문화사적인 고고학을 시종일관 집요하게

비판하며 원색적으로 반감을 표시하는 등 거침없는outspoken 성격이었기 때문에 그를 추종하는 사람은 그를 만나 본 적 없는 사람들뿐이라는 평가도 있었다. 1991년에는 텍사스의 남부감리교 대학Southern Methodist University으로 옮겨 2001년 말년의 대작혹은 괴작 『선사고고학을 위한 인류학 참조자료의 구축Constructing Frame of Reference』을 출간했으며, 같은 해 미국 국립과학원National Academy of Science 정회원으로 입성했다. 미국고고학회 평생 공로상Lifetime Achievement Award을 수상하였고, 여섯 번 결혼했는데 아내 3명이 고고학자였다.

4 정식 이름은 **이안 리처드 호더**Ian Richard Hodder(1948-)로, 영국 출신 고고학자이다. 런던 대학University College London 고고학연구소Institute of Archaeology를 졸업하고 케임브리지 대학에서 박사학위를 받았다. 그 후 리즈 대학University of Leeds과 케임브리지 대학을 거쳐 1999년에 미국의 스탠퍼드 대학Stanford University에 자리 잡았다. 유물의 해석에 다양한 인문학적·철학적 관점을 적극적으로 도입하여 탈과정고고학의 흐름을 주도하고 있으며, 터키의 좌탈회위크Çatalhöyük 고고학 프로젝트를 이끌고 있다. 빈포드 이후 고고학계의 대표적 이슈 메이커이며 철학, 사회학, 문학의 여러 사조를 고고학에 필요 이상으로 남용한다는 지적을 받기도 한다. 호더에 대한 학문적 평가는 현재진행형이다.

이안 호더·스코트 허드슨(김권구 옮김). 2007. 『과거읽기: 최근의 고고학 해석방법들』. 학연문화사.

5 **토머스 새뮤엘 쿤**Thomas Samuel Kuhn(1922-1996)은 미국의 과학사학자이자 과학철학자로, 패러다임paradigm이라는 용어를 보편적 개념으로 등극시킨 업적이 있다. 하버드 대학Harvard University에서 물리학을 전공해 박사학위를 받았다. 1962년에 『과학혁명의 구조The Structure of Scientific Revolutions』를 출간하였고, 이를 통해 학문의 지적 토대 및 그 지평이 어떻게 진화해 가는지를 구체적으로 제시했다.

토머스 S. 쿤(김명자·홍성욱 옮김). 2013. 『과학혁명의 구조』(제4판). 도서출판 까치.

6 미국의 문화사고고학에서 고안된 'horizon' 개념은 일반적으로 한국에서 '지평'이나 '평면' 등의 용어로 번역한다. 하지만 시간이 흘러도 동질의 물질문화가 지속된다는 의미인 전통tradition과 마찬가지로, horizon은 공간의 이동을 반영하는 방향성을 함축하기 때문에 이 책에서는 '확산'이라고 새롭게 번역한다.

7 일반적으로 화살이나 창처럼, 던져서 사용하는 무기의 끝부분을 포괄적으로 이르는 명칭으로, 유적에서 발견되는 맥락이 창인지 화살인지 불분명하기 때문에 북미

고고학의 관례상 이렇게 한꺼번에 포괄해서 부른다.

8   **월터 윌러드 테일러**Walter Willard Taylor, Jr.(1913-1997)는 미국의 인류학자이자 고고학자로, 멕시코 지역을 주요 연구 대상으로 삼아 기존의 고고학과 인류학의 생태적 접근을 새롭게 접목시킨 '결합고고학conjunctive archaeology'을 주창하였다. 루이스 빈포드로 대표되는 과정고고학 이전에 체계적 접근systems theory을 이미 제시했으며, 기존 고고학계의 풍토를 신랄하게 비판한 『고고학연구A Study of Archaeology』(1948)를 저술하였다.

9   비커 문화Beaker Culture를 만들고 전파한 집단을 말한다. 비커 문화는 영국 고고학자인 존 애버크롬비John Abercromby(1841-1924)가 제시한 용어로, 종을 거꾸로 뒤집은 모양의 외반구연 토기인 비커 토기Beaker Pottery를 특징으로 한다. 또 유럽 중부와 서부에 널리 퍼진 초기 청동기시대 문화기원전 약 3,000-기원전 2,000로서 영국과 아일랜드 해안 및 프랑스 남부와 스페인, 독일, 폴란드 일대에서 주로 발견된다.

10   **앨버트 클랜턴 스폴딩**Albert Clanton Spaulding(1914-1990)은 미국의 고고학자로, 몬태나 대학University of Montana에서 경제학을 전공하였고, 컬럼비아 대학Columbia University에서 박사학위를 받았다. 다량의 자료를 다루는 통계 기법을 도입함으로써 본격적으로 과학으로서의 고고학을 실천한 최초의 인물로 볼 수 있다. 캔자스 대학University of Kansas과 미시간 대학에서 가르친 후 미국 과학재단NSF: National Science Foundation의 인류학 분과장으로 재직하였다. 1963년에 재단을 떠난 뒤 오리건 대학University of Oregon 및 캘리포니아 산타바버라 대학University of California, Santa Barbara에서 가르쳤다. 본문에서 언급한 포드와의 형식type 논쟁은 그가 미시간 대학에 재직 중이던 시절 주로 이루어졌고, 소위 신고고학이 학계에 뿌리를 내리는 바탕이 되었다.

11   **제임스 앨프리드 포드**James Alfred Ford(1911-1968)는 미국의 고고학자로, 주로 미시시피Mississippi주와 루이지애나Louisiana주에서 야외 조사를 수행한 현장 고고학자이다. 대학보다는 현장에서 주로 활동하였고 제2차 세계대전 이후 컬럼비아 대학에서 박사학위를 받은 후 페루의 비루Virú계곡 프로젝트에 하버드 대학의 고든 윌리Gordon R. Willey(1913-2002)와 함께 참여하였다. 그 후 미국 자연사 박물관American Museum of Natural History에 근무하였고 멕시코의 베라크루스Veracruz 일대에서도 조사를 수행하였다.

12   20세기 초 미국의 여성 작가 이디스 워튼Edith Wharton(1862-1937)이 쓴 소설의 제목에

서 따온 표현이다. 워튼의 소설『순수의 시대The Age of Innocence』는 미국의 경제 발전이 가속화되던 19세기 말의 길드시대Gilded Age 당시 뉴욕 상류 귀족 계층의 모순된 삶과 로맨스를 그렸다.

13 원래 블랙박스는 전문가나 관련 기기를 만든 당사자만이 열어 볼 수 있는 비상 장치를 의미한다. 하지만 여기서는 구체적 검증이 불가능해도 마음껏 상상의 나래를 펼쳐 유사 논리를 만들고 복제한다는 의미에서 '논리의 화수분'으로 번역한다.

14 본명은 **데이비드 레너드 클라크**David Leonard Clarke(1937-1976)로, 영국의 대표적인 과정고고학자다. 케임브리지 대학을 졸업하고 27세에 그레이엄 클라크Grahame Clark(1907-1995)의 지도로 박사학위를 받았다. 기존 문화사고고학의 한계를 극복하고 지도교수인 그레이엄 클라크의 생태적 접근을 적극 수용하였으며, 당시 케임브리지 대학 철학과에서 버드런트 러셀Bertrand Russell(1872-1970)과 루트비히 비트켄슈타인Ludwig Wittgenstein(1889-1951) 등에 의해 완성된 분석철학analytic philosophy의 틀을 본떠 고고학에서도『분석고고학Analytical Archaeology』(1968)을 엮어 냈다. 이렇게 '분석-'이라는 어근을 사용한 타이틀은 화학 및 지리학에서도 케임브리지 대학을 중심으로 등장한 바 있다. 특히 각종 철학, 언어학, 지리학, 생태학, 심리학 및 자연과학적 시각을 표방하는 다양한 개념들까지 고고학에서 다루었고, 기존의 고고학이 추상적으로 접근하던 '문화'를 적극적으로 개념화하고 분석 대상으로 삼아 왔다. 고고학에 대한 질문과 답변을 항상 고고학 이외의 다른 분야에서 찾으려 하였는데, 그러한 노력은 참신함을 넘어 작위적인 수준까지 도달했기 때문에 동시기 주류 고고학계에서 널리 인정받거나 이해되는 수준은 아니었으며, 단지 야심 있고 패기 있는 젊은 케임브리지 학부생들에게만 마니아 수준의 추종을 받아 왔다. 그 중 한 사람이 탈과정고고학의 창시자인 이안 호더였다. 1970년에 영국의 비커 토기 문화를 다루는 박사논문을 제출하였지만 대학에서 정식 교수나 선임강사직을 받지는 못했다. 1976년 혈전증으로 39세의 젊은 나이에 사망하였고, 그의 생전 업적이 시대를 앞서 갔다는 의미로 새롭게 조명받기도 하였다.

15 **마이클 브라이언 시퍼**Michael B. Schiffer(1947-)는 캐나다에서 태어난 미국의 고고학자로, 캘리포니아 로스앤젤레스 대학UCLA을 졸업하고 애리조나 대학University of Arizona에서 박사학위를 받은 후 동 대학에서 가르쳐 왔다. 고고자료의 형성 과정formation process에 대한 도식적 모델링을 제시하였고, 자료를 통해 밝혀낼 수 있는 과거의 최소 단위는 인간의 행위라는 입장을 고수하였다. 이는 당시 문화사고고학

의 한계를 극복하려는 행위고고학behavioral archaeology을 창시하는 기본 전제가 되었다. 최근에는 물질문화와 기술의 관계 및 20세기 초반의 전자제품 등에 고고학적 관심을 가지고 있다.

16 포스트모더니즘은 모더니즘 이후의 다양한 사조들을 하나로 묶을 수 있는 용어라 볼 수 있다. 그렇기 때문에 모더니즘의 극복 및 거부, 혹은 해체를 포함한다. 모더니티를 문자 그대로 번역하면 '근대성'이라 할 수 있고 포스트모더니즘은 자동적으로 '탈근대주의'로 번역된다. 이러한 용어는 문학평론계에서 주로 쓴다. '현대주의'나 '현대성'으로 번역된 경우가 종종 있는데, 근대와 현대 구분에 대한 성찰이 없는 기계적 번역에 불과하다. 이 책에서는 가장 널리 쓰이는 '포스트모더니즘,' '모더니즘', '모더니티'로 표기한다.

17 어떻게 보면 탈과정고고학을 한마디로 요약할 수 있는 가장 핵심적 개념이 바로 해석학hermeneutic적 관점이다. 원래 'hermeneutic'은 문헌 기록이 희소했던 중세부터 지식의 원활한 보급과 보전을 위해 원문 번역 및 원저자의 의도를 기록한 주석을 의미했다. 단어의 어원은 그리스 신화에서 신의 뜻을 인간에게 전달하는 역할인 메신저의 신이자, 델포이Delphoe 신탁의 사제인 헤르메스Hermes 신의 이름에서 비롯했다. 현상학과 해석학은 떼려야 뗄 수 없는 관계가 있다. 철학적 용어로 회자된 시점은 현상학이 조금 빠르지만 포괄적인 의미에서 현상학은 해석학의 보다 구체적인 접근 방식이라고 이해하면 큰 무리는 없을 것이다. 에드문트 후설Edmund Husserl(1859-1938)은 실증주의에 천착한 자연과학적 방법 적용의 한계를 지적하면서 본격적으로 실증주의를 비판했는데, 그 과정에서 인간의 의식을 다루는 현상학 방법론이 등장했다. 마르틴 하이데거Martin Heidegger(1889-1976)를 통해 현상학의 해석 대상은 기존의 텍스트에 존재하는 모든 것으로 확대되었다. 그는 인간의 지적 능력은 한계가 있어 모든 것을 초월한 순수 인식은 불가능하다고 본다. 따라서 실재를 분석하는 사람, 그리고 실재 자체를 둘러싼 역사적 상황을 현상학적으로 분석하는 것만이 해석이라고 간주한다. 그 후 한스게오르크 가다머Hans-Georg Gadamer(1900-2002)는 해석학적 통찰이 단지 독특한 방법론에 머무르는 대신 실천으로서의 철학으로 승화되어야 한다고 주장했다. 그리고 실천으로서의 해석학을 통해 인간 자체를 이해하고, 또 인간으로서의 자신을 이해해야 한다고 보았다. 해석학의 지평은 현재도 계속 확장되고 있으며, 전통의 계승과 재고는 위르겐 하버마스Jürgen Habermas(1929-), 폴 리쾨르Paul Ricœur(1913-2005), 자크 데리다Jacques Derrida(1930-2004)

등에 의해 이루어졌다.

18 **한스 홀바인**Hans Holbein the Younger(1497-1543)은 독일 출신의 16세기 북유럽 르네상스기 화가로, 주로 영국에서 활동하였다. 아버지와 아들의 이름이 같은 데다 둘 다 동시대 화가이지만, 이 작품은 보다 유명한 아들의 작품이다. 작품에 등장하는 두 사람은 당시 영국에 파견된 프랑스 대사인 장 드 뎅트빌Jean de Dinteville(1504-1555)과 그의 친구이자 가톨릭 주교인 조르주 드 셀브Georges de Selves(1508-1541)이다.

19 **앨버트 코닝엄 경**Lord Albert Conyingham(1816-1849)은 19세기 영국의 귀족으로 본명은 앨버트 데니슨Albert Denison이고, 자유당Liberal Party 당원이자 외교관으로 활동하였다. 본문의 묘사는 19세기 영국 귀족의 소일거리인 호고주의好古主義, antiquarianism적 발굴 작업의 한 단면이다.

20 **토머스 라이트**Thomas Wright(1810-1877)는 빅토리아 시기 영국의 호고가antiquarian로서 케임브리지 대학을 졸업하고 *The Gentleman's Magazine* 등의 잡지에 꾸준히 글을 투고하며 작가로 활동했다. 1843년에 영국고고학협회British Archaeological Association 창립에 주요 발기인으로 나섰고, 1859년에는 잉글랜드 슈루즈베리Shrewsbury 인근의 로마시대 취락을 발굴했다.

21 **고든 터커**Gordon Tucker(1951-)는 보수적 유대교Conservative Judaism를 신봉하는 미국 뉴욕주 출신의 저명한 랍비이다.

🦅 토론거리

1 일부 고고학자들은 이론이 무척 중요하다고 하는데, 또 다른 고고학자들은 그렇지 않다고 하는 이유가 무엇일까? 특정 이론적 모델을 갖고 접근하는 연구와 이론적 고려를 전혀 하지 않는 연구의 장단점을 비교해 보자.

2 우리가 파헤쳐 낸 것들에 상식만 적용하고, 이론 따위는 무시해 버리면 안 되는 이유가 있다면 무엇일까?

3 설명적/해석적인 이론이 실제 고고학을 수행하는 데 필요한 생각들중위이론, 충서학이론 등과 어떻게 다른가?

4 고고학을 실제로 수행하는 데 있어 고고학이론의 역할은 무엇인가?

5 고고학자들은 그들의 이론 대부분을 사회학, 역사학, 정치학 등에서 빌려 왔다. 이건 잘한 일인가 아니면 잘못한 일인가?

6 초창기 고고학과 관련된 인사들은 이론 갖고 죽도록 떠들지 않으면서도 잘만 지내 왔는데, 왜 현대 고고학자들은 이렇게도 이론에 얽매여 있는가?

7 고고학은 어느 정도만큼 과학인가? 어떤 고고학이 다른 고고학보다 더 과학적으로 보이는 이유는 과연 무엇일까?

8 이론을 구축하는 것은 고고학을 하는 좋은 방법인가? 유일한 방법인가? 다른 선택은 없는가?

9 고고학이론이 시간에 따라 어떻게 바뀌어 왔는가? 새로운 생각들은 기존의 생각들을 정말로 대신해 왔을까?

10 고고학자의 이론이 단지 과거에 대한 관점일 뿐 진정한 객관적 '진실'이란 게 없다면, 왜 지나가는 행인1 같은 일반인의 생각은 박사학위를 가진 교수들의 생각과 동등하게 연구할 가치가 없는 것인가? 우리는 누구의 생각이 타당하고 누구의 생각이 헛소리라는 결정을 어떻게 내릴 수 있을까? 다른 말로 하면, 우주인이 피라미드를 건설했다는 말이 과연 맞는 말일까?

더 읽을거리

Binford, Lewis
    1962 Archaeology as Anthropology. *American Antiquity* 28: 217-225.
Clarke, David
    1973 Archaeology: *The loss of innocence*. *Antiquity* 47: 6-18.
Flannery, Kent
    1982 The Golden Marshalltown. *American Anthropologist* 84(2): 265-278.
Ford, James
    1954 Spaulding's Review of Ford. *American Anthropologist* 56(1): 109-112.
Glassie, Henry
    1975 *Folk Housing in Middle Virginia*. University of Tennessee Press, Knoxville.
Hodder, Ian
    1982 *Symbols in Action*. Cambridge University Press, Cambridge, UK.
    1991 Interpretative archaeology and its role. *American Antiquity* 56(1): 7-18.
Johnson, Matthew
    2010 *Archaeological Theory: An Introduction*. Blackwell, Oxford, UK.
Kuhn, Thomas
    1972 *The Structure of Scientific Revolution*. University of Chicago Press, Chicago.
Praetzellis, Adrian
    2003 *Dug to Death: A Tale of Archaeological method and Mayhem*. AltaMira Press, Lanham, Massachusetts.
    2011 *Death by Theory: A Tale of Mystery and Archaeological Theory*. AltaMira Press, Lanham, Massachusetts.
Schiffer, Michael B.
    1972 Archaeological Context and Systemic Context. *American Antiquity* 37(2): 156-165.
Taylor, Walter
    1948 *A Study of Archaeology*. Memoir 69. American Anthropological Association, Menasha, Wisconsin.
Trigger, Bruce
    2006 *A History of Archaeological Thought*. Cambridge University Press, Cambridge, UK.
Watson, Patty Jo, Steven A. Leblanc, Charles L. Redman
    1971 *Explanation in Archaeology: An Explicitly Scientific Approach*. Columbia University Press, New York.

chapter

02

신진화론

문화란
인간의 신체 외적인extrasomatic 적응 수단이다.

— 레슬리 화이트Leslie White[1]

신진화론이란 무엇인가?

신진화론Neoevolutionism은 자연선택에 의한 진화를 다루는 다윈 이론에 근거해서, 사회가 단순한 구조에서 복잡한 구조로 어떻게 변화하는지 설명하고자 하는 여러 가지 생각들이다. '신新, neo-'이라는 접두사는 현대의 진화론을 19세기 진화론과 구분하기 위해 붙인 것이다. 19세기 진화론은 지금 기준으로는 별로 쓸모가 없는 주제들과 함께 등장해서, 이론의 경향이 산더미같이 다양하다. 그대가 잘 알다시피 다윈은 생물학적 작용 원리로서의 진화 개념만을 고안했다. 그러나 이후 다른 이론가들이 다윈의 진화 개념을 사회와 문화 영역에까지 확장시켰다.

한번 생각해 보자. 진화론은 자연계새, 짐승, 식물 등의 다양성을 설명하는 막강한 도구인데, 왜 인간 문화의 다양성은 진화론으로 설명하면 안 되는 것일까? 사실 초창기에 이런 시도가 있었지만 만족스러운 결과를 얻지는 못했다. 먼 곳을 여행하며 탐험을 시작한 이들은 **타자**Other로 분류되는 사람들을 만나자마자, 자신들을 맨 꼭대기/정점에 올려 놓은 척도를 갖고 그 타자들을 평가하기 시작했다. 19세기 중반 루이스 헨리 모건Lewis Henry Morgan[2]은 사회의 수준을 그 사회가 보유한 기술의 정교함에 따라 야만savagery, 미개barbarism, 문명civilization 상태로 분류했다. 그는 모든 사회가 이러한 단계를 순차적누군가는 진화했다고 할 수도 있는으로 거친다고 주장했다. 당시에 유럽 북부와 미국 백인 사회가 문명국가의 정점으로 간주되었다는 점은 그대들에게 그다지 놀라운 일은 아닐 것이다.

이와 동시에 영국의 허버트 스펜서Herbert Spencer[3]는 사회가 단순한낮은 형태에서 복잡한높은 형태로 진보한다는 생각을 덧붙였다. 스펜서는, 자연선택은 필연적으로 진화의 조건에 더 '적합한fit' 사회와 개인이 우세하기 마련이라고 주장하였다. 이러한 개념은 '사회적 다윈주의social Darwinism'로 알려졌는데, 다윈주의는 사회적으로 가장 높은 단계에 위치하는 사람들은 그곳에 있을 당연한 권리를 본질적으로 부여받은 것이라고 본다. 프리드리히 니체Friedrich Nietzsche의 초인Übermensch, superman[4]이라는 개념은 이러한 사고방식에서 나온 것으로, 잭 런던Jack London[5]의 글에도 잘 나타나 있다. 모건이 제시한 단선진화unilinear evolution 개념은 20세기 초에 폐기되었지만 스펜서의 망령은 오늘날에도 여전히 권력의 중심부에서 맴돌고 있다.[6]

다윈의 진화론을 확장해서 문화를 비생물적 적응의 형태로 이해하는 방식은 지난 한 세기 동안 인종주의의 근거로 활용되면서 스타일을 구겼다. 인류학자들은 아직도 이 잔재를 극복하려고 한다. 하지만 이런 진화 모델을 완전하게 포기하기에는 그 잠재력이 너무나 강력하다. 한번 가정해보자. 인간이 만약 하나의 종으로서 생존을 위해 숲에서 뛰쳐나온 어떤 짐승 집단이라면, 사회의 독특한 문화적 특성무엇인가를 해 나가는 특정한 방법들이란 바로 그 문화의 주인공들이 처해 있는 자연환경에 적응하기 위한 반응이라 볼 수 있다. 이런 **문화생태학**cultural ecology적 관점은 사회가 자연환경을 가장 효과적으로 사용하게 하는 문화적 관습을 발전시키면서 합리적으로 움직인다는 것을 전제로 한다. 문화생태학은 그 자체로 쓸 만한 아이디어였으며, 줄리언 스튜어드Julian Steward[7]의 미국 서부 사막지대 수렵-채집인 연구에 아주 잘 들어맞았다.

하지만 좋은 아이디어들이 인기를 끄는 이유는 단지 '좋아서'만은 아니다. 문화생태학의 등장 시점이 제2차 세계대전 이후였음에 주목하자. 이 시기 인류는적어도 일부 사람들은 자신들을 신이 창조한 특별한 존재라고 간주하던 종래의 관점에서 벗어나기 시작했다. 이를테면 인간은 자신의 역사를 책임지고 있으며 무엇이든 할 수 있는특정 동물을 남획해 멸종시키고 바다를 오염시키거나 핵폭탄을 터뜨리는 등 무소불위無所不爲의 존재라 여기던 생각들 말이다. 예를 들어 레이첼 카슨Rachel Carson[8]이 1962년 펴낸 『침묵의 봄Silent Spring』은 살충제가 환경에 미치는 영향을 적나라하게 드러내 미국을 큰 충격에 빠뜨렸다. 생태학적 사고에 따르면 인류는 자연 작용과 문화 작용이 함께 연결되어 있는 체계system의 일부이며, 만약 이 체계가 균형을 잃으면 끔찍한 결과로 이어진다.

앞서 말한 대로 문화가 인간이 환경에 잘 적응한 결과를 의미한다면, 도대체 문화는 왜 계속 변화할까? 바꿔 말하면, 세계 대부분의 사람들이 왜 더 이상 수렵-채집인이 아니냐는 거다. 그들의 사회는 이미 변해도 한참 변화한 상태다. 레슬리 화이트는 바로 그 점에 착안해서, 기술이 발전하며 점점 더 많은 에너지를 보유하고 사회가 더욱 복잡해지면서 궁극적으로 오늘날 우리의 모습이 되었다고 주장하였다.

이러한 초창기 신진화론자들은 적응을 일정한 방향으로 진행되는 목표지향적directional인 것으로 보았다. 지금의 신진화론자들은 적응을 조금 더 우연적opportunistic인 것으로 본다. 적응에 성공한다는 것은 사회가 특정한 시점에서 맞닥뜨린 문제를 얼만큼 잘 감당했는가로 측정할 수 있다. 극단적인 경우 일부 신진화론자들은 '문화적 진화'라는 표현을 일체 사용하지 않는데, 그건 바로 다윈의 용어를 잘못 이해한 사례라고 보기 때문이다.

신진화론과 고고학

고고학자들은 문화생태학의 개념을 즐겨 사용했다. 그리고 줄리언 스튜어드가 구상한 개념에는 명백한 물질적 상관관계땅 속에서 찾고, 세고, 비교할 수 있는 실제 유물가 있었기 때문에 인기를 끌었다. 신고고학자들은 과학으로서의 고고학에 신진화론이 중요 주제에 대한 '견고한hard' 자료를 제공할 것이라 믿었다. 그리고 이렇게 번쩍번쩍 빛나는 새로운 이론에 열광하면서 당분간은 꽤나 흡족하게 지냈다.

하지만 문화생태학의 **목적론**teleology은 처음부터 분명했다. 고고학에서 목적론적 주장은 쉽게 찾을 수 있다. 문화란 어떤 목적을 '달성하기 위해', 아니면 '달성을 염두에 두고' 무엇인가를 하는 것이라고 생각하면 어딘가에서 문제가 발생한다사람이란 자기도 모르는 사이에 자손 번식에 성공하기도 하니까. 목적론적 모델들은 하나의 커다란 개념이나 **메타서사**metanarrative로 느슨하게 결말을 매듭짓기 때문에 아주 그럴듯하게 보인다. 이러한 메타서사는 결과를 이끌어내는 원인, 목적, 의도나 근거를 단순하게 추정해주기 때문에 그럴듯하게 보이게 마련이다. 논리의 순환은 차단되고 단선적 논리만 가능해진다. 따라서 단순하게 보면, 이러한 목적론적 모델에는 일종의 불가피한 필연성이 있는 셈이다. 사회는 자연스럽게 특정 방향, 다시 말해 더 복잡한 수준complexity으로 발전할 수밖에 없다. 불편한 진실로서의 역사적 사건이나 인간이 지닌 **작주성**agency[9]과는 아무런 상관이 없다.

잘 알려진 대로 다윈은 생물학에서 종적분화speciation라 부르는 복잡성의 증가가 진화의 유일한 방향이나 궤적이라고 하지는 않았다. 당연한 이야기다. 다윈의 그 생각에는 일부 고고학자들이 고전기 마야의 몰락Classic Maya Collapse[10]이라 부르는 사건처럼 현대 사회에 시사하는 교훈도 들어 있다. 콜린 렌프루Colin Renfrew[11]는 마야인들의 인구 규모와 이를 지탱할 천연자원이 아주 안정적인 수급관계를 가졌다고 주장했다. 약 2,000년 동안 마야는 매우 복잡한 사회구조와 관료 체제, 거대 건축물 및 세련된 예술품 등을 발전시켰으며 모든 것이 제대로 돌아가는 것처럼 보였다. 하지만 꼭 그렇진

앤 액스텔 모리스Ann Axtell Morris[12]가 1924년경에 치첸 잇자Chichen Itza 유적에서 마야 상형 문자 Maya glyphs를 실측하고 있다. 바이Vay라 불리던 실바누스 몰리Sylvanus Morley는 정교한 건물과 예술품, 그리고 스텔레stellae, 조각으로 장식된 돌기둥로 유명한 마야의 도시 유적 발굴을 지휘하였다.

않았다. 렌프루는 마야의 농경 방식이 더 이상 마야 인구를 지탱할 수 없게 된 시점부터 모든 문제가 비롯되었다고 지적했다. 그들의 농업 방식이 환경을 악화시켜, 그 결과 마야 문명이 약 200년 만에 '순삭(?)'되었던 것이다.

그런데 이와는 다르게도 생각할 수 있다. 마야인들은 그냥 사라진 것이 아니라, 그 주변에 머물면서 그들의 사회 및 농경의 규모를 바꾸어 나갔다. 마야 사회는 점차 단순한 상태로 변해 가면서 새로운 조건들에 적응해 나갔다. 신진화론은 사회가 새로운 구조를 받아들이고 적응해 간다는 점을 상정한다. 사회는 어떤 경우에는 더 복잡하게 변하고, 또 어떤 경우는 그 반대이다. 초창기 진화론과는 달리 신진화론은 **결정론적**deterministic이지 않다는 점에 주목하자. 신진화론은 역사적 사건과 개인의 영향을 인정하며, 우리가 역사라고 부르는 것에 커다란 변화를 일으킬 수도 있다고 본다.

신진화론적 고고학의 사례*

팻 커치Pat Kirch[13]는 배짱이 두둑한 인물이다. 좋은 뜻에서 말한 것이다. 여러 해 동안 고고학자들은 하와이 사회가 유럽인과 접촉하기 이전에는 군장사회chiefdoms였다고 생각했다. 그러다 커치가 등장해 하와이가 왕국kingdoms이었다고 주장했고, 동료 연구자의 99퍼센트가 "그래서 뭘 어쩌라는 건데?"라고 응답했다. 군장사회와 왕국/국가의 차이점은 무엇이고, 그게 도대체 왜 중요할까?

'군장사회'는 씨족에 기반을 둔 소규모 부족보다는 더 크고 복잡하지만, 국가state society보다는 덜 구조적인 사회 단계를 기술하는 용어다. 과거에

....

* Patrick Kirch, *How Chiefs Became Kings* (2010).

는 다양한 시기에 무수히 많은 군장사회가 존재했다. 군장사회에서 권력은 여전히 친족관계kinship, 주변에 함께 거주하는 사람과 맺어진 혈연 관계에 기반하고 있었다. 권력은 친족 내에서 승계된다. 마치 군주제monarchy와 비슷하게 들리겠지만, 실제로는 그렇지 않다. 군주제에서 왕은 엄연히 국가의 통치자이며, 친족들은 사회계급을 바탕으로 한 전체 구조를 구성하는 일개 요소에 불과하다. 이집트 왕조를 예로 들면, 국가에는 세금을 징수하는 관료와 중앙정부에 의해 편제된 군대, 통치를 위한 사법체계, 그리고 신분제도의 밑바닥에 있는 가련한 아랫것들을 왕이 합법적으로 지배하도록 해 주는 종교가 마련되어 있다.

물론 정도의 문제지만 어떤 경우에는 느슨한 관계로 맺어진 각 지역의 군장들이 신성한 권력을 부여받은 왕의 제후vassal로 등극하기도 한다. 전반적으로 과거 다양한 시기에 걸쳐서 국가라는 사회 단계는 대부분의 세계를 지배해 왔다. 이 책을 읽는 사람들은그래도 누군가는 읽지 않을까라고 상상한다면 이런저런 '국가'에 각각 살고 있다. 그래서 오늘날의 사회가 어떤 과정을 거쳐 지금의 모습에 이르렀는지를 안내하는 커치의 연구는 더욱 중요하다.

하와이제도는 특별한 경우에 해당한다. 태평양 한가운데에 위치한 이곳에 인간은 1,500년 전까지도 정착하지 못했다. 18세기에 유럽인들이 도착했을 때에는 하와이인들이 왕, 세금, 거대 조형물 등을 보유한 국가를 스스로 마련해 놓은 상태였다. 또한 그들은 고고학적으로 파악할 수 없는 왕과 군장이 내린 결정, 동맹관계 및 정치적 배경을 기록한 구술사口述史, oral history도 보유하고 있었다. 18세기 말이 되어서야 제임스 쿡James Cook 선장[14] 같은 유럽인들이 진출하면서 비로소 풍습과 정치제도를 기록하기 시작했다.

이러한 사실들로 보면 하와이제도는 군장사회가 어떻게 국가로 '존재'하게 되었는지그대들이 원한다면 '존재' 대신 '진화'라고 써도 될 듯하다에 대해 구술 자료가 남겨진 유일한 곳이다. 고고학자의 주 관심사인 고대 국가들이집트 왕조나 기타 등등은 대부분 수천 년 전에 존재했다가 사라졌기 때문에 기록이나 구술사, 특히 정치활동과 관련된 자료는 별로 남아 있지 않다. 이 때문에 하와이는 아주 흥미진진한 사례다. 고고학자들은 당시 사회를 복원하는 데 유추anal-ogy 같은 작업에만 의존해 왔다. 하지만 하와이의 경우 고고학 자료 이외에 다른 자료도 남아 있는 셈이다.

진화와 관련된 많은 것들이 지역 환경의 변이와 관련 있으므로, 도서 지역의 생태 지리부터 시작하면서 하와이 이야기를 해 보자. 하와이제도는 일부 지역이 습윤하고 일부는 건조하다. 따라서 하와이 사람들은 각 지역의 기후에 따라 고유한 농업 방식을 채택했다. 습윤한 곳에서는 가능한 최대 면적의 토지를 경작하였고 타로[15]같이 저장하기 좋은 작물을 대량 재배하였

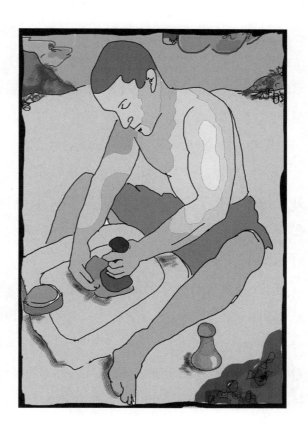

포하쿠pohaku라는 절구로 타로
뿌리를 빻아 곤죽 상태의
포이poi로 만들고 있다.

다. 타로는 그들의 주식인 포이poi의 재료이다. 대략 **공시**CE 1,200~1,500년 사이에 하와이제도의 습윤지역은 대규모의 인구 유지가 가능해지면서 크게 번성하였다. 그곳 주민들은 거대한 사원과 공공 건물, 도로를 건설하였다. 반대로 건조지역에서는 고구마나 얌yam 같은 빈약한 작물만 재배되었고, 문화적 지표도 낮은 수준에 머물렀다. 건조지역 사람들은 타로 같은 걸 먹지 못하여 풍요로운 생활을 누릴 수 없었다. 당시에는 성직자들이 집주執主, enforcing하는 타푸tapu[16]라는 종교 제도가 있었다. 타푸의 교리 중 하나는 타로 재배와 관련이 있다. 타로 생산의 조절은 신과 인간들 사이의 관계를 조절하는 것과 같았다. 이것은 왕들이 자신은 신탁에 의해 선택되었다고 주장하며 그들의 통치에 합법성을 부여하는 방식 중 하나이다. 그래서 모든 사람들은 타로를 원했다.

하와이제도의 원주민들은 지역 출신 왕의 통치를 받았고, 종교, 군대, 세금 제도 등은 그러한 왕의 통치를 뒷받침하였다. 각 섬마다 여러 왕이 있었고 그들끼리 쉴 새 없이 전쟁을 했다. 건조지역 통치자들은 비록 천연자원은 없었지만, 더욱 강한 군대를 양성하려고 자신들의 재산을 투입했다. 그들은 더 비옥한 토지를 얻고자 습윤지역 영토를 침범했고, 타로 생산을 장악하려 했다. 결국 건조지역 주민들이 기세를 잡으면서, 18세기에는 쇠락한 다른 지역의 왕들을 자신의 제후로 삼았다. 카메하메하왕King Kamehameha[17]은 하와이제도의 모든 통치자들을 통합하여 상왕上王, high king, 즉 왕 중의 왕이 되었다.

이에 대한 구술사와 서술 자료가 존재했기 때문에, 고고학자들은 이러한 정보를 자신의 해석에 통합하면서 역사인류학자로 변모해 갔다. 커치는 카메하메하왕이 정권을 잡도록 영향을 미친 지역 내 정치 상황과 다른 사건들을 나름 잘 알고 있었다. 그래서 사회정치적 변동이 일어나는 과정에는 개개인의 **작주성**이 필수적 역할을 담당한다는 것을 알 수 있었다. 스스로 정치적 야심이 없었다면, 맨땅에 서 있던 개인들이 이러한 사회적 진화를 이끄는 결정을 내릴 명분이 없었을 것이다. 달리 말하면, 하와이제도가 군장사회에서 왕국으로 변한 것은 지역 간 차별적 환경 적응과 인구압장기적 원인들 중 일부 및 정치적 야심주요하게 작용한 단기적 요인이 복잡하게 거미줄처럼 얽히면서 이루어 낸 결과이다.

요약

신진화론적 접근법은 줄리언 스튜어드 이후 기나긴 여정을 거쳐 왔다. 커치 같은 사람들은 한 사회 형태군장사회가 다른 사회 형태왕국로 변화하는 과정을 설명하기 위해 여전히 노력하고 있다. 그러나 그들은 이러한 과정을 통상적 의미에서의 '진화'로 간주하지 않는다. 커치는 "결정적 증거smoking gun도, 만병통치약 같은 원동력prime mover도 없다"고 적었다. 어찌 보면 군장사회라는 것은 장기적 요인들과 단기적 요인들이 결합하면서 등장한 국가단계 이전에 드러나는 전조단계precursors일 뿐이다.

이전에도 언급했지만, 서로 다른 이론적 접근과 그것들을 구사하는 사람들은 어떤 분리된 현실 속에 사는 것이 아니다. 보통 그들은 지향하는 이론은 다르더라도 타인의 생각을 무시하지는 않는다. 하지만 신진화론적 해석을 선호하는 사람들은 탈과정주의적 생각을 도외시하는 경향이 있다. 그렇기 때문에 커치가 댄 밀러Dan Miller와 크리스 틸리Chris Tilley의 1984년 책[18]을 참고하면서, 왕권이란 "일상적 관행과 구체적 실현materialization을 대놓고 거치며 이데올로기를 조작하는 것"이 필요하다고 서술한 것은 흥미로운 관점이다. 커치의 연구는 탈과정주의적 사고의 초석으로 여겨지며, 사회이론과 분리된 작금의 고고학적 관행을 매우 비판적으로 성토한다. 커치의 방식에 따른 신진화론적 고고학은 이론과 실천 사이의 간극을 아주 멋들어지게 연결해 주고 있다.

역작tour de force이라는 말은 이례적으로 잘 만든 작품을 말한다. 즉, 판을 뒤집는 역할을 한다. 팻 커치가 쓴 『군장은 어떻게 왕이 되었나How Chiefs became Kings』는 바로 이런 책들 중 하나로, 목적론적이고 결정론적인 진화론 접근이 가진 고루한 문제들을 한 방에 해소한다. 그는 '왜 특정 사물이 발생하는가?'라는 질문에 집요하게 매달리는데, 복잡한 현실에 너무 몰두한 나머지 나름대로 납득할 만한 원인을 제시하지는 못한다. 그 대신 위대한 개개인들의 의도는 이미 과거부터 일부분 존재해 오던 것들의 결과라는 것을 파악하였다. 그리고 커치는 최종 결과에 영향을 미치는 단기적·장기적 요인들을 균형 있게 드러내는 데 성공하였다.

옮긴이 주

1 **레슬리 화이트**Leslie A. White(1900-1975)는 미국의 인류학자로 미시간 대학University of Michigan에 인류학과를 창설한 주역이다. 1964년에는 미국 인류학회 회장을 역임했고, 신진화론으로 대표되는 문화의 기능주의적 측면을 강조하였다. 화이트의 기능주의적 입장은 루이스 빈포드가 미시간 대학에서 박사과정을 거치는 동안 신고고학적 관점을 확립하는 데 큰 영향을 미쳤다.

2 **루이스 헨리 모건**Lewis Henry Morgan(1818-1881)은 19세기의 미국 인류학자다. 부유한 지주의 아들로 태어나 뉴욕의 유니온 칼리지Union College를 다녔다. 부친의 사업을 물려받으려 뉴욕주로 진출하면서, 이로쿼이족Iroquois과 접촉하고 그들의 문화와 풍습을 기록해 1851년 책으로 펴냈다. 본격적으로 북미 원주민들의 혼인제도 및 친족제도에 관심을 갖고, 자비로 현지조사를 수행하면서 1877년 『고대사회Ancient Society』를 출간하였다. 이 책은 당시 유럽에 있던 카를 마르크스의 『자본론Das Kapital』 저술에도 영향을 미쳤다.

3 **허버트 스펜서**Herbert Spencer(1820-1903)는 영국의 철학자, 인류학자, 사회학자로서, 찰스 다윈이 1859년에 저술한 『종의 기원On the Origin of Species』에서 영감을 받아 『생물학의 원리Principles of Biology』(1864)를 저술하였고, '적자생존survival of the fittest'의 개념을 고안하였다. 다윈주의에서 시작된 생물종의 진화 개념을 문화와 사회에까지 확장한 장본인이기도 하다.

4 니체의 저서 『자라투스트라는 이렇게 말했다Also sprach Zarathustra』(1883)에 등장하는 개념으로, 모든 인간이 지향하는 하나의 이상적 인간형을 말한다.

5 **잭 런던**Jack London(1876-1916)은 미국에서 20세기 초 활동한 대중소설가로, 『야성의 부름The call of the Wild』(1903), 『늑대개White Fang』(1906) 등의 소설을 발표하였다. 『야성의 부름』은 사육되던 개가 미국 골드러시 시절에 야생에 버려지면서 약육강식의 세계를 몸소 체험하고 적자생존을 겪는 내용이 중심이다. 1904년에는 조선 땅에서 벌어진 러일전쟁의 종군기자로 활동하면서 일본 측에 4번이나 체포, 억류되었고 아래의 책을 내기도 했다.

잭 런던(윤미기 옮김). 2011. 『잭 런던의 조선사람 엿보기』. 도서출판 한울.

6 일반적으로 어느 사회든 집권층의 이데올로기로 가장 널리, 지금도 무의식 중에

채택되는 것이 바로 스펜서의 사회진화론에 근거한 적자생존 논리이다.

7 **줄리언 스튜어드**Julian Haynes Steward(1902-1972)는 미국의 인류학자이다. 레슬리 화이트와 동시대 학자로, 캘리포니아 버클리 대학에서 학위를 받고 미시간 대학에 잠깐 재직하였다. 이후 유타 대학을 거쳐 컬럼비아 대학 및 일리노이 주립대학에 재직하였다. 문화생태학cultural ecology을 창시하였고, 일반적인 진화 과정을 포괄할 수 있는 이론 정립에 매진하였다. 그가 제시한 일반 진화론 중 가장 대표적인 이론은 다선적 문화진화론multilinear cultural evolution이다.

8 **레이첼 카슨**Rachel Louise Carson(1907-1964)은 미국의 생물학자이자 작가이다. 펜실베이니아 여자대학Pennsylvania College for Women을 졸업하고 존스홉킨스 대학Johns Hopkins University에서 석사를 받은 후, 미국 연방 어업국U.S. Bureau of Fisheries에 근무하면서 해양 생물의 조사 채집 업무를 담당하였다. 꾸준히 자연보호를 강조하고 산업 활동이 야기하는 환경오염에 대해 경종을 울려 오다가 1962년『침묵의 봄Silent Spring』을 발간하였다. 이 책은 산업계가 개발 및 자본 획득에만 치중하면서 발생시킨 여러 문제를 구체적인 데이터에 근거해서 지적하였다. 레이첼 카슨을 통하여 비로소 환경오염 대책과 규제 방안이 마련되었고, 환경운동도 구심점을 갖추게 되었다. 카슨은『타임TIME』지가 선정한 20세기 가장 영향력 있는 인물 100인 중 한 명이다. 한국 번역서의 최신 개정판은 다음과 같다.
레이첼 카슨(김은령 옮김). 2011.『침묵의 봄』. 에코리브르.

9 집단 혹은 사회 내에서, 개개인이 능동적으로 판단하고 행할 수 있는 근거 혹은 그러한 상태를 말한다. 일반적으로 개인은 구조에 매몰된 피상적 존재로 간주되지만 작주성을 가진 개인이란 자신의 의도에 따라 행위를 수행하는 작주作主, agent로서의 개인을 의미한다. 즉 작주성은 개인이 스스로 작주 역할을 담당하는 것이다. agency는 넓은 의미에서 능동적인 '행위'로 번역되기도 하지만, 이 책은 '작주성'이라 이르며, 경우에 따라서는 '작주화'로 쓴다는 점을 밝혀 둔다. 이에 대한 자세한 논의는 9장에서 다시 살펴본다.

10 북미 고고학 편년 단계인 고전기Classic Period의 마야 문명이 8-9세기에 걸쳐 급격하게 몰락한 사건을 말한다. 번영을 이룬 강성했던 제국이 순식간에 없어진 사건에 대해 고고학적으로 다양한 해석이 있었는데, 가장 종합적이고 체계적인 해석은 다음 문헌을 참조할 것. 이를 토대로 영화〈아포칼립토Apocalypto〉(2006)가 제작되기도 하였다.

Lowe, J. W. G. 1985. *The Dynamics of Apocalypse: A systems simulation of the Classic Maya collapse*. University of New Mexico Press. Albuquerque.

11 **콜린 렌프루**Andrew Colin Renfrew(1937-)는 영국의 선임 고고학자로, 케임브리지 대학을 졸업하고 동교에서 박사학위를 받았으며, 셰필드 대학University of Sheffield에서 강사 생활을 시작하였다. 그 후 사우샘프턴 대학을 거쳐 케임브리지 대학의 고고학 석좌 교수Disney Professor of Archaeology로 임명되었다. 젊은 시절부터 보수적인 영국 노동당 당원으로 활동하며 현실 정치에도 적극 참여하였다. 또한 유럽 선사시대를 중심으로 한 유럽 인구의 점거 및 인도-유럽어족의 기원에 대해 주로 탐구해 왔다. 데이비드 클라크와 동갑내기지만 여러모로 상반된 캐릭터의 고고학자다. 렌프루는 세계 고고학계로부터 가장 기본적으로 읽어야 할 개설서로 인정받는 교재를 공동 저술하였다. 공저자는 렌프루의 지도 학생이었던 대중 고고학자 폴 반Paul G. Bahn(1963-)이다. 이 교재의 국내 번역판은 다음과 같다.
콜린 렌프루·폴 반(이희준 옮김). 2006. 『현대 고고학의 이해』. 사회평론아카데미.

12 **앤 액스텔 모리스**Ann Axtell Morris(1900-1945)는 20세기 미국의 여성 고고학자로, 스미스 여자대학Smith College을 졸업하고 남편 얼 모리스Earl Morris(1889-1956)와 함께 미국 서남부와 멕시코의 고고학 조사에 주로 참여하였다. 당시 여성 인력이 드물던 고고학계에서 앤 액스텔 모리스는 발군의 전문가였다. 그녀의 전기를 다룬 영화 〈캐넌 델 무에르토Canyon Del Muerto〉가 미국에서 제작 중이며, 남편인 얼 모리스는 영화 〈인디애나 존스Indiana Jones〉의 주인공의 모티브가 된 사람 중 한 명으로 알려져 있다.

13 본명은 **패트릭 빈튼 커치**Patrick Vinton Kirch(1954-)이며, 하와이 태생의 고고학자다. 예일 대학Yale University에서 박사학위를 받고 워싱턴 대학을 거쳐 캘리포니아 버클리 대학에서 1989년부터 재직하였다. 태평양 일대의 도서지역, 특히 자신의 고향인 하와이의 고고학 연구를 주로 하였다. 2014년에 버클리에서 은퇴하고 다시 하와이 마노아 대학University of Hawai'i, Manoa의 명예교수로 재임 중이다.

14 **제임스 쿡**James Cook(1728-1779)은 18세기의 영국 해군 장교이자 탐험가였다. 남극 대륙을 발견하고 세계 최초로 하와이에 당도했다. 하와이에 도착한 이후 처음에는 원주민들과 평화롭게 잘 지냈지만, 후에 서로 물적 이해관계가 대립하면서 원주민에게 맞아 죽고 세골장洗骨葬을 당했다.

15 타로taro는 남아시아가 원산지인 덩이뿌리 작물로 얌, 카사바 및 토란과 비슷하게

녹말을 많이 함유한 식량 작물이다. 주로 열대지대와 태평양 일대에서 타로를 섭취한다.

16 영어 단어 'taboo'는 여기에서 파생했다. 일종의 종교적 혹은 성스러운 금칙禁飭으로, 고대 폴리네시아 일대 사회에서 상당히 엄격하게 금지를 강요했던 도덕률이다. 타푸의 반대 개념은 노아noa라 불렸는데, 이는 사회적 통념상 허용되던 관습을 의미한다.

17 카메하메하는 18세기경 하와이제도 일대에 최초로 통일 왕조를 세운 국왕으로, 19세기 초까지 하와이제도를 지배한 군주이다.

18 이 책은 2장 '더 읽을거리' 목록 중에서 다섯 번째 문헌이다. 다니엘 밀러Daniel Miller는 유니버시티 칼리지 런던University College London 사회인류학과에서 물질문화와 인간의 관계를 집중 연구했다. 크리스토퍼 틸리Christopher Tilley는 유니버시티 칼리지 런던 고고학과 교수로, 탈과정주의 고고학의 비조인 이안 호더의 케임브리지 대학 지도학생 출신이다. 틸리의 개인사에 대한 내용은 12장 옮긴이 주에 자세히 나온다.

💙 토론거리

1 초창기 진화론자들이 짊어졌던 인종주의의 부담은 무엇이었는가? 그대는 그런 인종주의의 잔재가 어떻게 현대까지 잔존할 수 있었는지와 관련된 사례를 들 수 있나?

2 문화적 진화에 대한 생각은 어떤 점에서 목적론적인가? 설사 그 말이 사실이 라면 문화진화론은 변화를 바라보는 요긴한 방식으로서의 자격이 부족한 것이 아닐까? 그대들의 생각은 어떤가?

3 문화생태학은 적응에 대한 다윈의 생각과 어떤 공통점이 있는가?

4 자연적 혹은 문화적 유추는 타당한가? 문제가 있다면 어디에 있을까?

5 군장이 어떻게 왕이 되었는지에 대해 신경을 써야 하는 이유는 무엇일까? 하와 이 역사를 다루는 책에 주석 정도로 처리하면 그만일까 아니면 그 이상의 커다 란 의미가 있을까?_{지은이 주: 그래, 그건 그냥 원래부터 짜여져 있던(set-up) 거야!}

6 꼰대스럽고 반역사적인ahistorical 고전적 진화론과 신진화론은 변화를 다루는 방식에서 어떤 차이점이 있을까? 인간의 작주성 개념과 신진화론적 사고방식 은 어떻게 서로 부합할 수 있을까?

🌑 더 읽을거리

Carson, Rachel
1962 *Silent Spring*. Houghton Mifflin, New York.
Darwin, Charles
1998 *The Origin of Species by means of Natural Selection or the Preservation of Favoured Races in the Struggle for Life*. Reprinted by The Modern Library/ Random House, New York.
Hofstadter, Richard
1992 *Social Darwinism in American Thought*. Beacon Press, Boston.
Kirch, Patrick Vinton
2010 *How Chiefs Became Kings: Devine Kingship and the Rise of Archaic States in Ancient Hawai'i*. University of California Press, Berkeley.
Miller, Daniel and Christopher Tilley (Eds.)
1984 *Ideology, Power and Prehistory*. Cambridge University Press, Cambridge, UK.
Morgan, Lewis Henry
1877 *Ancient Society*. Henry Holt & Company, New York.
Renfrew, Colin
1978 Trajectory, Discontinuity, and Morphogenesis: The Implications of Catastrophe Theory for Archaeology. *American Antiquity* 43:203-222.
Steward, Julian
1977 *Evolution and Ecology*. University of Illinois Press, Chicago.
White, Leslie
1949 *The Science of Culture: A Study of Man and Civilization*. Grove Press, New York.

마르크스주의

지금까지 존재하던 모든 사회의 역사란
계급투쟁의 역사에 불과하다.

— 카를 마르크스Karl Marx

마르크스주의란 무엇인가?

마르크스주의Marxism[1]는 사회가 어떻게 운용되는지에 관한 이론이자, 변화를 추구하는 혁명적 계획이기도 하다. 이를 고안한 카를 마르크스Karl Marx(1818-1883)는 자신의 이름을 사조에 붙여 불렀다.* 카를은 19세기에 산업화로 야기되는 부당함을 목격하고, 사회를 만들어 내는 가장 중요한 동력은 계급갈등class conflict임을 강조하는 **유물론**materialist 사관을 발전시켰다. 이제 마르크스는 그대의 정치적 성향과는 관계없이 도저히 무시하거나 외면할 수 없는 인물이 되었다.

영국 수상이었던 마거릿 대처Margaret Thatcher(재임 1979-1990)[2]는 "사회 같은 것은 존재하지 않는다. 개인으로서의 남성과 여성, 그리고 가족이 있을

....
* 이 책을 보면 알겠지만 나는 "마르크스주의Marxist"라는 표현을 쓰고 "마르크스에 의한Marxian"이란 표현을 쓰지는 않으련다. 후자는 주로 마르크스의 경제 분석에만 관심 있고 그의 혁명론에는 별로 신경을 쓰지 않는 사람들이 주로 사용하는 용어이기 때문이다.

뿐이다"라는 유명한 말을 했다. 대처 수상은 국가가 '천연적natural' 상태로 돌아갈 수 있도록 정부의 역할을 민영화하고, 영국인들의 복지 상태를 효율적으로 구분하였다. 그녀는 사람의 운명은 그들 자신의 노력으로 만드는 것이라고 말했다. 대처에게 '사회'와 '계급class' 따위는 단지 좌익 **이데올로기**ideologies에 불과할 뿐, 실제 삶의 요소가 아니었다.

마르크스는 대처에게 동의하지 않을 거다. **관념론**자들idealists의 주장과는 정반대로, 마르크스는 경제적 토대야말로 사람들이 사회 내에서 자신이 속한 계급에 대한 의식을 결정해 준다고 믿었다. 19세기 당시 중산층 지식인들이 안락의자에 앉아 예술이나 사상 따위로 철학질philosophisizing이나 하고, 사람은 도덕적 필요성 때문에 사회경제, 정치 체제, 종교 등등까지 포함해서를 스스로 창조한다고 믿으며, 개인의 노력만으로 자신의 위치를 이룩한다고 생각하는 것을 마르크스는 도저히 감당할 수 없었다. 마르크스에게 있어 인간 사회의 근간은 경제 체제를 조직하는 방식이고, 그 외 문화와 사회의 다른 모든 국면들은 이러한 특징에서부터 파생해 나온 것이다.

마르크스에 의하면 역사를 이끄는 원동력은 사회계급 간 갈등에서 생겨나는 것이지, 거대한 사상이라든가 카리스마 있는 지도자 또는 종교들 간의 고상한 대결이 아니다. 그가 설명하는 계급이란 어느 정도의 재산, 권위, 교육 수준을 갖춘혹은 부족한 집단이 아니다. 계급이란 같은 **생산양식**mode of production을 공유하며 그 관계를 지속하는 사람들의 집단을 의미한다. 계급은 고용주혹은 자본가 또는 노동자로 나눌 수 있다. 이 두 집단은 항상 이해관계가 대립한다. 고용주는 노동자로부터 더 많은 노동 가치를 착취하려 하며, 노동자는 고용주에게 더 많은 대가를 보장받고 싶어 한다. 마르크스주의에 따르면 이것이야말로 계급갈등의 기반이자 역사의 이면에 내재하는 동력인데, 일부 마르크스주의자는내 생각에는 말이지 이를 극단적으로 확장한다. 예를 들면 철학자 **장폴 사르트르**Jean-Paul Sartre[3]는 반유대주의anti-Semitism까지도 계

왼쪽, 아니… 오른쪽우익?을 보고 있는 카를 마르크스의 초상. 마르크스는 현재 독일에 해당하는 지역[4]에서 태어났지만 영국으로 추방되었다. 그래서 그의 중요 저작 대부분이 영국에서 저술되었다. 런던에 가면 하이게이트Highgate 묘지의 동쪽 묘역에서 그의 묘소를 방문할 수 있다. 가장 가까운 지하철역은 아치웨이Archway역이다.

급투쟁의 상징적 표현이라고 해석하면서, 무계급 사회에서 그런 것은 존재할 수 없다고 주장했다. 이보슈, 장 폴 선생! 그 따위 얘기를 과연 구소련 당시 스탈린에 의해 숙청당한 유대인 희생자들에게 할 수 있을까?

마르크스주의와 고고학

많은 고고학자가 마르크스주의 고고학을 탈과정적 접근 방식의 범주로 여긴다. 그러나 마르크스주의자들은, 산만하고 뒤죽박죽인 사상이야말로 마르크스의 중요 업적인 정치적 변화를 이끄는 분석 작업의 본질에서 벗어난 것이라고 본다. 마르크스주의 고고학자들에게는 고고학 교재를 저술하는 작자들이 마르크스주의 접근을 또 하나의 탈과정적 경향이라고 송두리째 묶어 취급하는 것만큼 짜증나는 일도 없을 거다. 아마 마르크스주의 고고학자들은 그런 생각에 꽥!이라고 울부짖겠지아니면 다른 소리를 내든가. "마르크스야말로 세상을 바꾸고 싶어 했다. 그는 몇몇 대학교수들의 호기심을 충족시키고 그들이 종신고용tenure 혜택이나 받게끔[5] 돕는 역사 해석에는 관심 없었다."

바로 이게 마르크스주의 고고학만이 가지는 고유한 특징이다. 마르크스주의 고고학은 명백히 이데올로기적이고, 또 그것에 천착한다. 그리고 어떠한 역사해석이나 고고학적 접근도 가치중립적일 수는 없다고 간주한다. 마르크스주의 고고학의 주된 목표는 현행 정치 체제를 바꾸기 위해 계급투쟁과 계급의식의 역사를 드러내는 것이다. 인간 행위에 대한 인류학적 일반화를 이끌어 내는 것에는 별로 관심이 없다. 대신 계급의 역사를 밝히고 이와 관련된 주제들을 전면에 내세운다. 이러한 점은 **페미니즘**feminist 고고학이 **젠더**gender 관련 문제를 노골적으로 드러내는 것과 일맥상통한다페미니즘 고고학은 6장 참조.

마르크스는 아주 오래전 고대사회부터 계급갈등이 진행되었다고 주장한다. 따라서 현대 세계를 이해하기 위해서는 지난 500년간 진화한 자본주의를 탐색하는 게 아주 요긴한 이다. 그리고 이런 걸 깨닫는 데 굳이 박사학위까지 받을 필요는 없다. 그러나 마르크스주의는 최근까지도 북미의 주류 고고학자들에게 그다지 어필하지 못했다. 그 이유로는 북미 지역의 보수적인 정치 풍토와공산주의자 취급을 받는 것은 그다지 산뜻한 느낌이 아니다 1장에서 언급했던 '설명 모델'을 공공연하게 잘못 이해한 **경험주의**empiricism의 한계, 또 과거에도 지금도 대부분 그러하듯 고고학계에 깊숙이 뿌리내린 **기능주의**functionalism

의 병폐 등을 들 수 있다.

마르크스주의 고고학자들은 다른 사회가 얼마나 엉망진창이었나에 대해서만 개탄하지는 않는다. 그들은 자신이 속한 고고학계의 계급 구조도 함께 다룬다. 랜디 맥과이어Randy McGuire와 마크 워커Mark Walker[6]는 중요하지만 불편한 내용을 다뤘기 때문에 쉽게 외면되는 논문을 하나 작성한 바 있다. 여기서 그들은 상업적 고고학, 즉 **문화유산관리**CRM 업계의 등장 및 대학이 기업화business-ification되는 것을 통해 고고학계에도 **프롤레타리아**proletariat가 생겨났다고 지적했다. 일자리를 찾아 떠도는 현장 기술자들과 대학의 비정규직 겸임교수들은 저임금의 일용직 노동시장을 형성한다. 이들은 발굴 회사의 간부나 학계에 종신 고용된 교수들처럼 자신의 역할을 '소유한' 집단과 대비되는, 고고학계의 노동자계급이다. '정규직'이라는 당근에 이끌려 고고학계에 뛰어들기는 하지만 그들이 정규직이 될 가능성은 제로에 수렴한다. 여기에는 고고학에 뜻을 품은 졸업생을 과잉생산하는 현행 대학교육 체제에도 일부 책임이 있다.

마르크스주의 고고학의 사례*

1914년 4월 20일, 콜로라도의 주방위군은 루드로우Ludrow시에서 파업투쟁 중인 광부와 가족들을 공격했다. 날이 저물 무렵에는 무려 20명의 사망자가 발생했다. 이것은 콜로라도 탄광전쟁the Colorado Coal Field War으로 알려진 정말 끔찍한 참변이다. 광부의 대부분은 이탈리아, 그리스, 동유럽, 아일랜드,

....

* The Ludlow Collective, *The Colorado Coal Field War Project*(2003). 이 장의 뒤에 있는 랜디 맥과이어의 참고문헌을 보기 바란다.

잡지 『군중들The Masses』의 1914년 6월호 표지 그림. 한 광부가 다친 어린아이와 쓰러진 아내를 방어하고 있다. 이 도발적인 그림은 나중에 루드로우 학살Ludrow Massacre로 알려진다. 주간지 『군중들』은 "개선改善, reform이 아닌 혁명革命, revolutionary을 도모한다"는 가열찬 마르크스주의 용어로 자신의 강령을 생생하게 밝힌다.

웨일즈 및 멕시코 출신 이민자였다. 그들은 다민족이 섞여 있는 거주지역에 살았는데, 그곳의 가게와 술집 등 대부분의 시설은 회사 소유였다. 광산의 작업 환경은 열악했고, 사고 발생률은 전국 평균의 3배에 달했다.

전술한 문제는 1913년부터 전미광부조합UMWA: the United Mine Workers of America이 임금인상, 단체행동권, 안전조치법규 등을 요구하면서 불거졌다. 광부의 90퍼센트가 파업했을 때, 회사는 광부들과 그 가족을 강제로 퇴거조치하여 결국 그들은 임시 천막촌으로 쫓겨 갔다. 루드로우시는 1,200명 정도가 150개의 천막에 거주하는 가장 큰 공동 취락이었다. 문제가 생길 것을 우려한 콜로라도 주방위군은 루드로우시를 내려다보는 곳에 기관총을 거치해 놓았고, 상대편이 먼저 총을 쏘면 천막촌에 무조건 발포할 태세였다. 이날 두 번째 기관총이 나중에 추가되기도 하였다.

이 사건은 나중에 루드로우 학살Ludrow Massacre로 불린다. 루드로우 학살은 미국 노동운동사에서 중요한 사건이며, 오늘날에도 전미광부조합에서 기념하고 있다. 사건 발생 장소에는 순례의 행렬이 여전히 이어진다.

이 지역에서 이뤄지는 고고학 조사인 '콜로라도 탄광전쟁 프로젝트The Colorado Coal Field War Project'는 공동 작업으로 진행되었고 카린 버드Karin Burd, 필립 듀크Philip Duke, 애미 그레이Amie Gray, 클레어 혼Clare Horn, 마이클 제이콥슨Michael Jacobson, 랜디 맥과이어Randall Mcguire, 폴 렉크너Paul Reckner, 딘 사이타Dean Saitta, 마크 워커Mark Walker, 마거릿 우드Margaret Wood 등 전문가들이 참여하였다. 몇몇은 자신의 본명을 밝히며 논문을 출간하였지만 나머지 저자들은 '루드로우 집단集團, Collective'이라는 저자명을 사용하였다. 이 집단은 공동의 노력을 목표로 삼았다. 대부분의 학술 연구 프로젝트가 상호경쟁적으로, 또 개인적으로 이루어지는 것과는 달리 이 집단은 서로 간에 긴밀한 협력 체제를 구축하였다. 자료는 정식 출판 전까지 대외적으로는 비공개하였지만 집단 내에서는 상호공유하는 방식을 택했다.

프로젝트의 목표 중 하나는 노동계급의 역사를 강조하고 미국이 무계급 사회였다는 주장을 반박하기 위해, 콜로라도 탄광전쟁 사건을 보다 완전하게 재조명하는 것이었다. 파업자와 그 가족들이 총탄을 피해 은신하던 불에 탄 지하실의 흔적은 이곳의 잔혹사를 적나라하게 보여 주는 발견이었다. 한편, 고고학자들은 사택社宅, company town 마을에 거주하던 노동자들의 일상생활에 대해서도 조사하였다.

주목할 만한 흥미로운 분석이 있는데, 광부들의 계급의식민족의식보다는 형성에 기여한 여성의 역할과 이에 대한 고용주의 반응을 조명한 것이다.

파업 이전에 광부의 아내들은 하숙border을 치며 가계 수입에 일조했다. 이러한 관행은 다수의 통조림 깡통이 발견된다는 것과당시 통조림 음식은 비쌌다 커다란 조리도구, 식기 같은 유물자료에서 드러난다. 하숙을 치면서 수입을 올리는 것은 광부들에겐 좋은 일이지만 고용주에게는 골칫거리였다. 루드로우 집단의 구성원인 마거릿 우드에 따르면, 공동생활은 사회적 유대를 공고하게 만들고 계급의식 형성에도 기여한다. 파업이 발생하자 고용주들은 노동자의 가족이 하숙인을 받기 어렵게끔 조치했다. 이에 광부들은 임금에 더욱 매달릴 수밖에 없었다. 그런데 이것보다 더 심각한 결과는 가족들이 개별적으로 이익을 사유화하게끔 만들었다는 점이다. 여러 가구家口, household가 서로 협동하면서 하숙을 치던 모습이 사라져 간 증거들은 다음에서 드러난다. 대량으로 음식을 조리하는 도구는 급격히 감소한 반면, 통조림 유물이나 야생 짐승 및 가축의 뼈는 증가한 것이다. 이는 여성들이 새로운 생활 조건에 적응하려 노력한 점을 드러낸다.[7]

기존의 고고학자들은 여성의 역할을 가계의 현상유지에나 도움이 되는 수준으로 축소 규정하곤 했다. 그리고 여성들의 소비 풍토에는 자기 가족들의 사회적 지위를 향상시키기 위해 주로 겉만 번지르르한 물건들을 구매하는 사회적 허세가 보인다고 주장하였다. 루드로우 집단의 마르크스주의적 접근법은 이런 생각을 완전히 뒤집었다. 그들은 모든 사람이 중산층 계급이 되기를 원하고 중산층의 이상적 기준을 본보기로 삼으려 한다는 고정관념에 도전장을 내민다.

루드로우시의 노동자들은 흑인African Americans, 백인 및 다양한 유럽 출신 이주민으로 구성되어 있었다. 각 민족 집단은 그들만의 이해관계가 있고 그것을 서로 대놓고 드러내면서, 모종의 민족 기반 위계질서 구축에 가담하고 있었다. 부정할 수 없는 이러한 사실 때문에 많은 고고학자가 민족성을 부각하는 해석을 선호해 왔다. 그러나 루드로우 집단은 그런 관행을 따르지 않았다. 그들은 마르크스주의를 기반으로 일상사의 공통적인 경험은 계급을 기반으로 형성되며 이러한 경험은 민족의 경계를 넘나들며 공유된다고 주장했다. 루드로우 집단의 계급에 기반한 접근은 생계와 문화적 수용cultural conformity에 대해 **규범적**normative으로만 연구했을지 모를 기존의 인식을 전환시켰다. 그리고 시공간과 관련된 문제들을 요목조목 비판하며 달려들어 새로운 해석을 제시하였다.[8]

요약

마르크스주의 고고학에 가할 수 있는 비판점 하나는아마 마거릿 대처도 동의할 듯 **결정론적**deterministic이라는 것이다. 다시 말해, 발굴을 시작해 첫 삽을 뜨기도 전에 고고학자는 이미 그 유적에서 발생한 모든 일의 배후에 계급투쟁이 있다고 가정하는 것이다.

계급을 사회구조의 한 가지 요소로서 다루는 고전적 마르크스주의는 어떤 상황이든지 경제적 요소들을 가장 주요한 요인이라고 선험적으로 인식하고는 한다. 그리고 인간은 이러한 것들을 전혀 통제할 수 없는 무기력한 주인공으로 남겨질 뿐이다10장 참조. 하지만 루드로우 집단의 연구는 마르크스주의 고고학자들이 경제 너머에 있는 다른 부문의 영향도 간과하지 않았음을 보여 준다. 그들은 민족성과 젠더까지 고려했다. 비록 두 요소 모두 궁극적으로는 경제적 해석에 기여하는 경향이 있기는 하지만. 마르크스는 "인간은 자신의 역사를 스스로 만든다. 그러나 그들은 스스로 선택하지 않은 여건하에서 그것을 만든다"고 적었다. 즉, 개개인이 **작주성**agency을 지니지 않은 것이 아니라, 그들이 살고 있는 계급 위주의 상황이 그들의 효율적인 삶의 방식을 제한할 뿐이다.

마르크스주의의 영향을 받은 고고학에서 가장 눈에 띄는 면모는 아마도 고고학자의 직업적 관행을 포함하여 일상생활에까지 마르크스의 식견을 적용한 부분일 것이다. 루드로우 집단은 연구조사를 위해 상호협력 모델을 구축함으로써, 마르크스가 지독히 혐오했던 바로 그 위계적 계급구조를 만들지 않으려 노력한 것이다.[9]

옮긴이 주

1 이 용어는 맑시즘, 맑스주의 등으로 불리기도 한다. 하지만 현 외래어표기법에서
Karl을 '카를'로 표기하고, 글자의 받침에는 ㄱ, ㄴ, ㄹ, ㅁ, ㅂ, ㅅ, ㅇ 만을 쓰는 것
을 원칙으로 하므로 이 책에서는 카를 마르크스, 마르크스주의로 표기한다.

2 **마거릿 대처**Margaret Thatcher(1925-2013)는 영국의 71대 총리로 1979-1990년까지 장
기간 재임하였고, 정치적 동지라 할 수 있는 미국 대통령 레이건Ronald Wilson Rea-
gan(1911-2004, 재임 1981-1989)과 통치 기간이 거의 일치한다. 영국을 유럽 내 독자적
강대국으로 재등극시키려 노력하였다. 세금 감면, 긴축정책 및 기업 활동 규제완
화를 통해 제2차 세계대전과 식민지 상실 이후 어려움에 처한 영국의 경제를 다시
회복시킨 공로가 있다. 하지만 실업률과 빈부격차가 더욱 심화되는 현상도 대처의
정책에서 비롯하였다.

3 **장폴 사르트르**Jean-Paul Charles Aymard Sartre(1905-1980)는 프랑스의 철학자이자 소설가,
지식인으로 파리 고등사범학교École Normale Supérieure를 졸업하고 제1, 2차 세계대
전에 모두 참전하였다. 특정 대학이나 연구소에 소속되어 일하기보다는 자유로운
문필가로, 또 좌익 사상가 및 기고가로 주로 활동하였다. 국내에 번역된 주요 저서
는 다음과 같다.

장 폴 사르트르(조영훈 옮김). 2005. 『지식인을 위한 변명』. 한마당.

장 폴 사르트르(박정태 옮김). 2008. 『실존주의는 휴머니즘이다』. 이학사.

장 폴 사르트르(임호경 옮김). 2020. 『구토』. 문예출판사.

4 마르크스의 고향은 독일의 모젤Mosel 강가에 있는 트리어Trier로, 로마제국의 변방
지역이었다. 트리어에서 30분만 서쪽으로 가면 룩셈부르크이다.

5 일부 인문사회전공 교수가 전혀 와닿지 않는 논문을 양산해 실적을 챙기는 데 마
르크스주의가 탁월한 영감과 근거를 마련해 줬다는 것을 비꼰 대목이다. 즉, '마르
크스'만 갖다 붙여서 자기도 모르고 남도 모르고 아무도 모르는, 난해하지만 영양
가 없는 이론화 작업으로 실적만 올리는 학술적 허명은 마르크스도 원치 않았다는
사실을 대신 알려 주고 있다.

6 랜디 맥과이어의 본명은 **랜달 맥과이어**Randall H. McGuire(1951-)로 애리조나 대학Uni-
versity of Arizona에서 박사학위를 받은 후 현재 뉴욕 빙햄턴 주립대학SUNY: State Uni-

versity of New York at Binghamton에 재직 중이다. 미국 역사고고학 분야에서 마르크스주의와 이데올로기를 거의 독보적으로 다루는 고고학자이다. **마크 워커**Mark Walker는 그의 박사과정 지도학생으로, 조지워싱턴 대학The University of George Washington에서 학사학위를, 영국 케임브리지 대학에서 석사학위M. Phil를 받았다. 이 책의 저자가 재직하는 캘리포니아 소노마 주립대학에서 현재 고고학 현장책임자project manager로 근무하고 있다. 고학력 고고학자들이 정규직에 채용되지 못하고 일용직 현장 근무직을 전전하는 상황은 마크 워커의 자전적 경험담에서 비롯하였다. 이러한 현실은 최근 한국의 고고학계도 별반 차이가 없다.

7 노동자들이 하숙을 치는 것을 금지하자 가구 내 부양 인구가 줄고 식기의 규모도 감소했다. 따라서 하숙생으로 지내던 뜨내기 노동자들은 비싼 통조림 음식으로 연명할 수밖에 없었고, 하숙생을 관리하던 노동자 가구의 여성들은 기르던 가축을 소비한다. 가축이 없는 가구는 이전에는 거들떠보지도 않던 야생동물까지 사냥해야 했다. 파업 이전과 파업 이후가 크게 대조되는 이러한 가구 생계상의 변화는 대부분 가사를 담당하던 여성에 의해 야기되었다. 그리고 이러한 시각은 기존 고고학의 관점과 달리 극명하게 마르크스적이고 페미니즘적 성향이 짙다.

8 일정한 시간과 장소에 거주하던 특정 민족집단이 남긴 유물군의 기술descript에만 치중하던 문화사고고학의 규범적 접근을 거부하고, 마르크스주의를 통해 시공간적 상황에만 국한되던 문제를 본격적으로 계급의식에 기반해서 치밀하게 해부한 것으로 이해하면 되겠다.

9 마르크스주의를 고고학적 해석의 이데올로기로서 받아들이는 것은 물론, 고고학을 연구할 때에도 상호부조의 이념을 적용함으로써 탈계급적 환경을 마련한다는 의미이다. 궁극적으로 이론에 머무르지 않고 실천까지 도모하는 철학인 마르크스주의가 제대로 착근한 것으로 이해하면 되겠다.

🌀 토론거리

1 과거를 이해하는 데 마르크스주의는 왜 그렇게도 강력한 사상의 집합체일까? 마르크스의 사상을 구사하려면 공산주의자나 아니면 적어도 사회주의자가 되어야 할까?

2 마르크스주의에 목적론적 성격이 어느 정도 있다고 보는가? 이것은 마르크스주의의 한 장점인가? 마르크스주의적 분석은 계급이 존재하는 사회에만 적용 가능할까? 수렵-채집 사회처럼 상대적으로 평등한 집단을 조사할 때는 마르크스주의적 분석을 어떻게 활용할 수 있을까?

3 계급과 집단행동을 강조하는 마르크스주의 고고학에서는 자칫 개인으로서의 과거인을 간과할 수도 있지 않을까? 마르크스주의 고고학자라면 이러한 비판에 어떻게 대응할까?

🌑 더 읽을거리

Childe, V. Gordon
　　1942 *What Happened in History?* Penguin Books, Harmondsworth, UK.
McGuire, Randall
　　2002 *A Marxist Archaeology*. Percheron Press, New York.
McGuire, Randall and Mark Walker
　　1999 Class Confrontation in Archaeology. *Historical Archaeology* 33(1):159-183.
McGuire, Randall and Paul Reckner(For the Ludlow Collective)
　　2003 Building a Working-Class Archaeology: The Colorado Coal Field War
　　　　Project. *Industrial Archaeology Review*. 15(2):84-95.
Patterson, Thomas
　　2003 *Marx's Ghost: conversations with Archaeologists*. Berg, Oxford, UK.
Sartre, Jean-Paul
　　1985 *Anti-semite and Jew*. Schocken Books, New York.
Thatcher, Margaret
　　1987 Interview with Margaret Thatcher by Douglas Keay. *Woman's Own
　　　　October* 31, 1987.

chapter

04

비판이론

이데올로기란 인간이 자신의 실제 외적 조건들과 맺는
상상 속의 관계이다.[1]

— 루이 알튀세르Louis Althusser

비판이론이란 무엇인가?

비판이론Critical Theory은 사회과학, 철학, 인문학적 식견을 사용해서 현대 사회와 과거 사회를 비판하는 실천행위이다.

비판이론을 '한다do'는 많은 사람들특히 철학자들은 그들의 실천 기반을 카를 마르크스의 사상에 두고 있다. 마르크스의 사상은 집단이 타인에 대한 권력을 유지하기 위해 어떻게 **이데올로기**ideology를 구축하고 사용하는지를 다룬다3장 참조. 그대가 기억하듯 우리 '마르크스 선생'은 사람들이 본질적으로 **허위의식**false consciousness을 발전시킴으로써, 자신의 삶을 구성하는 권력관계가 보이지 않도록 스스로를 기만한다고 지적했다. 마르크스에 의하면, 종교 같은 장치裝置, mechanism는 특정 사회의 문화적 기준이 마치 그 사회 내에서 유일하게 올바른 생활방식인 것처럼 보이게 하면서 그 기준을 합법화해 간다.

마르크스는 이 모든 것들을 염두에 두고 설명해 나갔다. 그는 이데올로기가 중요한 동력이라는 걸 알고 있었지만, 이데올로기가 어떻게 작동하는가보다는 그것이 가져오는 결과에 더 관심을 가졌다. 하지만 **루이 알튀세르**
Louis Althusser[2]는 그걸로 만족할 수 없었다. 알튀세르는 나치 독일의 파시스트 이데올로기가 자신의 주변 상황을 끔찍하게 만들어 가는 과정을 보며 성장하였다. 그리고 마르크스의 견해를 받아들이고 그것을 실천에 옮겼다. 그는 이데올로기란 일상적 실천과 통념적인 인간 행동의 양상에 깊숙이 스며들어 있기 때문에 사회의 주도적 힘으로 작동한다고 강조하였다. 무엇보다도 그는 이데올로기가 우리의 경험적 현실의 일부가 된다고 지적하였다. 우리는 이데올로기의 논리가 '명백하고' 그 자체로 합리적이기 때문에 의심하지

루이 알튀세르의 모습. 현재 비판 이론이라고 불리는 사조의 중요한 인물로서 이데올로기의 역할 및 사회적 재생산에서의 인격 숭배에 관심을 가졌다.

않는다. 즉 당연한 것으로 여긴다.

알튀세르는 사회가 이데올로기를 강요하고 강화하기 위해 수립하는 제도들에 관심이 있었다. 이 제도들은 법률 체제와 같은 억압장치뿐만 아니라 더 은밀하게 통제하는 종교, 교육, 대중매체를 포함한다. 비인격적인 구조와 제도에 대한 이 모델은 나름 의미가 있지만, 이데올로기가 도대체 기저에서 어떻게 작동하는지는 아직 애매모호한 것이 사실이다.

감옥에 있던 **안토니오 그람시**Antonio Gramsci, 이탈리아의 파시스트 괴수 베니토 무솔리니가 잡아 처넣었다[3]는 이러한 문제에 대해 생각할 시간과 명분을 모두 갖추고 있었다. 그는 가장 미미한 인적 구성원조차도 때로는 알튀세르가 제안한 일종의 움직이지 않는 체계를 밝혀낼 수 있다고 생각했다. 그러나 그람시는 이데올로기를 고도로 역동적인 과정으로 받아들였고, 그런 이데올로기의 무기는 끊임없이 변하기 때문에 이데올로기란 파고들기가 더 어려워지는 전투와 같다고 비유했다. 그람시는, 사회 내의 계급들은 각자의 미묘한 이념적 상징 체계를 이용하여 지배계급이 되기 위한 투쟁을 계속한다고 말했다. 이렇게 본다면 지배에 성공한 모든 이데올로기는 파급력을 가진 집단의식이나 문화적인 **헤게모니**hegemony인 셈이다.

이러한 철학자들은 이데올로기를 갖고 도대체 뭘 하려고 한 걸까? 글쎄, 이 세상에 대해 생각이나 비판적 분석이 필요 없을 정도로 너무나 자명한 가정은 이데올로기의 일부가 될 수는 있다. 예를 들어 중세 때 유행하던 **존재의 거대한 고리**Great Chain of Being라는 개념은 돌에서 천사에 이르기까지 신이 창조한 모든 요소들 사이에 위계관계가 있다는 이데올로기적 표현이다. 이는 사회계급들 간의 관계가 신에 의해 예비되었다는 것을 보여 주기 위함이다. 이런 이데올로기를 받아들인다면 사회변화는 불가능하고, 그것을 시도하는 것예를 들면 혁명 같은 것 조차도 잘못된 행위에 해당한다. 왜냐하면 그런 것들은 사물의 자연적 질서를 거스르기 때문이다.

헤게모니적 이데올로기는 일련의 통념적 행동들 및 그와 관련된 물질적 상징[4]에 의해 끊임없이 강화되기 때문에 집단 내에서 효과를 발휘한다. 예를 들어 19세기 미국에서 상류 중산층 여성들은 사회에서 남편의 부속품으로 여겨졌다종종 그들 스스로도 그렇게 여겼다. 그리고 남편의 의무란 세상의 가혹한 현실로부터 이렇게 연약한 장식용 피조물을 보호하는 것이었다. 이러한 이데올로기는 '그럴듯'하고 고상해 보이는 '인공물artifact'로 자신의 집을 장식함으로써 타인들에게 전달되었다.[*]

이렇게 물질문화는 인간사에서 핵심적인 역할을 한다. 그대가 물질문화를 볼 때마다, 탈과정고고학자들은 과연 그것이 뭘 의미하는지 말하려 한다는 것도 알게 될 것이다.

비판이론과 고고학

권력 계층을 지지하는 헤게모니적 이데올로기를 드러내는 것은 비판적 분석에서 중추적인 작업이다. 고고학자들은 인공물의 **재귀적**recursive인 힘을 밝힘으로써 물질문화에 대한 비판적 분석을 수행한다. 대상물objects은 그것을 사용하는 집단의 가치관을 단지 수동적으로만 반영하는 것이 아니라, 이러한 가치관을 창출하고 또 보강해 나간다.

이데올로기에 영향을 미치는 인공물의 위력을 보여 주는 대표적인 사례는 마크 레오네Mark Leone[5]가 해석한 18세기 미국 메릴랜드Maryland의 귀족 윌리엄 파카William Paca[6]의 정원을 들 수 있다. 파카는 자신의 지역 내 영향

....

[*] 이디스 워튼Edith Wharton이 1913년에 쓴 소설 『시골의 풍습The Custom of the Country』은 이러한 생활방식을 아주 현란하게 묘사하고 있다.

력이 쇠락하자 원근법과 착시현상을 이용하여 복잡한 형식의 정원을 만들었다. 그는 테라스를 연속적으로 만들고 정원의 화단을 대칭으로 배치해서 경관에 질서를 부여했다. 레오네가 해석한 바에 따르면, 파카가 정원을 꾸민 목적은 방문객들에게 정원 주인이 이렇게 심오하고 박식하며 자연의 법칙에도 통달했다는 것을 과시하는 것이었다. 그리고 궁극적으로 이러한 과시를 통해서 파카의 훌륭한 지위는 당연하고 또한 '자연스러울' 수밖에 없다는 점을 고상한 방식으로 보여 주려는 것이기도 했다.

비판이론을 추종하는 역사고고학자들[7]은 인종주의, 성차별, 계급주의 등을 합리화시킨 이데올로기의 기원을 밝히는 데 주력한다. 이런 이데올로기의 기원을 자본주의에 둔다고 해도 별로 놀랄 사람은 없겠지만, 그들의 철학은 절대 암울하지만은 않다. 왜냐하면 주도적 이데올로기가 지배를 원하는 곳에는 항상 사람들의 저항이 있기 때문이다! 더구나 비판이론 전문가들의 목표 중 일부는 그 과정을 옮겨 적어서 후속 연구 집단에게 전해 주는 것이기도 하다. 비판이론가들은 마르크스주의자들과 거의 같은 방식으로 연구 주제를 수행한다. 그 방법은 억압과 착취를 역사적으로 경험했던그리고 여전히 경험하고 있는 집단들과 실제 접촉하는 것으로, 주로 소수민족과 노동자계급 집단을 포함한다.

과거 이데올로기가 앞에서 말한 효과가 있었다면 오늘날도 그런 효과는 분명히 같은 방식으로 나타날 것이다. 현대 고고학자들은 자신의 업무를 윤택하게 하고 경력 향상에 도움이 되도록 제도권에 순응하는최소한 이러한 제도에 맞서지는 않는 연구만을 도모하거나, 그런 식의 해석만을 내리려 한다. 대학에 재직 중인 비판이론가들은 너무 날카롭게 현행 제도권에 맞서는 분석을 하는 경우 직장에서 잘릴 위험도 있다. 마르크스주의자와 마찬가지로 비판이론가들은 사회변화와 보다 공평한 사회를 도모하는 위험천만한 길을 걷고 있는 셈이다. 그리고 이러한 것들은 바로 다음에서 살펴볼 내용이기도 하다.

비판이론으로부터 영향을 받은 고고학의 사례*

'매너 양Miss Manners'이라 불리는 신문 칼럼니스트 주디스 마틴Judith Martin[8]은 올바른 사회적 행위에 대한 권위자이다. 그녀는 예의범절etiquette의 목적에 대해 인본주의적 견해를 가지고 있다. 예의범절을 지키지 않으면 사람들 사이의 관계가 어색해질 수 있다. 따라서 주디스는 예의범절의 규칙이란 그런 어색한 상황을 친근감 넘치는 분위기로 만들기 위해 존재한다고 주장한다. 이렇게 긍정적인 시각은 인간 행위의 동기를 가장 악의 없이 바라보고자 하는 욕구에서 탄생했으며 나도 여기에 대해서는 그다지 이견이 없다. 그러나 18세기 매릴랜드의 상황은 이와는 확실히 다르다.

폴 섀켈Paul Shackel[9]은 그의 동료 마크 레오네와 같은 연구 주제, 즉 메릴랜드의 집권 토호土豪, power elite, 예를 들면 아까 말한 '정원사' 윌리엄 파카 계층이 자신의 권위를 정당화하고 유지하는 방식에 천착하였다. 섀켈은 메릴랜드 사회에서 경쟁하던 세부 집단들이 각자의 권력을 획득, 지탱하기 위한 전략의 일부로서 점점 복잡한 도구들을 다양하게 사용해 나갔다고 주장한다. 정신 줄(?) 놓지 않았다면 그람시가 이 주제에 대해 할 말이 있다는 것을 알 것이다. 같은 관심사를 가진 개인들은 자신들의 헤게모니를 지지하는 이데올로기를 발전시키면서 권력에 점차 다가서기 위하여 상호 유대감을 형성한다. 섀켈은 이 원리가 실제 작동하는 방식을 보려고 하였는데, 일정 집단들이 자신들의 권력 향유가 '자연스럽게natural' 보이도록 하기 위해 어떻게 물질문화를 활용하였는지 관찰하였다.

섀켈은 가장 통속적인 대상에 관심을 기울였다. 이러한 대상의 일부는 시계, 식사용 포크, 도자기 그릇 같은 것들이었다. 섀켈은 이 물건들이 별

....

* Paul A. Shackel, *Personal Discipline and Material Culture* (1993).

로 특별하게 보이지 않는 것은 보는 사람의 시각 때문이라고 생각했다. 그리고 각 물건들은 고정된 상징적 의미를 지닌 것이 아니라, 물건이 사용되는 맥락context을 고려해야만 그 의미를 이해할 수 있다고 주장했다. 그렇다면 그 물건들을 직접 사용한 사람들과, 타인의 응접실에서 그것들을 관찰한 사람들 사이에는 어떤 의미의 차이가 있을까? 이에 답하기 위해서는 식사 예절의 역사를 따져 봐야 한다.

대부분의 17세기 유럽계 미국인 가정에서 식사시간은 함께 사용하는 커다란 음식 주발에 일정량을 자주 덜어 먹는 방식으로 이뤄지는 공동 활동이었다. 개인용 앞접시유리그릇 또는 나무 쟁반가 앞에 놓이고, 만약 운이 좋아 여러 번 음식이 나오는 코스 요리를 먹는다고 하면 모든 메뉴는 이 앞접시를 사용해서 먹었다. 나이프나 숟가락은 서로 유사한 방식으로 사용되었고, 이를 사용하는 방법은 그저 다른 사람들이 어떻게 사용하는지만 보아도 쉽게 알 수 있었다.

섀켈은 18-19세기에 해당하는 유적에서 발견된 유물들을 살펴봤다. 그리고 이 시기에 식사 방법이 복잡한 방식으로 불과 몇 년 사이에 급격하게 바뀐 것을 알아냈다. 이런 변화는 접시의 개수와 크기가 증가한 사실, 각 접시의 쓰임새가 다양해진 점, 그리고 각 식기들마다 짝을 맞추는 경향이 증가한다는 점이다. 여기서 중요한 점은 바로 이거다. 식사 예절이 복잡해졌다는 것은 전체 식사 체계를 통제하는 더욱 까탈스러운 규칙이 추가되었다는 뜻이다. 그리고 이 시기에는 예의범절에 대한 책이 활발하게 출간되었다. 그대들 할아버지 세대 때 널리 받아들여지던 관습이 요즈음은 철저히 무시당하는 게 현실이기는 하지만.

섀켈에게 18세기의 만찬장은 이데올로기가 각축을 벌이던 중요한 장소였다. 여기서 예의범절의 준수 여부는 아는 사람소속된 사람들과 모르는 사람열외의 사람들 사이에 명확한 선을 긋는 기준으로 작용했다. 더군다나 점점

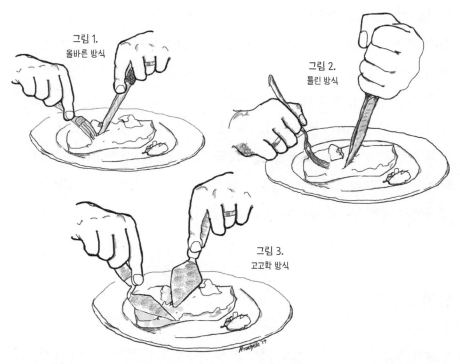

그림 1.
올바른 방식

그림 2.
틀린 방식

그림 3.
고고학 방식

다양한 식사 매너. 사교 집단들은 상징적 행동을 통해 자신들을 타인들과 구별하였다. 엘리트들은 오랫동안 그들만의 복잡하고 꾸준히 변화하는 에티켓을 구사해 왔다. 그리고 이걸 통해 누가 그들 집단에 속하고 누가 속하지 않는지 구별했다그건 그렇고 고고학자들이 트라울로 밥을 먹는 경우는 거의 없다.

다양해지는 소비재 물품들은 새로운 기술을 도입시키면서 식사 예절의 변화를 야기했다. 이는 식사용 포크와 접시들이 크기에 따라 각기 다른 역할을 담당하기 시작하는 것에서 알 수 있다. 예의 바른 식사 예절의 방식은 항상 변동하였다. 신분 상승을 바라는 중산층은 까다로운 동작으로 이루어진 식사 예절을 익힌 다음에야 비로소 그들보다 더 높은 위치에 있는 사람들이 새로 고안해 낸 또 다른 식사 예절이 있다는 걸 알게 되었다. 중산층들은 '필수품must haves'을 장만하고 난 후에야 자신보다 상류층인 사람들이 더 희귀한그래서 더욱 바람직한 물건으로 이미 '갈아탔다'는 것을 발견하기 마련이다.

18세기 메릴랜드의 정치 여건은 꽤나 불안정했다. 부와 권력은 지주와 장인匠人, craftsmen의 손에서 도시의 상업 자본가로 옮겨 가고 있었다. 당시 권력은 상속받은 재산과 법적으로 보장받은 권력을 가진 사람들에게서, 아직 사회적 지위를 보장받지 못한 새로운 집단으로 이동하고 있었다. 이 새로운 집단은 식사 예절과 식사 도구를 활용하는 규칙을 상징적 무기로 활용함으로써 타인을 배제하고 그 배제의 근거를 마련하였다. 그리고 때로는 다른 사람을 포섭하고 그것을 정당화하기도 하였다. 어떤 사람이 만찬 식탁에서 나름 능숙하게 식사 예절에 대처할 수 있다면, 그는 세련된 사회의 일원이며 자연스럽게 통치 자격도 갖추었다는 신호를 보내는 셈이었다.

요약

상징적 접근은 해석에 필요한 맥락을 제공하기 위해 문헌자료에 크게 의존한다. 그러나 앞에서 보았듯이 고고학은 종종 역사적인 과정들이 특정 장소와 시간에서 실제 사람들의 삶에 어떻게 작용했는지를 밝히는 활약을 한다. 그리고 물질문화가 이 모든 것에 어떻게 기여했는지를 알려 준다. 섀켈과 레오네가 주목한 양상의 일부는 일찍이 짐 디츠Jim Deetz[10]가 인식했던 것들이다. 디츠는 그러한 것들을 설명하기 위해 비정치적인 문화변동의 모델을 고안하기도 하였다8장 참조. 디츠는 유물에 반영되어 있는 미국 문화의 변동상을 드러내는 것에 관심을 가졌다. 비판이론가들은 당시 상황에 계급과 권력을 주입해서, 디츠가 관찰한 문화변동의 배후에 움직이는 원동력을 밝혀냈다. 그건 바로 18-19세기 미국의 상업 자본주의mercantile capitalism였다.[11]

고고학자들이 실제로 다루었듯이, 비판이론은 세상을 이해하는 접근 방식 중 하나이며 그만큼 '실천praxis'에 대한 것이기도 하다. 사회변화를 부르짖는 실천가practitioner들은 권리를 박탈당한 후손들의 공동체[12]를 위하여 활용 가능한 역사를 창제하는 데 관심을 기울이고 있다. 대부분의 사람들은 학술적 일반화보다는 그들 자신의 경험과 관계된 이야기에 더 매료되기 때문에, 레오네의 또 다른 동료인 파커 포터Parker Potter[13] 같은 고고학자는 후손 집단이 더욱 중요하게 여기는 문제들을 탐구하는 데 상당한 노력을 기울이고 있다. 포터의 책인 『아나폴리스의 공공고고학Public Archaeology in Annap-olis』은 이러한 실천을 보여 주는 좋은 사례다. 사실 이 책은 고고학이 뭘 의미하는지보다는 고고학을 해 나가는 과정에 대해 더 많이 다루고 있다. 이 책은 고고학계 내부에서 스스로를 성찰하고 있으며 고고학을 실천하는 사람들이 자신의 작업 결과에 상당히 신경 쓴다는 것을 잘 나타내 주고 있다.

소련이 붕괴하고 여타 공산주의 국가들이 대폭 개방된 자본주의 경제로 전환하면서 마르크스의 **사적유물론**historical materialism은 세상이 어떻게 돌아가는지를 보여 주는 모델로서의 가치를 잃게 되었다. 그리고 일부 사회이론가들, 정치인의 경우 그보다 더 많은 이들이 마르크스주의를 포기하기도 하였다. 비판이론은 사적유물론보다는 이데올로기의 역할론에 더 치중하였기 때문에, 만약 쓸모없는 것을 버리는 와중에 진정 필요한 것까지 버리는 오류를 범하고 싶지 않다면[14] 대안적 관점으로서 한번 생각해 볼 수 있을 것이다.

옮긴이 주

1   개인의 이데올로기는 결국 그가 처한 외적 조건에서 자유로울 수 없다는 의미로, 절대적이고 보편적인 이데올로기란 존재하지 않고 이데올로기를 보유한 자가 속해 있는 사회와 계급성을 반영할 수밖에 없다는 구성주의적 입장이다. 이는 이데올로기의 상대주의적 성격도 포함한다.

2   **루이 알튀세르**Louis Althusser(1918-1990)는 프랑스의 철학자이자 마르크스주의자로, 신마르크스주의Neo-marxism의 중요 인물 중 한 명으로 알려져 있다. 알제리 출생으로 프랑스 고등사범학교 입학 이전에 제2차 세계대전에 참전해 5년 동안 포로로 지냈다. 전쟁 이후 가스통 바슐라르Gaston Bachelard에게 수학하였으며, 1960년대 프랑크푸르트 학파 및 사르트르 등에 의해 인본주의적 해석으로 점철된 마르크스주의를 다시 '탈인간화'하는 데 주력하였다. 이 책에서 언급하는 '얄팍한' 수준의 알튀세르 이론은 그가 구조주의적인 전기 철학을 극복한 이후에 제시했던 이데올로기론이 대부분이다. 그리고 이는 안토니오 그람시의 헤게모니론과는 다소 상충하는 견해인데, 이 책의 저자인 프랫첼리스는 그 견해 차이를 인식하지 못한 듯하다. 알튀세르의 주요 저서는 다음과 같다.

루이 알튀세르(권은미 옮김). 2008. 『미래는 오래 지속된다』. 이매진.

루이 알튀세르(서관모 옮김). 2017. 『마르크스를 위하여』. 후마니타스.

루이 알튀세르(진태원 옮김). 2019. 『알튀세르의 정치철학 강의』. 후마니타스.

3   **안토니오 그람시**Antonio Gramsci(1891-1937)는 이탈리아의 마르크스주의 철학자이자 정치가로, 생애 대부분의 시간을 감옥에서 보냈고 저작도 대부분 유고로 출간되었다. 사르데냐Sardegna섬의 칼리아리Cagliari 출생으로, 20살이 되던 해 북이탈리아의 공업도시인 토리노Torino로 이동해 노동자 생활을 하며 사회당원으로 활동하였다. 1921년에 이탈리아 공산당PCI: Partito Comunista Italiano을 창당하였지만 1926년 파시스트 정부에 체포되어 투옥되었다. 그 후 1937년에 사면을 받고 출감한 지 3일 만에 사망한다. 그람시는 유물론적인 생산수단과 생산관계의 쟁취에만 머물지 말고, 프롤레타리아 계급투쟁의 이데올로기적 기반이라 볼 수 있는 헤게모니의 형성 및 부르주아 헤게모니의 파급에 대항하는 헤게모니 발전을 강조하였다. 국내에서 출간된 그람시의 대표 저서는 다음과 같다.

안토니오 그람시(이상훈 옮김. 3판). 2006. 『그람시의 옥중수고. 1: 정치편』. 거름.

안토니오 그람시(이상훈 옮김. 3판). 2007. 『그람시의 옥중수고. 2: 철학. 역사. 문화』. 거름.

안토니오 그람시(김종범 옮김). 2016. 『나는 무관심을 증오한다: 그람시 산문선』. 바다출판사.

4 이와 관련해 알튀세르는 다음과 같이 주장했다. "이데올로기는 주체들을 형성하며, 그 주체들은 현재의 계급관계를 유지해 주는 관계 체계relation system 속에서 존재한다. 이데올로기는 체계 내 주체로서의 개인을 이름 지으며nominate 정체성identity을 부여한다. 그리고 이런 과정에서 현재 발생하는 사건들이 주체들에 의해 기능적으로 작용하게 된다. 이러한 정체성은 물질적으로 다양한 실천기도하거나 성호를 긋거나 십자가를 보유하는 각종 물화된 상징들 속에서 구체적으로 구현된다. 이데올로기적 실천의 가장 특징적인 성격은 사람들이 이를 당연하게 받아들인다는 것이다. 이러한 실천은 사람들이 존재하고 살아가는 방식과 분리될 수 없기 때문에, 모든 사람은 이러한 물질적 실천을 행하면서 주체로 살아간다. 따라서 어느 누구도 이데올로기에서 벗어날 수 없다."

5 본명은 **마크 폴 레오네**Mark Paul Leone(1940-)이며 애리조나 대학University of Arizona에서 박사학위를 받고 프린스턴 대학Princeton University을 거쳐 현재 메릴랜드 대학University of Maryland의 석좌교수로 재임 중이다. 1981년부터 메릴랜드주의 주도인 아나폴리스Annapolis를 고고학적으로 조사, 해석하는 '아나폴리스 고고학AIA: Archaeology In Annapolis' 프로젝트를 수행하고 있다. 해석학적 접근 및 비판이론을 역사고고학 연구에 적용한 것이 그의 대표적 업적이다.

6 **윌리엄 파카**William Paka(1740-1799)는 영국이 지배하던 18세기 메릴랜드주 출신 지역 호족으로, 미국 독립선언 당시 메릴랜드 지역 대표였다. 미국 독립 이후에는 메릴랜드 주지사, 메릴랜드 지방법원 판사 등을 역임하였다. 본문에 등장하는 그의 정원 및 저택은 현재 미국역사기념물NHL: National Historical Landmark로 등재되어 있다.

7 여기서의 역사고고학은 이 책의 저자가 주로 다루는 미국의 역사고고학으로, 그 연구 시점은 콜럼버스의 신대륙 발견 이후 유럽계 백인이 토착인들과 함께 거주하고, 영어로 대표되는 이 지역의 언어 및 표기법이 정착화된 시기를 말한다. 따라서 다분히 백인 중심인 유럽 출신 지배계층의 시점이 보편적인 정서이고, 서부보다는 동부 위주의 지역적 편중bias도 포함된다. 이것은 구대륙의 역사고고학과는 전혀 다른 지리적·문화적·정서적 시각에 해당한다.

8 본명은 **주디스 펄맨**Judith Perlman(1938-)으로 워싱턴 D.C.에서 나고 자란 언론인이다.

신문에 에티켓과 예절에 대한 칼럼을 40년 가까이 연재하였으며, 글을 쓸 때 자신을 '매너 양Miss Manner'이라고 3인칭으로 부른다. 예의범절에서 가장 기피해야 할 덕목으로 노골적 탐욕스러움Blatant Greed을 지적하였다. 이는 식사를 할 때 다른 사람을 신경 쓰지 않고 허겁지겁 입에 밀어 넣는 탐식, 상대방이 소유한 물건의 가격이나 상대방의 연봉을 묻는 금전적인 집착 등을 의미한다.

9 **폴 섀켈**Paul Shackel(1960-)은 미국의 역사고고학자로서, 뉴욕 버팔로 주립대학SUNY at Buffalo을 졸업하고 2002년부터 메릴랜드 대학에서 가르치고 있다.

10 본명은 **제임스 판토 디츠**James Fanto Deetz(1930-2000)로 하버드 대학Harvard University에서 박사학위를 받았고 이 책의 저자인 에이드리언 프랫첼리스의 지도교수캘리포니아 버클리 대학 인류학과이기도 하다. 미국 역사고고학의 선구자 중 한 사람으로, 문화변동에 대한 이론화 작업 및 실제 유물에의 적용을 지속적으로 진행해 왔다. '정신적 틀範型, mental template'이라는 관념적 문화론의 대표적 개념을 제안하기도 하였다. 그의 저서 중 국내 출판된 사례는 다음과 같다.

제임스 디츠(구자봉 역). 1995. 『고고학에의 초대』. 학연문화사.

11 제임스 디츠가 17-19세기 미국 동부 매사추세츠주의 유물인 비석 장식을 연구 대상으로 삼아 순수하게 문화사고고학인 편년과 유물 변동상을 고찰하였다면, 마크 레오네와 폴 섀켈 등의 비판이론 고고학자는 동시기 메릴랜드 지역의 권력과 이데올로기를 중심으로 유물의 변화 근거를 관찰하였다.

12 '권리를 박탈당한 후손들의 공동체'는 백인 이주민들이 현재 미국의 주류 계층으로 자리 잡으면서 인권과 생존권을 상대적으로 누리지 못한 사람들의 심리적·정서적 공동체를 의미한다. 다양한 토착민 집단 및 흑인 사회, 그리고 비영어권 이주민 집단과 유색 인종들이 이에 해당한다. 최근 들어 인문학 분야에서 화자의 구분에 따라 각기 다른 의미로 이해, 전달되는 중의성multivocality이 강조되면서 이러한 소수 집단에 대한 관심이 증대되고 있다. 이는 고고학, 특히 탈과정고고학에서도 마찬가지이다. 다음 글 참조.

Sham, Sandra Arnold. 2001. *The Archaeology of the Disenfranchised. Journal of Archaeological Method and Theory* 8(2): 183-213.

13 **파커 포터**Parker Potter는 브라운 대학Brown University에서 박사학위를 받았고 마크 레오네와 함께 아나폴리스 및 메릴랜드주의 고고학 프로젝트에 참여하였다. 본문에 등장하는 공공고고학 관련 도서 외에 미국의 자본주의 발생에 대한 역사고고학적

접근을 다룬 다음의 편저서를 마크 레오네와 함께 출간하였다.

Leone, Mark P., and Parker B. Potter Jr. 1999. *Historical Archaeologies of Capitalism*. Springer. New York.

14 이 문장의 원문은 "don't want to throw out the baby with the bathwater"로 아기를 목욕통에서 목욕시킨 후에 목욕물을 버리려고 목욕통을 휘두르다 아기까지 던져 버리는 끔찍한 실수로 비유하고 있다. 사적유물론의 결정론적 관점은 실제 공산주의 사회의 붕괴로 그릇됨이 증명되었지만, 계급의식 및 계급갈등과 같은 마르크스주의의 기본 요소는 여전히 효용가치가 있으므로 엉겁결에 사적유물론과 함께 폐기해서는 안 된다는 의미이다.

🦋 토론거리

1 역사에 대한 비정치적 해석이란 어떤 형태를 띨 것인가?

2 고고학적 해석이 불가피하게 정치적일 수밖에 없다면 고고학자는 **중의적**multi-vocal 관점을 어떻게 유지할 수 있을까? 결국 누군가는 옳거나 틀리는 걸로 귀착되지 않을까?

3 이러한 개념들이 과거와 다른 사람들에게도 적용될 수 있다면, 학자로서의 고고학자들은 왜 자신과 자신의 직업에는 적용하지 않을까? 만약 적용했다면 그들은 무엇을 깨우쳤을까?

4 정치적으로 좌익이나 우익 쪽에 있는 다양한 정치 이데올로기의 도구로 활용되는 현대의 유물들은 어떤 사례가 있는지 생각해 보자.

💧 더 읽을거리

Althusser, Louis.
1984 *Althusser: A Critical Reader*. Edited by Gregory Elliott. Blackwell Press, Cambridge, Massachusetts.

Deetz, James F.
1996 *In Small Things Forgotten: An Archaeology of Early American Life*. Anchor Books, New York.

Gramsci, Antonio
1971 *Selections from The Prison Notebooks*. Edited by Quentin Hoare and Geoffrey Smith. International, New York.

Leone, Mark
1984 Interpreting Ideology in Historical Archaeology: Using the Rules of Perspective in the William Paca Garden in Annapolis, Maryland. In Daniel Miller and Chris Tilley (Eds.), *Ideology, Power and Prehistory* (pp. 25-35). Cambridge University Press, Cambridge, UK.

Leone, Mark
1987 Towards a Critical Archaeology. *Current Anthropology* 28:283-302.

Miller, Daniel and Christopher Tilley (Eds.)
1984 *Ideology, Power and Prehistory*. Cambridge University Press, Cambridge, UK.

Potter, Parker
1994 *Public Archaeology in Annapolis: A Critical Approach to History in Maryland's Ancient City*. Smithsonian Institution Press, Washington, D.C.

Shackel, Paul
1993 *Personal Discipline and Material Culture: An Archaeology of Annapolis, Maryland, 1695-1870*. University of Tennessee Press, Knoxville.

탈식민주의

엽서postcards와 탈식민주의postcolonialism야말로 휴가 갈 여력이
안 되는 사람들에게 내가 강력히 추천하는 두 가지 것들이다.[1]

— 보바르드Bauvard

탈식민주의란 무엇인가?

탈식민주의postcolonialism는 식민주의가 남긴 여파를 부각하면서 역사와 문화
에 접근하는 방식이다. 16세기부터 20세기까지는 소수의 강대국대부분 유럽국
가들이 지구상의 대부분을 지배했다. 강대국들에 의해 쓰인 역사는 '지배하
라 브리타니아여!Rule Britannia![2]와 '명백한 운명Manifest Destiny'[3] 및 그 외 나머지
구호들로 대표되는데, 전쟁, 정치, 상업 분야에서 위대한 업적을 남긴 사람
들에 대한 것들이 대부분이다. 그러나 식민주의를 다른 방향에서 바라보면
서, 피식민집단인 원주민의 입장이라든가 식민지화 과정이 식민주체들의
문화에 어떤 영향을 미쳤는지 등을 생각하면 뭔가 좀 다르게 보일 것이다.

사람들은 오랫동안 제국주의의 영향에 관한 글을 써 왔고, 그러한 글에
지대한 영향을 미친 몇몇 중요한 생각들은 비서구권 국가에서 기원하였다.
이런 학문들은 대부분 정치적인 성향이 뚜렷하며 반서구적 성향을 띤다.
예를 들어 **오리엔탈리즘**Orientalism이란 개념은 팔레스타인계 미국인 **에드워드**

사이드Edward Said[4]가 고안했는데, 이는 식민주의 세력들이 비서구권 사람들을 미개하게 보이도록 왜곡함으로써 어떻게 제국주의를 정당화해 왔는지 그 과정을 서술하였다. 대체로 서구 학계, 특히 인류학자들은 비서구권 사회들을 단순하게 일차원적으로 표현함으로써 이러한 사고방식에 기여하기도 했다. 북미 원주민이 어떻게 묘사되어 왔는지 살펴보자. 그들은 원래 품위 있는 집단이었지만 현재는 타락했으며, 거의 동물과 가까운 습성을 타고난 자연숭배 집단으로 여겨지기도 한다. 이런 생각은 미국과 호주의 원주민 어린이들이 그들의 원래 서식지에서 멀리 떨어진 학교에 다니도록 강요하는 근거이기도 했다. 그리고 그런 학교는 비합리적으로 인식되던 원주민들의 문화적 적폐를 합리적인 서구의 사고방식으로 바꿔 주는 곳이기도 했다.

모종의 극단적 민족주의 체제에서 식민자colonizer[5]들의 문화와 제도는 표준으로 받아들여지고, 피식민자인 **타자**Other들의 문화와 제도는 하찮은 것으로 치부된다. 사실 **타자**라는 단어 그 자체는 프랑스(!)의 정신분석학자 자크 라캉Jacques Lacan[6]이 개인과 다른 사람과의 관계저자인 '나'와 이 책을 읽는 '그대'의 관계처럼를 정의하려고 사용한 것이다. 굳이 엄청나게 상상력을 발휘하지 않더라도 이러한 개념들을 확장해서 '우리와 그들'로 유추하는 것은 그다지 어렵지 않다.

식민지화colonization는 단순히 한 국가가 군사적 압력으로 다른 나라를 지배하는 것만을 의미하지는 않는다. 물론 식민지화를 위해서는 군사력 확보가 매우 필요하다. 하지만 **안토니오 그람시**부터 로마제국 황제에 이르기까지 모든 이들은 피식민지 사람들을 고분고분하게 만들려면 여러 명을 감옥에 처넣거나 학살하는 것보다 그들의 문화 자체를 바꿔 버리는 게 훨씬 효율적이라는 것을 알고 있다. 그리고 이런 방법은 저렴하기까지 하다. 그대가 만약 '원주민natives'들의 사고방식을 그대의 새로운 경제적·법적 구조를

빅토리아 여왕의 즉위 50주년 기념패. 전 세계 땅덩어리의 약 4분의 1, 전 세계 인구의 약 5분의 1을 지배한 빅토리아 여왕은 대영제국의 상징적 수뇌이기도 하다저자 소장품 중 하나임.

지지하게끔 조정할 수 있다면, 그대는 자체적으로 치안을 유지하는 사회를 얻는 셈이다. 인도에 파견된 영국의 제국주의자들은 이 전략을 매우 효율적으로 구사했다. 만약 안 그랬다면 어떻게 영국같이 작은 나라가 지구상에서 가장 인구가 많은 곳 중 하나를 지배했을까? 영국의 제국주의자들은 인도의 기존 통치자들을 갈아 치우지 않는 대신 그들을 자신에게 동화assimilate시켰다. 또한 영국군이 인도 대륙의 치안을 담당하기보다는 아주 충직한 시크교도Sikhs[7]와 구르카족Ghurkas[8]으로 구성된 토착 연대를 창설했다.

닳고 닳은 전과자이자 4장 비판이론의 주인공인 그람시는 정치적으로 고분고분하지 않은 민중을 의미하는 **하위계층**subaltern 개념을 제시하였다. 인도의 학자들은 열강에 의해 왜곡된 이야기 대신 식민지 민족들의 역사를 발전시키기 위하여 이 개념을 채택하였다. 피식민자인 아시아인에 대해 글을 쓴 **가야트리 스피박**Gayatri Spivak[9]은 "하위계층들은 말할 수 있는가?Can the Subaltern speak?"라는 유명한 화두를 던졌다. 다른 말로 하면 전통적 역사를 상실한 집단이 과연 다시 소생하여 목소리를 높일 수 있을까라는 의미이다.

고고학 방면에서 한번 살펴보도록 하자.

탈식민주의와 고고학

스피박이 언급한 하위계층은 루스 트링엄Ruth Tringham[10]이 묘사한 **불특정다수/ 듣보들**faceless blobs과 흡사하다. 트링엄은 역사와 삶을 다룰 때 통상적으로 거론되지 않는 사람들을 불특정다수/듣보들이라 칭했다. 현대 고고학자들은 이러한 집단에 여성, 노예화된 사람들, 소수민족과 성소수자도 포함시켰다. 탈식민주의 고고학에서 하위계층은 주로 북미 원주민들 및 기타 토속인 집단들이다. 그리고 초기 식민지 정착인settler 일부도 여기에 포함될 수 있다. 이들은 식민지 정부가 효율적인 식민화를 위해 노력한 결과물이기는 했지만 사회의 변두리에 속하던 사람들이다.

그러나 아직 우쭐대지는 말자. 고고학도 식민지 경영에 기여했다는 점을 기억할 필요가 있다. 인디애나 존스Indiana Jones 같은 인물이 식민지의 근사한 유물들을 약탈법정에서 쓰는 용어로 한다면하는 것은 완전히 허구의 이미지만은 아니다. 유럽의 수도 대부분에 위치한 대형 박물관은 다른 나라의 문화유산으로 가득 차 있다. 일명 '파르테논 마블'이라 불리는 대영박물관의 엘긴 마블Elgin Marbles[11]을 떠올려 보자. 2,500년 된 이 조각품은 그리스 아테네의 파르테논 신전 윗부분에서 잘라져 나온 부속품인데, 영국의 엘긴이라는 귀족은 이를 구입하여 대영박물관에 기증하였다. 현재 그리스 정부는 어쨌든 이 조각품을 반환받으려고 노력 중이다.

고고학자들은 식민지배 이전의 피식민자들이 오랜 기간동안 정체된 문화만 갖고 살았다고 믿었다. 그리고 이런 문화는 바야흐로 식민자들에게 도움을 받으면서 '진보advance'하였다는 관점을 고수해 왔다아니면 최소한 이 관점에 토를 달지는 않았다. 때문에 아프리카에 정착한 유럽 출신 백인 조상들이 진흙 오두막에 살 때 아프리카 현지의 원주민들은 대 짐바브웨Great Zimbabwe처럼 건축학적으로 놀랄 만한 건물을 짓고 있었다는 사실을 인정할 수 없었다. 이에 고고학자들은 그들의 잘못된 관점을 합리화하고자 기발한 편법workaround을 고안해 냈다.[12] 오늘날 아프리카의 후손들이 고고학자로서 활동하고 있는 토착고고학indigenous archaeology 분야는 기존의 고고학계에서 이 후손들의 입장을 잘못 표현하거나 아니면 무시하다 보니 등장한 산물인 셈이다.

최근 들어 고고학자들은 종종 토착민이나 정착민과 직접 접촉하면서 문화접변을 연구할 기회를 가진다. 근대사회와 전통사회가 만나면 무슨 일이 벌어질까? 고고학자인 데이비드 허스트 토마스David Hurst Thomas[13]는 『콜럼버스의 결과Columbian Consequences』라고 불리는 3권짜리 저서를 통해, 그간 널리 연구되어 왔던 북미의 영국 식민지 체제뿐 아니라 히스패닉계의 북미 정착민들 사이에서도 중요한 문화적 성과가 있었다는 것을 강조하였다.

식민지 당국이 최선을 다했더라도, 그들의 지배 과정이 결코 완벽하지는 않았다. 식민자와 피식민자 간의 완전한 동화가 단기간에 이루어지는 경우는 거의 없다. 식민화 과정에서 발생하는 문화변동은 식민자들이 의도하고 염두에 둔 건 아니었다. 양측 다 예상 밖의 방식으로 변화하여, 결국 새로운 정체성이 만들어지기도 한다. 남미에서 뉴질랜드에 이르기까지 식민지 현장에서 새롭게 등장하는 사회적 정체성은 고정불변한 게 아니라 오히려 그 반대이다. 그래서 고고학자들은 이런 잡종hybrid문화가 어떻게 발생하고 진화해 가는지 기술하기 위해, **종족형성/족속형성**ethnogenesis이라는 용어를 사용해서 그 과정을 설명하기도 한다.

현장에서 일하다 보면 고고학자들은 해당 장소에서 발생한 역사적 사건에 가려져 상대적으로 잘 드러나지 않는 실거주민의 이야기를 다루기도 한다. 고고학자의 이런 노력은 일부 하위계층을 대표하는 사람들이 말을 할 수 있도록 하거나, 최소한 그들 집단을 옹호해 주는 인문학으로서의 고고학의 성격을 향상시키기도 한다.

탈식민주의 고고학의 사례*

때는 1776년. 멀리 떨어진 미국 동부 필라델피아Philadelphia에서 뭔가 혁명적인 사건이 진행되는 동안,[14] 스페인 군인들과 그 가족 및 여러 측근들은 서부 해안의 샌프란시스코만이 내려다보이는 바람 부는 고지에 주둔지를 세웠다. 스페인 정부는 캘리포니아 북부지방을 아주 미약하게나마 장악하고 있었기 때문에, 다른 유럽 열강들이 이 보루 혹은 주둔지를 야금야금 침범하지 못하도록 했다. 또한 스페인 정부는 이 주둔지가 스페인 거주민 및 그 식솔들이 나중에 더 넓은 북쪽 야생 지역을 개척해 나가는 거점으로 자리잡길 기대했다.

이렇게 엘프레시디오 데 샌프란시스코El presidio de San Francisco[15]에 주둔한 스페인 군대는 30-40명 정도의 장교와 사병들이다. 그러나 여성과 아이들

....

* Barbara Voss, *The Archaeology of Ethnogenesis* (2008).

〈메스티소〉(1770), 작자 미상
식민지의 스페인 정부는 조상의 인종적 특성을 물려받은 정도에 따라서 여러 혈통casta들을 세심하게 구분하고 차별하였다. 메스티소 혹은 여성형인 메스티사mestiza는 스페인계와 현지인 사이에서 태어난 2세로 규정되었다.

의 수는 200여 명에 달했다. 엘프레시디오는 단순한 군부대가 아니라 하나의 완벽한 공동체 사회였다. 전반적 사회구조는 군대의 위계 체제를 따랐으며 스페인의 혈통신분제systema de castas에 기반하여 사람들을 40개의 소규모 집단으로 나눴다. 각 집단은 확연한 인종적 특색, 그리고 해당 공동체 내에서 담당하는 역할과 임무를 통해 구분되었다. 이런 체제는 식민지 상태를 그대로 유지하는 게 주목적이었다. 그리고 스페인 입장에서 별로 원하지 않는 사회적 요동搖動이 발생하는 것을 미연에 방지하기 위한 것이었다. 그러나 미국의 고고학자인 바브 보스Barb Voss[16]는 외관상 이렇게 견고한 체제 내에서도 개인의 혈통 지위casta status는 순수 스페인계español, 메스티소mestizo, 물라토mulato, 인디오indio[17] 같은 주요 혈통 등급 사이를 오고 간다는 것을 발견했다. 그리고 이러한 혈통 등급의 변화는 새로운 문화적 정체성을 가진 캘리포니아족Californio을 만들어 냈다. 바브 보스에 따르면 이것은 '족속형성'에 해당하며 새로운 문화정체성의 출산birthing[18]과 같은 것이다.

스페인 정부의 칙령은 적어도 이론상 엘프레시디오의 물리적·사회적 구조를 마련하기는 했다. 여기서의 고고학 연구는 엘프레시디오 거주민들이 현실 상황 및 자신들의 욕구에 맞도록 이러한 법령을 현지화시킨 정황을 드러내 준다. 엘프레시디오의 지배계층은 내부에서 은밀하게insidious 진행되는 문화변동에 맞서기 위하여 물리적 구조를 마구 바꾸어 놓았다.

바브 보스가 해석한 바에 따르면, 엘프레시디오의 건축물 및 건축 형태의 변화는 바로 이러한 물리적 변화를 잘 드러내 준다. 엘프레시디오의 내벽으로 둘러싸인 방원方苑, quadrangle, 사각형 중앙 정원은 1815년에 220퍼센트 확장되었다. 학자들 대부분은 이 확장사업을 순수하게 액면 그대로 받아들여 방원 범위를 더 크게 사용하려 했던 사건으로 해석한다. 하지만 보스는 조금 달리 생각했다. 그녀는 이 시기 엘프레시디오에서 여러 건물과 구조물들이 뒤죽박죽mishmash으로 배열된 것에 주목하였다. 만약 방원의 활용도를 더욱 확장하는 게 공사의 목적이라면 건설 주체인 지배계층은 방원을 둘러싼 외벽의 바깥쪽에 새로운 건물들을 때려 박았을tack 것이다. 그런데 그렇게 하지 않았다.

바브 보스는 엘프레시디오의 지배층이 노리던 진짜 목표가 거주민들의 일상생활을 한 곳에 집중시키고, 또 생활의 일부는 공개될 수 있는 밀폐 공간을 만드는 것이라 말했다. 사적인 공간을 축소하면 가부장적인 군 지휘부의 감시가 쉬워지며, 일상적 활동의 무대는 가구家口, household, 아마도 종족형성의 가장 기본적인 지역 중심지일 것이다 단위에서 공공장소로 이동하게 된다. 즉 사람들을 공개된 장소에 강제로 몰아넣으면서 그들을 감시하고 일탈transgressive

행위를 좌절시키는 것이다. 외딴 곳에 떨어진 허울 좋은 공공장소로서 방원 내의 광장plaza은 통제된 환경을 반영하기 위해 설계되었다고 보스는 주장했다. 광장은 같은 수준등급의 건물 및 "자기 분수에 맞는 인종적 이미지image of ethnic respectability"로 젠더화gendered[19]된 사회적 관습을 통해 통제적 환경을 반영한다. 이곳에서 각 개인들은 자신의 혈통casta에 걸맞게 처신하고 행동한다.

방원 외벽에 인접한 점토 채취 구덩이를 조사한 결과, 쓰레기로 버려진 유물군이 다량 수습되었다. 하지만 이들 중 극히 일부만 북미 원주민 계통의 유물이었다. 인접한 테네시 할로우Tennessee Hollow 유적과는 자못 상반된 양상이다. 테네시 할로우의 거주 구역은 언덕 아래에 있어 광장에서는 보이지 않는 한적한 곳인데, 식민지 정착민과 북미 원주민 계열의 유물이 같이 섞여 나타났기 때문이다. 바브 보스는 엘프레시디오에서 물질문화가 상호 분리되어 나타나는 것은 주둔지 내의 인종차별에 따른 자체적 격리segregation 작업을 반영한다고 했다.

엘프레시디오의 가구에서 배출한 것으로 보이는 쓰레기 더미에서 약 7,500여 개의 토기편을 분석한 결과, 파양스Faience 도자기[20]부터 멕시코의 갈레라Mexican Galera[21]에 이르기까지 각기 다른 여섯 가지 종류가 확인되었다. 보스는 엘프레시디오 거주민들의 신분과 성별을 이해하기 위해 토기 형식을 사용하는 일반적 접근 대신, 토기 자체의 모양과 용도를 더 강조했다. 그녀는 "다양한 토기 형식들이 기능적으로 통합되어 식민지 거주민들의 식탁을 이끌어 낸다"라고 결론지었다. 보스의 결론은 기능적·미적으로 다양한 식기 세트가 그것을 만들어 낸 사회의 이질적 성격을 반영한다는 점을 깨우쳐 준다.

엘프레시디오는 문화가 복잡하게 변화하던 장소이기도 했다. 이에 대한 얘기들은 국제세력의 판도, 정복, 군사 문제뿐 아니라, 일견 경직되어 보이는 사회구조를 어떻게 뒤집었으며 여기에 대해 공식적으로 어떻게 반응했는지에 관한 것이다. 바브 보스는 기록물과 고고학 증거를 면밀하게 검토함으로써, 식민자들 또한 자신의 경험에 의해 스스로 변화했다는 것을 밝혀냈다. 바브 보스는 일상의 대인관계와 당연하게 여기던 것들을 부각함으로써, 우리가 흔히 식민주의의 토대라고 생각하는 날것 그대로의 강제적 권력 뒤에 과연 무엇이 존재하는지를 보여 주었다.

요약

역사고고학의 시야에 대한 짐 디츠의 생각은 유럽 문화가 "토착 문화에 미친 영향과 그 상호작용"이었다. 탈식민주의 연구는 이러한 생각을 확장시켰다. 이러한 생각은 문화적 변화가 단선적unilinear, 전통에서 근대사회까지 직선적으로 바뀌는이거나 일방적unidirectional, 식민자에서 시작해서 피식민자로 파급되는이라고 상정하지 않는다. 또한 하위계층의 구성원들이 무기력하거나 자신들의 이해관계에 관심이 없었다고 가정하지도 않는다. 탈식민주의적 분석은 피식민자들이 식민자들의 영향을 마지못해 받아들이는 대신, 자신의 상황을 잘 파악하고 원하는 것을 얻기 위해 그걸 활용하기도 했다고 주장한다9장 참조.

　여기서 잠깐만. 그래서 뭘 어쩌자는 건데? 탈식민주의 종자들이 방구석에 가득 들어앉아 탁자에 발 올려 놓고 거들먹거리고 있네. 그들은 굳이 지난 일에 감정 내세우지는 말자고 주장한다. 식민자들은 경제와 이데올로기를 지배하기 위해 필요한 모든 짓을 저질렀고 전통사회를 탈탈 털어play havoc with 버렸다. 영국 동인도회사의 정책 때문에 수백만 명의 인도인들이 1860년대와 1870년대에 굶어 죽은 걸 과연 누가 기억이나 할까?

　포스트모더니즘postmodernism, **탈구조주의**poststructuralism, 그리고 기타 심오한

사상가들이 '탈post'이라는 접두사를 사용하며 추가한 여러 개념들과 마찬가지로, 탈식민주의적 생각은 우리가 지금까지 무의식적으로 편하게 이해해 오던 것들에 대해 전혀 다른 방식으로 생각하는 것이다. 만약 우리가 엘프레시디오 데 샌프란시스코와 같은 곳을 단순히 군사 문제와 관련된 주둔지만으로 생각한다면 그곳의 의미를 절반은 놓치고 말 것이다.

고고학은 식민지 관련 주제들에 존엄성dignity을 재부여하는[22] 방식으로 탈식민주의 연구에 참여한다. 그러나 피식민자들에게 인간다움을 부여하고 또한 그들에게 현재의 권력을 실어 주고자 할지언정, 그들이 살았던 과거의 조건을 잊어서는 안 될 것이다.

옮긴이 주

1 유명한 여름 휴양지는 대부분 과거에 식민지배를 겪은 지역이기 때문에, 이곳을 방문할 여력이 안 되는 사람들은 그곳의 사진이 담긴 엽서를 보거나 아니면 탈식 민주의에 관심을 가지는 것으로 대신할 수 있다는 의미이다. 엽서와 탈식민주의라 는 단어는 모두 다 'post-'라는 영어 접두사가 붙는다. 이 말을 한 보바르드Bauvard 는 현재 미국에서 온라인 기반으로 활동하는 논객이자 저술가로, 대표작은 2013년 『당신 꿈을 꾸었소I had a Dream about You』 등이 있다.

2 스코틀랜드 출신 시인인 제임스 톰슨James Thomson(1700-1748)이 1740년에 지은 애국 계몽시로, 이후 영국 해군과 육군의 군가로도 불렸으며 아직도 영국의 BBC 방송 에서 대표적인 로고송으로 활용되고 있다.

3 1840년대부터 공공연히 등장한 미국의 팽창주의적 모토. 영국으로부터 독립하고 이후 제4대 대통령인 제임스 매디슨Jr.(재임 1809-1817)이 집권하면서 공 화당의 매파warhawks 정치인들을 중심으로 유행하기 시작하였다. 당시 신흥 국가였 던 미국이 본격적으로 북미 전역을 정치·경제·문화적으로 지배해야 한다는 이데 올로기이다.

4 본명은 **에드워드 와디 사이드**Edward Wadie Said(1935-2003)로, 컬럼비아 대학 영문/비교 문학과 교수였다. 팔레스타인의 예루살렘 출신으로 1948년 이스라엘이 건국하자 이집트로 이주하였고, 미국 시민권자인 아버지의 영향을 받아 미국 프린스턴과 하 버드 대학에서 교육을 마쳤다. 한국에서 출간된 그의 대표 저서는 다음과 같다.
에드워드 W. 사이드(박홍규 옮김). 2015. 『오리엔탈리즘』. 교보문고.

5 식민자植民者는 영어의 'colonizer'를 번역한 것으로, 여기서는 식민지에 거주한 모 든 외부인을 일컫는다. 따라서 식민지 진출자, 식민지 개척자, 식민지 정착인 및 식 민지 경영인을 포함하며, 식민주의를 믿고 신봉하고 실천하는 협조자인 선교사, 인류학자, 군인들도 포함해서 범주화할 수 있다. 그들의 소속은 엄연히 식민지 지 배국이다. 물론 그들의 후손으로 식민지 현지에서 출생한 사람들은 식민자와는 다 른 정황을 가질 수 있지만 넓은 의미에서 선대의 식민지 관련 권한을 항구적으로 세습받은 경우가 대부분이기 때문에 식민자에 포함시킨다. 반대로 식민자의 지배 와 관리 및 착취를 겪은 현지인은 피식민자로 칭한다.

6 **자크 라캉**Jacques Lacan(1901-1981)은 프랑스의 프로이트주의 심리학자, 정신분석학자, 철학자로서, 인간의 욕망과 무의식이 인간의 행동을 가장 잘 설명해 준다고 주장하였다. 여러 가지 다양한 자신만의 개념을 제시, 정의하며 기존의 프로이트주의의 한계를 극복하고 새로운 차원으로 다시 정립하였다. 그중에 타자Other, 불어로 Autre라는 개념은 언급 대상과 맥락적으로 동일하지 않은 모든 대상을 의인화한 용어이다.

7 인도에서 16세기에 유래한 시크교를 믿는 교도들을 총칭하며, 주요 분포지는 인도 서북부의 인더스강 유역인 펀자브 지방이다. 시크교의 성지인 암리차르Amritsar는 파키스탄과 인도의 접경 부근에 위치한다. 시크교도는 무굴 제국 당시 이슬람 및 힌두교도와 점차 대립해 나가면서 19세기에 시크 왕국을 건설하기도 하였다.

8 인도 인근의 네팔 고산 지대에서 유래한 티베트계 족속들. 원래는 네팔의 고르카 Gorkha 왕국과 영국 동인도회사 간 벌어진 구르카 전쟁Anglo-Nepalese War(1814-1816)을 통하여 알려졌다. 탁월한 전투력 및 죽음을 두려워하지 않는 용맹함으로 지금도 인도 및 서방 세계의 주요한 용병 병력으로 활용되고 있다.

9 **가야트리 스피박**Gayatri Spivak(1942-)은 인도 출신의 문학이론가이자 페미니스트로, 인도의 콜카타 대학University of Calcutta을 졸업하고 미국의 코넬 대학Cornell University 에서 석사학위를 받았다. 아이오와 대학University of Iowa에서 가르치면서 미국에 자크 데리다Jacques Derrida(1930-2004)의 해체주의deconstructivism를 소개하고 최초로 데리다의 저서를 번역하기도 하였다. 그 후 텍사스 대학University of Texas, 에모리 대학 Emory University 등을 거쳐 현재는 컬럼비아 대학에서 비교문학 및 문학 이론 담당 교수로 재직 중이다.

10 **루스 트링엄**Ruth Tringham(1940-)은 영국 출신의 여성 고고학자로, 주요 전공 분야는 유럽 및 서남아시아의 선사시대이다. 에딘버러 대학University of Edinburgh을 졸업하고 같은 학교에서 박사학위를 받았다. 당시 공산권이었던 동유럽의 선사시대를 주로 조사하면서 이 분야의 권위자로 일찍이 등극하였고 터키의 차탈회위크Çatal-höyük 유적을 발굴하기도 하였다. 그 후 캘리포니아 버클리 대학에서 가르치고 있다. 스포츠와 예능에 뛰어나서 1972년에는 영국 국가대표 배구 선수로 뛰었고 버클리에 있는 동안 샌프란시스코 시립교향악단 소속 바이올리니스트로 연주하기도 하였다. 이러한 다재다능함을 응용해 고고학에서 다양한 미디어를 활용하는 실험적인 기질을 보이기도 하였다. 또한 버클리의 동료인 마거릿 콘키Margaret W. Conkey

(1943-)와 함께 페미니즘 고고학의 토대를 다지기도 하였다.

11 스코틀랜드의 귀족 작위인 제7대 엘긴 백작7th Earl of Elgin이었던 토마스 브루스 Thomas Bruce가 당시 그리스를 지배하던 오스만 제국의 술탄 셀림 3세Selim III(재위 1789-1807)에게 합법적으로 승인을 받고 영국으로 옮긴 파르테논 신전 상부의 대리석 부조 조각이다. 하지만 그리스가 오스만 제국으로부터 독립한 데다 토마스 브루스가 실제로 셀림 3세에게 정식 허가를 받았는지도 애매모호해서, 현재까지 영국과 그리스 간의 소유권 논쟁이 지속적으로 불거지고 있다.

12 소위 '대 짐바브웨The Great Zimbabwe 논쟁'이라 불리는 영국 고고학의 흑역사이다. 20세기 초 아프리카 식민지인 짐바브웨를 영국 총독 로즈Cecil J. Rhodes(1853-1902)의 이름을 따서 '로디지아Rhodesia'라고 이름 짓고, 당시 짐바브웨 현지에 있던 고대 문명은 과거에 백인들이 건설한 것이라고 주장해서 영국의 짐바브웨 지배를 합당한 것으로 받아들이게 한 스캔들이다. 이러한 스캔들은 이후 영국의 여성 고고학자인 거트루드 카튼 톰슨Gertrude Caton Thompson(1888-1985)에 의해 바로잡혔다.

13 **데이비드 허스트 토마스**David Hurst Thomas(1945-)는 캘리포니아 출신 고고학자로, 미국 자연사박물관American Museum of Natural History의 인류학 분과장을 역임하였고 같은 기관의 리처드 길더 대학원Richard Gilder Graduate School에서 가르치고 있다. 주로 북미 원주민들을 고고학적으로 연구하였으며, 그들의 문화유산을 지정하고 보전하는 행정 업무도 담당하였다.

14 1776년은 미국이 독립한 해이고, 독립 선언은 7월 4일 필라델피아의 두 번째 대륙회의Continental Congress에서 이루어졌다. 실제로 미국이 영국을 전쟁에서 물리치고 완전하게 독립을 보장, 승인받은 해는 영국의 조지 3세가 파리평화협정Peace of Paris에 서명한 1783년이다.

15 1776년 9월 17일에 스페인 식민 정부가 미국 서부에 최초로 만든 요새이다. 스페인군 철수 후 멕시코에 이양되었지만, 멕시코-미국 전쟁Mexican-American War(1846-1848) 이후 과달루페 이달고 조약Treaty of Guadalupe Hidalgo을 통해 1848년 미국이 정식으로 접수하였다. 1933년 캘리포니아 주립기념물로 등재되었고, 1962년에는 미국의 국가사적National Historic Landmark으로 승격되었다.

16 미국의 여성 고고학/인류학자로 본명은 **바버라 보스**Barbara Voss(1967-). 스탠퍼드 대학을 졸업하고 캘리포니아 버클리 대학에서 박사학위를 받았다. 본문에 등장하는 내용은 그녀의 박사논문으로, 이후 이 연구를 통해 미국 인류학계 최고 권위의 출

판상 중 하나인 루스 베네딕트Ruth Benedict상을 받았다. 성소수자이며 2001년부터 스탠퍼드 대학 인류학과에서 가르치고 있다. 주요 관심 주제는 문화변동 및 소수민족의 종족형성, 그리고 동성애와 성전환 등의 문제이다.

17 메스티소는 중남미 원주민과 스페인·포르투갈 백인의 혼혈을 말하고, 물라토는 주로 노예계층인 포르투갈령 아프리카 식민지 출신 흑인과 백인의 혼혈, 그리고 인디오는 혼혈이 아닌 중남미 원주민을 말한다.

18 바브 보스의 견해에 따르면, 캘리포니아인의 발생은 앞에서 본 네 가지 범주의 종족들이 문화적·생물적으로 상호결합하면서 이루어졌다. 따라서 이 과정은 태어나는 입장보다는 새끼를 낳는 부모의 입장을 더 강조한 것이므로 번역도 탄생birth이 아닌 출산birthing이라고 하였다.

19 젠더화gendered는 특정 행위나 관습이 남성 혹은 여성에만 고유하게 특화된 것으로 여기는 사회적 시각 및 용인 혹은 구조나 통제를 반영하는 상태를 말한다. 이것은 생물학적인 성징보다는 사회적으로 규정되는 성별을 말한다.

20 파양스는 주석을 유약으로 사용한 서양 도기로, 무슬림 지배를 거치던 시절인 14세기부터 무어인Moors들에 의해 스페인에서 주로 제작되었고 그 후 유럽 전역으로 확산되었다. 스페인 마요르카Majorca섬이 주요 집하지였기 때문에 맨 처음에는 유럽에서 마요리카Majolica로 불리기도 했다. 그 후 17세기에 이탈리아 북부 도시인 파엔자Faenza에서 지금의 이름이 유래했고, 프랑스로 전래되면서 파양스로 불리게 되었다.

21 멕시코 중서부의 할리스코Jalisco 지방에서 기원한 갈색조의 토기로, 카카오 음료나 각종 식료를 저장하는 데 쓰인 그릇의 형태가 보편적이다. 텍사스가 미국에 병합되기 이전인 스페인 식민지 시절에 널리 사용되었다.

22 현재 대부분의 탈식민주의 고고학 연구에서는 과거 식민지를 경험한 사람들을 노예나 피착취 집단으로 대상화하는 대신, 그들도 하나의 인격체로서 다루어야 한다는 실천적 이데올로기가 작동하고 있다. 이 책은 이렇게 과거인들에게 존엄성을 부여하는 것도 중요하지만, 무엇보다 그들이 실제 어떻게 생활했는지 알아내는 것이 필요함을 역설한다.

🌀 토론거리

1 탈식민주의는 합법적인 연구 주제인가, 아니면 과거지사에 대해 불평하거나 조상 탓이라고 치부하던 것들[1]을 정치적으로 올바르게 언급하자는 것인가?이것은 그냥 한번 토론해 보자는 것이니까 내 연구실 문 밖에서 피켓 들고 실력행사는 하지 말 것.

2 19세기 문화인류학 연구 성과들 중 당대 식민자들의 의도를 지지하도록 한 것은 무엇이었나? 그 인류학자들은 자신의 연구가 잘못 사용되는 것을 막을 수 있었을까? 만약 그렇다면 그들은 어떻게 했을까?

3 현대 서구 사회에서 타자로 간주될 수 있는 몇몇 집단을 제시해 보라. 그들 집단이 갖고 있는 공통점은 무엇인가?

4 어떤 신생국가가 국가적 정체성을 발전시키는 데 탈식민주의 이론을 어떻게 활용할 수 있을까? 그리고 이런 노력에 고고학은 어떻게 기여할 수 있을까?

옮긴이 주

1 이 부분은 원서에서 '신 포도sour grape'로 표현되는데, 여기서의 신 포도는 이솝 우화의 신 포도가 아니라 구약성서 「예레미야서」와 「에스겔서」에 등장하는 문구인 '아비가 신 포도를 먹으면 아들의 이가 시다'에 사용되는 용례이다. 이것은 유대인들이 자신의 현재 고행을 죄 많은 조상 탓으로 돌리는 상투적 습관을 지칭할 때 쓰는 은유적 표현이다. 참고로 이 책의 저자인 에이드리언 프랫첼리스는 유대인이다.

🌀 더 읽을거리

Deetz, James F.
  1996 *In Small Things Forgotten: An Archaeology of Early American Life*. Anchor
      Books, New York.

Lacan, Jaques
  1977 *Écrits: A Selection*. Translated by Alan Sheridan. Norton Books, New York.

Moxham, Roy
  2001 *The Great Hedge of India*. Carroll & Graf, New York.

Said, Edward
  1979 *Orientalism*. Vintage Books, New York.

Silverberg, Robert
  1968 *Mound Builders of Ancient America*. New York Graphic Society,
      Greenwich, Connecticut.

Spivak, Gayatri Chakravorty
  1988 Can the subaltern speak? In Cary Nelson and Lawrence Grossberg (Eds.),
      Marxism and Interpretation of Culture (pp.271-313). Macmillan Education,
      Basingstoke, UK.

Thomas, David Hurst (Ed.)
  1989 *Columbian Consequences*. Smithsonian Institution Press, Washington, D.C.

Tringham, Ruth
  1991 Households with Faces: the Challenge of Gender in Prehistoric
      Architectural Remains. In Joan Gero and Margaret(Eds.), *Engendering
      Archaeology: Women in Prehistory* (pp. 93-131). Basil Blackwell, Cambridge,
      Massachusetts.

Voss, Barbara L.
  2008 *The Archaeology of Ethnogenesis*. University of California Press, Berkeley.

페미니즘

남자건 여자건 우리 모두의 문제는,
서로에 대해 배우려 하기보다 오히려 안 배우려 한다는 점이다.

— 글로리아 스타이넘Gloria Steinem[1]

페미니즘이란 무엇인가?

페미니즘은 여성의 삶을 이해하고 발전시키는 것을 목표로 하는 여러 가지 요란한 생각들의 총체이다. "페미니즘은 여성도 사람이라는 급진적 개념이다"라고 체리스 크레이마래Cheris Kramarae[2]가 말한 구호를 자동차 범퍼에 많이 달고 다니는 것은 이 운동의 지적 토대를 사회개혁이라는 목표에서 분리할 수 없음을 알려 준다. 정치적이지 않은 페미니즘은 언어도단인 셈이다.

공포 소설『프랑켄슈타인Frankenstein』(1818)을 쓴 작가[3]의 어머니인 메리 울스턴크래프트Mary Wollstonecraft는 일찍이『여성의 권리 옹호A Vindication of the Rights of Women』(1792)라는 책에서 다음과 같이 정리함으로써 사회적으로 큰 충격을 주었다.

◎ 남성과 여성은 도덕적이건 지적이건 똑같다.
◎ 여자아이들은 기존 지식에 도전하는 내용의 교육을 받아야 한다. 그리고,

◎ 여성은 집 바깥에서 일하게 해야 한다.

당시 기준에 이건 말도 안 되는 생각이었다.

울스턴크래프트를 포함하는 페미니즘의 **첫 번째 물결**first wave은 이혼의 자유와 기혼 여성의 재산 행사권과 같은 기초적인 사회적 평등의 영역 내에서 완만하게 진행되어 갔다. 그 결과 1893년 뉴질랜드에서 여성들이 최초로 투표권을 얻는 성과를 이루어 냈다. 아마 사우디아라비아에서도 언젠가는 반드시 이루어질 것이다.

첫 번째 물결의 페미니스트들은 하층민의 생활 개선, 교육개혁, 금주와 절주temperance[4] 등의 선행을 통한 전반적 사회변화에 초점을 맞췄다. 그 후 여성해방 운동이라고도 알려진 페미니즘의 **두 번째 물결**second wave은 여성의 사회적 지위를 증진하는 데 주력하였다. 이 물결은 1960년대의 반전反戰, anti-war 및 시민평등권 운동을 통해 촉발되었다. 케이트 밀레트Kate Millett[5]가 쓴 『성의 정치학Sexual Politics』(1970) 같은 책은 두 번째 물결의 지적 토대를 제공하기도 하였다. 이후 페미니즘은 저메인 그리어Germaine Greer가 쓴 『여성, 거세당하다The Female Eunuch』(1971)가 큰 성공을 거두면서 현대의 주류 사상 중 하나로 인정받았다.[6] 이 두 번째 물결은 서구 문화의 고착화된 남성 편향을 수면 위로 드러내고, 여성의 역할 제한을 당연시하던 남성중심적androcentric인 사회 가치관을 타파하는 데 주력하였다. 그러한 목표들 가운데에는 여성의 자발적인 출산 조절과 직장 내 남녀평등 문제도 포함되어 있었다.

그 후 1980-1990년대에 나타난 페미니즘은 지적·학술적 관심을 통해 세련됨을 더했다. 이전의 물결들이 세부 문제에 치중하고 현실적 목표가 구체적으로 있었다면, 리베카 워커Rebecca Walker[7] 등이 이름 붙인 **세 번째 물결**third wave의 페미니즘은 **탈식민주의**5장 참조에서 **퀴어이론**7장 참조에 이르기까지 여러 시각과 입장을 공유하는, 주지적이면서도 이론적으로도 강력한 운동이

18세기와 20세기를 각각 대표하는 페미니즘 이론가인 메리 울스턴크래프트왼쪽와 리베카 워커오른쪽. 그래피티graffiti 작가는 부당함에 대한 저항과 실천으로서의 행동주의를 그림으로 표현하고 있다.

다. 그리고 현재 진행형이다. 대표적 예로, 벨 훅스bell hooks, 이 여성 작가의 필명은 대문자를 쓰지 않는다[8]가 쓴 책인 『나는 여자가 아닌가?Ain't I a Woman?』(1981)에서는 백인, 이성애자, 중산층 계급 여성의 입장과 경험이 모든 여성을 대표한다는 선입견이 퍼지면서 페미니즘의 두 번째 물결이 망가졌다고screw-up 지적하였다. 그리고 이를 극복하기 위한 새로운 방향의 운동에 초점을 맞췄다. 하지만 카밀 팔리아Camille Paglia[9]로 대표되는 대중문화pop culture로서의 '탈페미니스트post-feminist'가 등장하면서 분위기가 점차 우울해져 페미니즘을 정의하기가 더 어려워지기도 했다. 어쨌든 세 번째 물결의 페미니스트 대부분은 여성과 남성이 둘 다 동등한 가치를 가지고 있다는 견해를 반영하는 것이 과거를 바라보고 미래를 재정립하는 방법이라고 믿는다.

페미니즘과 고고학

이제 다음의 두 시나리오를 생각해 보자.

첫 번째는 쉰내가 날 정도로 오래된 견해로, 지금은 별로 인정받지 못하는 사냥꾼으로서의 남성Man the Hunter이다.

그는 짐승을 잡아 고기를 집에 가져가기 위해 대자연과 겨루었고 야생의 위험에 직면하기도 했다. 지친 그는, 동굴의 여성들이 피가 낭자한 그의 사냥감을 닦고 다듬는 동안 잠시 휴식을 취했다.

이제 고고학자로서의 남성Man the Archaeologist을 살펴보자.

그는 소중한 물건들을 실험실로 가져오기 위해 뙤약볕 또는 빗속에서 열심히 흙과 씨름하였다. 지친 그는, 발굴 현장의 여자들이 유물을 닦아 처리하는 동안 잠시 휴식을 취했다.

이 둘 사이에 뭔가 일치하는 게 있지 않나? 한번 보자구.

고고학 분야에서 여성들은 조앤 지로Joan Gero[10]가 소위 "고고학계의 집안살림archaeological housework"이라 일컫던 것들을 최근까지 너무나 태연하게 도맡아 왔다. 여성들이 연구실에서 유물 세척과 분류 작업을 하는 동안, 남성들은 야외에서 발굴하고 나중에는 자신들의 이름만 넣은 보고서를 펴냈다.

이러한 발굴 보고서의 필자들은 '그들의' 발견을 남성중심주의와 흡사하게 서술하였다. 남성으로 살면서 경험했던 것과 동일한 성적 역할을 글로 재현한 것이다. 여성들은 수동적이고 순종적이며 집 안에 있는 사람으로 치부된 반면, 남성들은 활동적이고 지배적이며 바깥의 일들을 도맡았다. 쉽게 말해 여성들은 집안일이나 하며 집에 머무는 동안 남성들은 밖으로 나가 역사를 만들었고, 고고학자는 그런 성격의 연구 결과를 발표해 온 것이다.

페미니즘 고고학은 과거뿐 아니라 현재의 젠더 역할gender role에 확실히 집중해야 한다. 고고학자들은 자신의 사고방식 및 그것을 실제로 구현하는 과정에서 너무나 명백한 오류를 범해 왔다. 초창기 사례를 들어 보자. 프랜시스 달버그Frances Dahlberg가 편집한 『채집꾼으로서의 여성Woman the Gatherer』(1981)[11]은 상식 수준의 고정관념들이 생물적인 성과 사회적 역할로서의 젠더를 어떻게 혼동하도록 만들었는지 알려 주었다. 그리고 그런 와중에 선사시대를 서술할 때 여성이 실제로 어떻게 배제되어 왔는지를 드러냈다. 1989년의 차크물Chacmool[12] 고고학대회가 젠더에 주목했을 때만 해도 이런 상황은 별로 나아지지 않았다. 그로부터 2년 후인 1991년, 젠더 관련 페미니즘 고고학을 본격적으로 다룬 중요한 책 두 권이 발간되었다. 콘키Conkey[13]와 지로Gero가 공저한 『고고학을 젠더화하기Engendering Archaeology』(1991)와 도나 세퍼트Donna Seifert[14]가 편저한 『역사고고학에서의 젠더Gender in Historical Archaeology』(1991)이다. 이 중 후자는 북미 원주민 여성 연구, 벌목장에서의 젠더 관계, 그리고 매춘부에 대한 연구까지도 포함하고 있다. 휘트니 배틀-밥티스트Whitney Battle-Baptisite와 바버라 보스Barbara Voss 같은 인물들은 각각 흑인과 성소수자의 관점에서 페미니즘의 세번째 물결을 대표하고 있다5장 참조.

페미니즘 고고학의 사례*

자넷 스펙터Janet Spector[15]는 심기가 불편했다. 리틀 라피즈Little Rapids[16]는 휘황 찬란한 유적지였음에도, '평생공로상'이나 받아 마땅한 수준의 고리타분한 서술방식 때문에 많은 것을 놓칠 수밖에 없었다. 그때 고고학 전공생인 주앙 준케라Joan Junqueira가 유물을 하나 발견했는데, 이는 스펙터에게 유적과 유적에 살던 사람들을 새롭게 해석하는 길을 열어 주었다. 그 유물은 바로 문양 장식이 있는 뼈로 만든 송곳 자루awl handle였다.

리틀 라피즈원어는 다코다족 언어인 이니언 세야카 아톤워는 현재 미니애폴리스 근처의 미네소타 강변에 있는 1830-1840년대 형성된 와피턴 다코다Wahpeton Dakota족[17]의 취락 유적이다. 이 취락은 와피턴계 집단의 주요 식용작물인 옥수수를 심고 가꾸고 추수하던 여름 거주지였다. 이곳을 방문하던 모피상들과 미국의 공무원, 인류학자 및 선교사들이 충실하게 기록을 남겼기 때문에 다른 사료들처럼 피기록자만큼이나 기록자 자신에 대한 자료도 풍부하다.

스펙터가 1980년 이곳을 방문하기 이전에 이미 고고학자들은 사전 조사를 하기는 했다. 하지만 공식적으로 와피턴 다코다 취락의 첫 발굴이었기 때문에, 스펙터는 참고할 유물을 실견하기 위해 인근의 포트 미실리매키노Fort Michilimackinac 유적[18]을 방문하였다. 늘 그래 왔지만, 포트 미실리매키노 유적을 조사한 이전 세대 고고학자들은 기술적technical 수준의 보고서를 이미 엄청나게 써 놓은 상태였다. 그리고 그 보고서는 유물들을 마치 무슨 식물 뿌리처럼 여러 갈래의 형식, 아형식 및 기타 잡다한 변이를 가지는 종류들로 나눠 놓았다. 이 작업은 어쨌든 심각하게 과학적이었고, 적어도 타인들에게 자료를 공개하는 고고학자의 기본 책무는 완수한 수준이었다. 그

....

* Janet Spector, *What This Awl Means* (1993).

런데 말이지….

　해석을 거쳐야 할 유물들이 아직 상자에 담겨 있는 동안 스펙터는 리틀 라피즈 유적의 이야기 보따리를 어떻게 풀어 나가야 할지 결정해야 했다. 전통적인 접근 방법도 고려해야 했는데, 이는 형식과 변이에 근거해 유물을 분류하고 각각의 형식을 일종의 역할 편성표 내에 적절하게 위치시키는 작업을 말한다. 예를 들어 아까 말한 송곳 자루는 포트 미실리매키노 유적 보고서를 쓴 고고학자들의 접근 방식을 따른다면 'I 형식의 (a)변종Type I, Variety (a)' 항목으로 설정할 수 있다. 그리고 나서 그 송곳 자루는 다른 유물들과 함께 항목표로 만들어져 "가사 목적의 출토상황Household Context of Utilization—집안 살림의 유지보수Maintenance and Repair 관련 용도"라는 범주에서만 논의될 것이다. 스펙터는 이런 접근법을 택할 수도 있었다. 또 그랬다고 하더라도 별문제는 없었을 것이다.

　그러나 그녀는 실제 고고학이 이루어지는 방식에서 한 가지 모순을 발견했다. 유물을 이해하기 위해서는 그것들을 적절하게 분류해야 하지만, 이런 과정은 오히려 그 유물이 사용자들에게 어떤 의미가 있는지 해석하는 역량을 제한한다는 것이다. 앞의 사례에서 가치중립적 행위인 '유지보수'라는 범주는, 사실 여성들이 와피턴 다코다족의 일상에서 별 볼일 없는 역할에만 머물렀다는 암묵적 선입견을 동반한다. 스펙터는 사료와 구술 자료를 능숙하게 활용하면서, 송곳 자루에 새겨진 점선들은 그것을 소유한 사람이 이룩한 성과를 공식적으로 기록한 것임을 밝혀냈다. 이런 행위는 다코다족 남성들이 자발적으로 행사하는 공공연한 자기표출과 유사하다.

　이걸로 볼 때 송곳은 단지 가죽에 구멍을 내기 위한 뚫개 이상의 의미를 가진다.

　지금까지 살핀 바에 따르면 기존 고고학자들은 스펙터보다 한참 뒤떨어진 관행을 남겨 온 셈이다. 그녀는 역사, 구조, 항목이라는 차원에서 유적

을 다루기보다는 1830년대 다코다족의 생활사라는 맥락에서 송곳을 연구
했다. 송곳이 어떻게 분실되었고, 송곳을 가지고 있던 여성에게 송곳이 어
떤 의미였는지에 대한 내러티브를 작성하였다. 그녀의 이런 식견은 과거인
들의 행위가 대부분 일상적으로 기록되지 못했다는 사실에도 흔들리지 않
았다. 그녀의 내러티브는잘 기록되었을지라도 하나의 이야기일 뿐이며 읽는 사람
도 그걸 충분히 깨닫고 있다. 그리고 무엇보다도 중요한 사실은, 송곳을 유

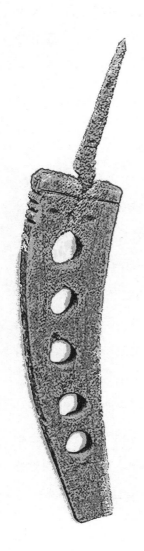

적 전체에서 발견되는 비슷한 용도의 유물 중 하
나로 보기보다는 고고학적 맥락 안에서 발견되는
구체적 대상으로 다룬다는 점이다. 해당 송곳은
쓰레기 구덩이에서 발견되었는데, 스펙터는 송곳
이 어떻게 그곳에 도달했고 구덩이 속 다른 유물
들과는 어떤 관계인지 스스로 묻는다. 이런 작업
을 통해, 우리는 유물들이 그걸 사용했던 문화에
서 떨어져 나와 오직 과학자의 분석 작업으로 이
해되는 기술적 산물 꾸러미가 아니라는 걸 알게
된다. 그 대신, 유물은 실제 생활이 이루어지는 공
동체 내에서 그것을 사용하는 사람들과 연동하는
대상물이라고 이해하게 된다.

다코다 사회는 남성 위주의 사냥활동에 치중
했다고 서술되어 왔다. 하지만 리틀 라피즈에서
옥수수를 파종하고 기르며 수확했던 사람들은 주

미네소타 강변의 리틀 라피즈 유적에서 발견된 것과 같은 형식의
뼈자루 송곳. 송곳은 예나 지금이나 가죽에 구멍을 뚫거나 바구니
를 만들 때 사용된다. 전통적으로 다코다족의 여성들은 이러한 송
곳에 장식을 넣고 개인적으로만 사용해 왔다.

로 여성이다. 다코다 여성들은 남성이 자신의 일을 도와주지 않는 것을 긍정적 의미에서 타당하다고 믿었고, 집단 내에서의 젠더 구분은 나름 엄격한 수준이었다. 이에 스펙터는, 유적 내 대형 저장혈storage pit에서 유물이 풍부하게 발견된 것은 남성보다는 여성들만을 위한 유구structure의 일부라고 보았다.

이 밖에도 페미니즘 고고학에는 여러 가지 좋은 사례들이 많다. 하지만 스펙터의 송곳 연구는 가히 레전드급이다. 단순히 좋은 '페미니즘' 고고학 정도로 치부한다면 이 연구의 중요성을 과소평가하는 셈이다. 그냥 훌륭한 고고학이라 보면 된다.

요약

대부분의 고고학자는 페미니즘이 자기 자신과 무슨 관련이 있는지 쉽게 알아채지 못했다. 역사고고학 분야에서는 동물 뼈부터 여기저기 흩어져 있는 도자기 파편에 이르기까지, 식사와 관련된 유물들은 거의 다 여성이 구입했을 것으로 그냥 생각해 왔다. 그리고 많은 고고학자들은 지금도 그들이 조사하는 유적과 유물에서 여성 고유의 흔적들을 찾아내려고 한다. 물론 고고학에서 여성과 관련된 증거물을 찾아내는 일은 고고학자라면 당연히 해야 할 일이기도 하다.

남성과 여성이 과거에 함께 살아왔다는 것은 그 누구에게도 새로운 사실은 아니다. 페미니즘 고고학은 흔히 '여성적인 것들을 첨가하고 뒤섞는add women and stir' 것처럼 당연한 역사적 사실을 고고학 사례에 제공하는 것만은 아니다. 우리는 젠더 간 상호 관계가 존재했다는 것을 알고 있다. 문제는 과거의 특정한 시공간에서 그것이 어떻게 작용했냐는 점이다.

페미니즘 고고학의 핵심적인 특징은 바로 '젠더화gendered'된다는 점이다. 이것은 젠더 관계가 인간 사회에서 항상 주요한 구성 요소였다는 점을 알려 준다. 따라서 페미니즘 고고학의 목표는 여성들이 자신의 삶과 사회를 창조하는 데 고유한 작주성을 갖고 있었다는 점을 강조할 뿐 아니라, 남성 위주의 성적 편향을 폭로하고 그것을 타파하는 것까지를 포함한다. 이러한 페미니즘 고고학의 목표는 앞으로도 지속될 것이다.

1 본명은 **글로리아 마리 스타이넘**Gloria Marie Steinem(1934-)이다. 미국의 언론인으로 1960-1970년대에 활동한 대표적인 페미니즘 운동가이다. 스미스 여자대학Smith College을 졸업하고 『뉴욕 타임스New York Times』의 기자와 칼럼니스트로 활동하였다. 1971년 전미여성정치회NWPC: National Women's Political Caucus를 공동 설립하여 여성 정치 인사의 양성과 배출에 크게 기여하였다. 2005년에는 여성미디어센터 Women's Media Center를 세워 여성의 권익을 신장하고 여성의 주체적 활동을 알리기 위해 노력하였다. 2000년에 영국 출신 배우 크리스천 베일Christian Bale의 아버지이자 환경운동가인 데이비드 베일David Bale과 결혼하기도 하였다.

2 **체리스 크레이마래**Cheris Kramarae(1947-)는 여성학과 언론학을 전공한 페미니스트로, 사우스다코다 주립대학South Dakota State University을 졸업하고 일리노이 대학 University of Illinois, Urbana-Champaign에서 박사학위를 받은 후 같은 대학에서 교수로 재직했다. 현재는 오리건 대학University of Oregon의 사회여성연구센터Center for Study of Women in Society에 재직 중이다. 기존의 언어와 권력은 남성 위주로 구성되어 있으며 이를 극복하기 위해 여성은 자신의 목소리를 여성화된 언어로 변환할 필요가 있다는 '침묵하는 집단' 이론MTG: Muted Group Theory을 발전시켰다.

3 『프랑켄슈타인』은 영국의 여성 작가 메리 울스턴크래프트 셸리Mary Wollstonecraft Shelley(1797-1851)가 1818년에 쓴 세계 최초의 SF 소설이다. 작가 자신과 그녀 어머니의 공식 이름은 동일하다. 처음에는 이 소설을 익명으로 출간하였지만, 1831년에 자신의 본명으로 재출간하였다.

4 금주 및 절주 운동Temperance Movement은 19세기 말에서 20세기 초에 걸쳐 주로 영어권 국가에서 광범위하게 진행된 사회정화 운동이다. 술에 취하는 행동은 서구문명의 병폐라고 규정하며 기독교적 가치관을 중심으로 사회 내에서 알코올 소비를 자제하도록 권유 혹은 강요하는 분위기를 만들었다. 일부 국가에서는 이러한 움직임이 입법화되어 금주령으로 자리 잡기도 하였다.

5 본명은 **캐서린 머레이 밀렛**Katherine Murray Millett(1934-2017)으로 미국의 페미니스트이자 작가이다. 옥스퍼드 대학University of Oxford을 졸업하고 컬럼비아 대학에서 영문학을 전공하였다. 그 후 노스캐롤라이나 대학 및 일본의 와세다早稲田 대학 등에서

가르치면서 급진적 페미니스트로 활동하였다.

6 페미니즘의 두 번째 물결과 밀접한 관련이 있는 이 책들은 국내에서 다음과 같은 판본으로 출간되었다.

케이트 밀레트(정의숙 옮김). 2004. 『성의 정치학(상)』. 현대사상사.

저메인 그리어(이미선 옮김). 2012. 『여성. 거세당하다』. 텍스트.

7 태어날 때의 이름은 **리베카 레벤설**Rebecca Leventhal(1969-)이다. 『칼라 퍼플Color Purple』(1982)을 집필한 작가인 앨리스 워커Alice Walker의 딸이며 흑인 어머니와 백인 아버지 사이에서 태어난 혼혈인이자 양성애자이다. 탈식민주의와 퀴어이론 등을 전방위로 결합한 운동을 벌이는 현재 미국의 대표적 페미니스트이다.

8 본명은 글로리아 진 왓킨스Gloria Jean Watkins(1952-)이고 **벨 훅스**bell hooks는 필명이다. 스탠퍼드 대학을 졸업하고 캘리포니아 산타크루즈 대학University of California, Santa Cruz에서 박사학위를 받았으며 남가주 대학University of Southern California 및 예일 대학에서 가르쳤다. 현재 미국을 대표하는 페미니즘, 인종주의, 경계일탈transgressive 이론가로서 국내에 다양한 저작이 소개되어 있다. 대표작은 다음과 같다.

벨 훅스(윤은진 옮김). 2008. 『경계넘기를 가르치기』. 모티브북.

벨 훅스(이경아 옮김). 2017. 『모두를 위한 페미니즘』. 문학동네.

9 필라델피아 예술대학University of the Arts, Philadelphia의 교수이자 급진적 페미니스트인 **카밀 팔리아**Camile Paglia(1947-)는 기존의 페미니스트들에게 노골적 비판을 가하고, 여러 페미니즘 계파들과 정면으로 대립하였다. 또한 아동 성애단체인 NAMBLA를 옹호하며 "에로틱한 선호 기준에 나이가 무슨 문제인지 모르겠다"는 발언을 해서 논란을 빚기도 했다. 그녀의 대표작 중 국내에 소개된 판본은 다음이 있다.

캐밀 파야(이종인 옮김). 2003. 『성의 페르소나』. 예경.

10 미국의 고고학자로서 본명은 **조앤 마거릿 지로**Joan Margaret Gero(1944-2016)이다. 펜실베이니아 대학University of Pennsylvania에서 영문학을 전공하고 보스턴 칼리지Boston College에서 석사를 받은 후, 잠시 교사로 근무하다 매사추세츠 대학University of Massachusetts at Amherst에서 고고학 박사학위를 받고 사우스캐롤라이나 대학University of South Carolina 및 아메리칸 대학American University에 재직하였다.

11 페미니즘 담론을 고고학/인류학에서 최초로 다룬 책이라고 볼 수 있다. 수렵채집인 사회에서 여성이 차지한 역할과 관련된 잘못된 선입견들을 반박하면서 새로운 논의를 제시한다. 편저자인 프랜시스 달버그Francis Fahlberg는 책 출간 당시 콜로라

도 여자대학Colorado Women's College에 재직 중이었다.

12 캘거리 대학University of Calgary에서 운영하는 고고학 학술단체의 이름이다. 주로 캐나다 앨버타Alberta주에서 열리는 각종 고고학 학술 행사에 참여하고 이 지역의 연구 성과를 내는 단체이다. 원래 차크물chacmool은 고대 마야의 조각품으로, 머리를 처들고 누워 있는 독특한 자세를 특징으로 한다.

13 본명은 **마거릿 콘키**Margaret W. Conkey(1943-)로 시카고 대학에서 박사학위를 받았다. 웬너-그렌 재단Wenner-Gren Foundation에서 근무하였고 새너제이 주립대학San Jose State University을 거쳐 캘리포니아 버클리 대학 인류학과에서 가르쳤다. 유럽 막달레니안Magdalenean기 동굴벽화 및 페미니즘 고고학 분야에서 주로 업적을 남겼다.

14 **도나 세퍼트**Donna J. Seifert는 지금은 은퇴한 미국의 현장 고고학자로, 미국역사고고학회 회장을 역임하였다. 최근에는 미국의 매춘 역사를 다룬 아래의 책을 펴냈다.
Yamin, Rebecca and D. J. Seifert. 2019. *The Archaeology of Prostitution and Clandestine Pursuits*, University Press of Florida.

15 **자넷 스펙터**Janet D. Spector(1944-2011)는 미국의 대표적인 여성 고고학자로 1세대 페미니즘 고고학자이다. 위스콘신 대학University of Wisconsin에서 박사학위를 받고 미네소타 대학University of Minnesota에서 가르쳤다. 미국 고고학계에서 최초로 여성과 젠더 문제를 본격적으로 다룬 논문인 Archaeology and the Study of Gender, *Advances in Archaeological Method and Theory* vol. 7, pp. 1-38(M. B. Schiffer eds.,1984)을 마거릿 콘키와 공저하였다. 그리고 이 책에서 소개되는 대표적인 페미니즘 고고학 사례이자 내러티브의 신기원을 마련한 『이 송곳이 무슨 의미일까What This Awl Means』를 1993년에 집필하기도 하였다.

16 원래 지명은 이니언 세야카 아톤워Inyan Ceyaka Otonwe로, 현재 미네소타주의 루이스빌 군구郡區, township이며 와피턴 다코다Wahpeton Dakota 족속의 주요 거주지에 해당한다. 다수의 분구묘burial mound가 분포하고 있으며 1999년에 미국 국가사적지 National Register of Historic Places로 등재되었다.

17 노스다코다North Dakota와 사우스다코다South Dakota주 동부 및 미네소타주와 위스콘신주에 걸쳐 거주하는 동다코다Eastern Dakota족의 일부 집단. 동다코다족은 산티 Santee족이라고도 불리며 넓은 의미로는 북미 중부에 널리 분포하던 시우Sioux족의 한 갈래이다. 와피턴은 현재 노스다코다주에 주로 분포하는 동다코다족의 주요 도시 이름이기도 하다.

18 미시건주 매키노Mackinaw시 인근의 18세기 역사시대 유적지. 프랑스와 영국의 모
    피상들이 건설한 교역 중심지로, 오대호 중 휴런호Lake Huron와 미시건호Lake Michi-
    gan를 연결하는 좁은 호협湖峽에 위치한다. 1960년에 국가사적지로 등재되었다.

🌶 토론거리

1 사회적 의미로서의 '젠더gender'는 생물학적 의미인 '성별sex'과 정말 그렇게나 다를까? 어떻게 다른 것일까?

2 페미니즘 고고학과 젠더고고학의 차이는 무엇일까?

3 '사냥꾼으로서의 남성'이라는 이야기는 현대의 젠더 역할에 어떤 영향을 미쳤을까?

4 그대라면 페미니즘 고고학자들이 겪는, 젠더 간 평등을 다루는 서구의 자유주의 개념을 오로지 과거에 투영하기만 한다는 비판에 어떻게 반응할 건가?

5 젠더는 사회를 구성하는 기본적 방식인데 고고학자들은 왜 이제껏 젠더를 무시해 왔을까?

6 실제 고고학이 이루어지는 방식이 남성 위주라는 증거는 무엇인가?

7 자넷 스펙터의 내러티브에 대해 어떻게 생각하는가? 그렇게 고고학을 하는 게 과연 설득력이 있을까? 자신의 의견을 내세우기 위해 고고학적 증거를 확대 해석한 혐의가 있지 않을까?

8 고고학 해석에서 '여성적인 것을 첨가하고 뒤섞는' 조리법이란 도대체 무엇인가? 스펙터의 연구가 이런 식의 해석과 다른 것은 무엇이고 더 나아진 점은 무엇일까?

🦅 더 읽을거리

Battle-Baptiste, Whitney
2011 *Black Feminist Archaeology*. Left Coast Press, Inc., Walnut Creek, California.

Conkey, Margaret and Joan Gero (Eds.)
1991 *Engendering Archaeology: Women and Prehistory*. Basil Blackwell, Cambridge, Massachusetts.

Dahlberg, Frances (Eds.)
1983 *Woman the Gatherer*. Yale University Press, New Haven, Connecticut.

Deetz, James F.
1977 *In Small Things Forgotten: An Archaeology of Early American Life*. Anchor Books, New York.

Gero, Joan
1985 Socio-politics of Archaeology and the Woman-at-Home Ideology. *American Antiquity* 50:342-350.

Greer, Germaine
2008 *The Female Eunuch*. Harper Modern Classics, New York.

Hooks, bell
1999 *Ain't I a Woman? Black Women and Feminism*. South End Press, Cambridge, Massachusetts.

Millet, Kate
2000 *Sexual Politics*. University of Illinois Press, Chicago.

Montagu, Ashley
1953 *The Natural Superiority of Women*. MacMillan, New York.

Paglia, Camille
1992 *Sex, Art, and American Culture: Essays*. Vintage Books, New York.

Seifert, Donna (Ed.)
1991 Gender in Historical Archaeology. *Historical Archaeology* 25(4).

Shelly, Mary Wollstonecraft
2003 *Frankenstein or the Modern Prometheus*. Penguin Books, London.

Spector, Janet
1993 *What This Awl Means: Feminist Archaeology at a Wahpeteton Dakota Village*. Minnesota Historical Society Press, St.Paul.

Steinem, Gloria
1970 Women's Liberation Aims to Free Men, Too. *Washington Post June* 7, 1970.

Voss, Barbara and Robert Schmidt (Eds.)
2000 *Archaeologies of Sexuality*. Routledge, London.

Wollstonecraft, Mary
1996 *A Vindication of the Rights of Women*. Penguin Books, London.

퀴어이론

퀴어를 정의한다면, 그것은 정상적인 것, 합법적인 것,
그리고 지배적인 것과 맞서 겨룬다는 뜻이다.

— 데이비드 할페린David Halperin[1]

퀴어이론이란 무엇인가?

퀴어이론QT: Queer Theory이란 도대체 정상적이란 게 과연 무엇인지 **문제삼기**
problematizes하는 일련의 생각, 사상들이다.

　이걸로 이해가 안 된다면, 다윈의 자연선택설이나 천문학자들이 얘기
하는 빅뱅이론Big Bang theory과 비교할 때 퀴어이론은 전혀 이론이 아니라고
생각하면 된다. 자연선택설이나 빅뱅이론은 세상에 대해 설명하는 생각들
이다. 하지만 퀴어이론은 세상을 뭔가 다른 방식으로 바라보려는 것이고,
그다음에 행동을 취하는 거다. 행동주의적 관점에서 퀴어이론은 **비판이론**의
한 형태에 해당한다4장 참조.

　이제 그런 건 일단 제쳐 두고, 퀴어이론은 단순히 게이/레즈비언이나
젠더 연구를 유행에 맞춰 언급하는 방식만은 아니라고 말해 둔다비록 여러 가지
말들이 많겠지만. 사실 퀴어이론은 **성소수자**LGBTQ[2]들이 시작했지만, 결코 그들만
의 지적 재산은 아니다. 지적 입장이 받아들여지지 않거나 상상할 수 없을

정도로 하찮게 취급될marginalize 때도 퀴어이론이 적용될 수 있다. 이렇게 어떤 사상이나 담론discourse과 관련해서 정반대의 입장을 취할 때 우리는 '퀴어링queering'한다고 말할 수 있다.

1970-1980년대의 페미니스트들은 서구 사회에 만연한 남성 위주 편향의 문제를 지적하고 있었다. 같은 시기 성소수자들은 페미니스트를 포함한 6장 참조 거의 모든 사람이 **이성애위주**異性愛爲主, heteronormalcy의 선입견을 가지고 있었기 때문에 자신들이 정식으로 인정받지 못했다고 주장해 왔다. 이성애위주라는 개념은 이성 간의 사랑만이 정상적이고 자연스러우며 그 외에 다른 것은 일탈행위라고 암묵적으로 인정하는 관점이다.

퀴어이론 실천가들은 어떠한 **본질주의**적 신조essentializing doctrine와도 맞서려고 한다. 이런 신조의 근본 문제는 다음의 선험적 생각들과 관련이 있다. 1) 인간은 번식 임무와 관련된 본성을 가지고 있다. 2) 사회적 역할과 성적 성향은 생물학적 성으로부터 '자연스럽게' 흘러나온다. 이러한 생각들은 사람의 생물학적인 성별을 사회적 역할 및 성적 성향과 같은 방향에 배치한다. 이것은 당연시되었고 아무도 문제 삼지 않았기 때문에, 강력하게 뿌리내린 고정관념 중 하나가 되었다. 이성애위주 사고방식의 영향은 우리 삶의 모든 분야에 퍼져 있다. '가족'이라는 단어를 생각할 때 어떤 이미지가 떠오르는지, 이성애위주가 아닌 사랑을 불법으로 간주하는 나라가 무엇을 의미하는지 생각해 볼 수 있다.

이러한 모든 것들의 효시라 볼 수는 없지만, 어쨌든 **미셸 푸코**Michel Foucault는 퀴어이론의 지적 아버지intellectual father였다음. 이런 비유도 퀴어링해 볼 필요가 있겠군. 푸코는 비전형non-normative적 행동을 통제하기 위한 사회의 시도가, 그런 행동들을 파격적이고 해괴한 것으로 규정하면서 시작된다고 지적했다. 19세기 서구 사회에서 숭배되던 전문가 집단인 심리학자, 범죄학자 등은 '정상' 범위에서 벗어난 사람의 범주를 만들고 미친 사람과 동성연애자를 여기에 포함시켰다. 푸코는 남색sodomy 행위가 이전의 많은 서구 사회에서 불법으로 간주되기는 했지만 그만큼 흔한 성교 형태였다고 말했다. 하지만 전문가들이 이런 행위를 한 사람들을 연구해서 알아듣기 힘든 용어로 학술지에 발표한 후에는 비정상적 계층으로 낙인이 찍혔다. 그저 성욕의 분출 방식이 중산층의 가치관과 맞지 않았을 뿐이지만, 그들은 사회적 질환자이고 도움이 필요한 사람으로 전락하였다.

초창기 인류학자들은 문명화된 계층유럽의 백인 중산층이 '야만인들'보다 도덕적으로 진화했다는 생각에 과학적 타당성을 부여하면서 이런 분위기에 부채질을 해 댔다. 예를 들면 일부일처제monogamy는 인간의 자연스러운 혼인 조건으로 여겨졌는데, 빅토리아 시기[3] 유럽인들은 인간관계의 성적인 면에 집착하면서도 일처다부polyandry와 일부다처polygamy를 부자연스러운 일탈행위로 규정했다. 전 세계적으로 일부일처제보다 훨씬 더 흔한누군가는 더 '정상적'이라고 얘기하겠지 관행인데도 말이다.

따라서 퀴어이론이란 융통성 없이 엄격하기만 한 성적 정체성이란 '자연스럽지' 않다고 받아들이면서, '정상적'이라는 것이 과연 무엇인지 그 개념을 전반적으로 흔들어 놓으려는 시도라고 보면 될 것이다.

퀴어이론과 고고학

조만간 이 책의 **선을 넘는/초월**transgressive 고고학10장 참조[4]에서도 다루겠지만, 여기서는 퀴어이론이 고고학 분야의 비이성애위주 사고방식에 기여한 부분을 강조해 볼까 한다. 고고학자들은 성행위와 관련된 직접적 증거를 발굴해 본 적이 거의, 아니면 결코 없는 셈이다. 그리고 이것은 지극히 당연하다. 하나의 예외를 든다면 영국의 더들리성Dudley Castle[5]에서 발견된 17세기의 콘돔을 들 수 있지만, 그건 여기서 얘기할 것들이 아니다.

고고학자들이 규범적 관행을 일부러 거스른다면, 그것은 우리 고고학 분야도 퀴어링한다고 말할 수 있다. 고고학은 하나의 학문 분야로서 규범적인 과학normative science에 기반을 두고 있다. 그래서 <u>퀴어링하는 고고학은 주류 고고학 분야에서 지극히 당연해서 무시한다거나 아니면 너무 파격적이라 다루지 않는 것들을 심각하게 받아들이는 것을</u> 의미한다. 바꿔 말하면, 다른 사람들이 받아들일 수 있는 괴팍함eccentricity의 한계를 넘어 자신의 경력에 흠집을 낼 정도로 해괴망측weird한 영역까지 과감하게 달려든다는 것이다. 단순한 공연 예술이 아니라, 멀쩡한 고고학 사업의 일환으로 1991년식 포드Ford 승합차van 내부를 정식 발굴한 에이드리언 마이어스Adrian Myers[6]와 동료들의 연구도 퀴어 고고학 프로젝트의 일환이다. 이런 프로젝트들이 여러 주류 학술지에 게재된다는 점은 고고학계를 깜짝 놀라게 한다는 것이 이제는 얼마나 어려운 일이 되었는지 보여 준다.[7]

다시 한번 강조하건대, 퀴어이론은 단지 성적인 것과 관련된 것만은 아니다. 그렇지만 퀴어 고고학에서 가장 강력한 주제는 이성 간 사랑에 대한 고정관념을 허무는 것이다. 우리가 발굴하거나 조사하는 주거지, 혹은 무덤에 있던 사람들끼리의 관계를 논할 때, 이제 '정상적'이라는 개념은 더 이상 통하지 않는다. 이집트학은 아마도 고고학에서 가장 보수적인 분야 중 하나일 것이다. 그런데 바로 이 분야에서, 대안적 가능성을 논하려면 유물을 다시 읽어야 한다는 훌륭한 사례가 제공되었다. 이 사례는 그렉 리더Greg Reeder[8]가 연구한 이집트 제5왕조 시기의 남성 두 명, 니앙크눔Niankhkhnum과 크눔호텝Khnumhotep의 합장묘에 묘사된 장면에 관한 것이다. 4,300년 된 이곳의 벽화들은 두 남자가 다양한 자세로 서로 간의 애정을 드러내는 모습을 보여 준다. 그들은 손을 잡고 있거나 코를 문지르며 마주 보고 있거나 심지어 키스까지 한다. 이성애위주의 해석에 따르면 이 두 남자는 형제에 불

이집트인 니앙크눔Niankhkhnum과 크눔호텝Khnumhotep은 무덤을 공유했고, 명백히 같은 가족 구성원으로 여겨졌다. 이것 외에 또 다른 벽화에서도 둘 사이에 사랑이 존재했다는 점을 보여 주고 있다.

과하다. 그리고 그 이상의 관계가 아닐 수도 있다. 두 남자는 각기 다른 여자들과 결혼해서 자녀도 있었다. 그러나 그렉 리더는 이 두 남자가 묘사되는 방식은 남편과 아내로 대표되는 결혼 관계에서나 가능한 방식이라는 점을 지적하고, 두 사람이 성적으로 맺어졌든 아니든 상관없이 두 남자의 가족들은 서로를 포용하였다는 점을 말해 준다고 했다.

퀴어이론에 근거한 분석은 이미 시작되었고, 대부분 주어진 텍스트를 해체하는 방식으로 이루어지고 있다. 문학비평 분야에서 이런 전체적인 작업의 방법론을 마련해 놓았고 작업에 필요한 용어도 고안해 냈다. 비록 유물이 텍스트와 비교되거나 텍스트처럼 해체될 수도 있지만, 어느 한 시점을 지나면 이러한 유추도 한계에 다다른다. 간단하게 말하자면, 퀴어이론에는 고고학 유적과 유물에 걸쳐서 널리 통용되는 방법이 별도로 정해지지 않았다고 보는 게 좋다.

퀴어 고고학의 사례[*]

사회학자 어빙 고프먼Erving Goffman[9]이 "총체적 기관"이라 부른 것처럼, 감옥은 고립되어 있고 자급자족형 물리적 환경의 사회구조가 주어지도록 설계되어 있다. 감옥의 구조는 수감자들의 '신체적 움직임과 상호작용을 통제'하기 위해 계산된 결과이다. 적어도 감옥 설계의 목표는 바로 그거였다. 문헌으로 뒷받침되는 고고학말 그대로 역사고고학의 가장 큰 장점은 제도의 표면 아래로 파고들어 그 제도를 생생히 경험한 사람들의 삶을 드러낼 수 있다는 것이다. 고고학자들은 공감대를 불러일으키도록 과거인들의 삶의 방식을 재구성하려고 한다. 그리고 이러한 목표를 강조하기 위해 '삶으로 겪어 온 현실lived reality'이란 용어를 사용한다. 교도소의 B지구에서는 네 개의 커다란 구멍을 가진 단추가 17개나 발견되었다. 처음에 이 단추들은 그다지 큰 관심을 끌지는 못했다. 그러다가 엘 카셀라El Casella[10]는 당시 교도소에 거주하던 사람들이 그 단추들을 의도적으로 그곳에 남겨 놓았다는 것을 알아냈다.

　　로스 여성 공장Ross Female Factory은 여자 전용 교도소였다. 이 교도소는 1848년부터 1854년까지 당시 영국 식민지였던 호주 남쪽 해안의 태즈메이니아Tasmania섬에서 운영되었다. 수감자 대부분은 소위 좀도둑질petty theft 혐의로 유죄판결을 받은 사람들이다. 그들은 비싸지 않은 고용주 소유의 물

....

[*]　Eleanor Conlin Cassella, *Doing Trade* (2000).

건들을 훔친 이력이 있다. 공장은 기독교식으로 기도와 회개를 통해 여성들을 교화하는 데 목적이 있었다. 그 외에 당시 여성들의 통상적 직업에 필요한 기술인 바느질, 세탁, 요리 등을 가르치기도 하였다. 문제가 있는 수감자들은 4×6 피트약 1.2×1.8미터 크기의 독방에서 줄어든 배식으로만 연명하는 처벌을 받기도 했다. 만약 어떤 여성이 형기를 마치고 간수장jailer이 만족할 수준으로 갱생이 이루어지면 섬에 거주하던 영국 출신 식민자 집안에 가정부로 취업하는 조건으로 가석방을 받고는 하였다.

수감 대상 여성들은 그 등급에 따라 보통전과자Crime Class, 복역 중인 일반 집단와 독방자Solitary Cells, 죄질이 안 좋은 관리대상자, 그리고 가석방자Hiring Class, 보호관찰 대상인 가정부들로 나뉘어서 교도소 내에서 생활했다. 고고학자인 카셀라는 이렇게 각기 다른 거주 지역마다 일부분씩을 발굴했다. 유물 중에는 단추가 포함되어 있는데, 호주에 영국인들이 진출했던 당시의 역사시대 유적에서 단추는 아주 흔한 유물이고 이런 걸 발견했다고 대단한 공로훈장을 주거나 그러지는 않는다. 그러나 고고학은 맥락context으로 모든 게 결정된다. 가석방자 구역은 전반적으로 유물의 발견 맥락이 흐트러져 있어서 카셀라는 거기서 나온 자료를 쓰지 않기로 했다. 그러나 보통전과자와 독방자들의 거주 구역에서 수습된 유물들은 층위가 나름 확실하고 해당 연대도 그 지점을 점거한 역사적 시점과 잘 부합하였다. 간단히 말하면 이 유물들은 교도소로 활용되던 당시 그곳에서 발생한 활동들을 반영한다고 가정해도 큰 문제는 없는 수준이었다.

카셀라가 가장 먼저 주목한 것은, 독방자 구역에서 발견된 단추가 보통전과자 구역보다 세 배나 많다는 것이었다. 독방자 구역의 단추는 형식의 변이가 광범위했고재질, 크기 등 교도소가 지급한 의복의 단추는 별로 없었다. 그리고 일부는 의도적으로 변형된 경우도 있었다. 두 구역이 엄격하게 분리 운영된 것을 감안한다면 교도소 지급품 의복에 달려 있지 않던 단추가

여성 수감자들은 독방에 갇혀 있을 때도 단추를 불법 화폐로 사용했을까? 이런 거래는 성매매와 사치품을 구매하는 방식으로 이뤄졌을 수 있다.

단지 우연히 이곳에 흘러 들지 않았다는 것쯤은 알 수 있다.

그런데 수감자들은 다른 물건들보다 왜 하필 단추를 모아서 쟁여 놓았을까? 이 물건들은 그 자체의 고유한 용도와는 다른 가치나 목적이 있었음 직하다. 도박할 때 단추를 돈 대신 판돈token으로 쓴 기록은 잘 남아 있지만, 독방자 구역에서 도박을 한다는 것은 언감생심이다. 만약 이 단추가 또 다른 용도를 가진 증표가 분명했다면기본적으로 화폐였을 것이다, 모종의 거래 매체로 활용되었을 가능성이 높다. 여기서 카셀라는 "도대체 어떤 형태의 '거래'가 이런 암시장 경제를 부채질했을까?"라고 질문하였다. 그것에 대한 답은 밀거래contraband와 성적 취향sexual favors이 결합한 것으로 볼 수 있다.

법원 기록을 보면 모종의 암시장 거래 수단을 통해 독방자 구역 수감자들이 술과 차 등을 구입했다는 것이 밝혀졌다. 어쩌다 한 번씩 서로 간의 성적 접촉도 당시 여성 감옥 생활에서 실제 있던 일이다. '영국식 비행卑行, English vice'[11]이라 불리는 것처럼, 수감자들끼리의 동성연애는 몇 가지 사치품 혹은 서로 간의 유혹이나 강렬한 정서적 유대감을 통해서 부추겨질 수 있다. 지속적 사랑이든 별생각 없이 즐기던 섹스 파트너이든, 아니면 두 가지 모두이든 이런 여성들 간 동성연애는 감옥 내 사회구조의 일부였다. 인근의 또 다른 여성 공장에서는 간수들이 어떤 독방자를 잔혹하게 대우하자 그녀의 애인 뻘 되는 다른 여성이 전면적인 폭동을 주도하기도 하였다.

독방자 구역에서 엄연한 물물거래용 단추가 발견된다는 것은 이 교도소의 지하 문화를 상징적으로 드러낸다. 이렇게 고립된 기관 내에서도 독방은 수감자들의 독립성을 완전히 박탈하는 방식으로 설계되었다. 그럼에도 독방은 지하 경제의 중심지로 자리 잡았던 것 같다. 하찮은 사치요즘 말로 '소확행(?)'일지라도 가장 간절했던 곳이 바로 독방이었기 때문일 것이다. 이건 마치 처벌이 이루어지는 무대가 오히려 저항의 중심지로 바뀐 것처럼 여겨진다.

엘 카셀라의 연구 사례는 나름 효용가치가 있다. 그 이유 중 일부는, 바로 교정 기관이라는 물리적인 건축물과 그것이 의도한 사회적 목표 사이에 심각한 괴리가 있기 때문이다. 그리고 여기에는 수감자들 자신이 만들어 간 삶의 모습도 일부 기여한다. 일견 교도소의 모습은 경직되어 있고 획일적이고 도덕적이며 통제받는 것처럼 보일 것이다. 그러나 그 기저에는 복잡한 정서적·경제적 인간관계로 이루어진 완전한 하부 문화가 있었는데, 그것은 섹스와 밀거래를 통하여 움직이고 있었다.

요약

많은 사람들은 퀴어이론이 페미니즘과 성소수자의 연구를 대체할지 모른다는 우려를 하기도 한다. 일반적으로 이런 사조들의 목표에는 공통적인 게 있지만, 본질적으로 퀴어이론은 단지 그런 주제에만 관심 갖지는 않는다. 일부는 퀴어이론을 받아들이면 페미니즘과 성소수자의 정치성이 마치 물타기한 것처럼 흐릿해질 수 있다고 걱정한다. 그리고 정체성의 문제도 있다. 만약 퀴어링하는 것이 성소수자와 관련된 문제만이 아니라면, 결혼한 사람이나 이성애자들 스스로도 자신을 '퀴어'하다고 규정할 수 있을까? 어떤 사람은 성소수자라는 이유만으로 자신의 학문 분야에서 또 다른 소수가 될 수도 있을 것이다.

이런 경우 고고학에서는 퀴어이론이 단지 어떤 특정 견해의 반대 입장에 불과하다는 의견으로 여겨질 수 있다. 퀴어이론이 만약 특정 연구 주제나 질문에 천착하지 않는다면, 그들 자신을 퀴어라고 규정하는 것만을 공통점으로 삼는 연구가 과연 제대로 된 연구로 발전할 수가 있을까?

성급히 일반화하는 것은 위험하지만, 내가 볼 때 많은 고고학자들은 퀴어이론이란 고고학적으로 동성애 관련 문제를 찾아내는 분야이며 그렇기 때문에 그들 자신의 연구 주제와 별로 상관이 없다고 여기는 것처럼 보인다. 어떤 이론이나 접근 방법을 고고학에 적용할 때 얻는 효과 중 하나는 고고학적 상상력을 자극받는다는 것이다. 우리는 그런 것을 퀴어링이라고도 하고, 아니면 다른 걸로도 부를 수 있다. 중요한 것은 그게 아니다. 퀴어이론은 고고학이 다룰 수 있는 분야를 확장시켜 준다. 그리고 그걸 통해 '생각할 수 없는 것들을 생각하면서' 친숙한 대상들에 새로운 의미를 부여하도록 돕는다.

옮긴이 주

1 **데이비드 할페린**David M. Halperin(1952-)은 미국의 인문학자로, 이탈리아 로마의 연합
대학고전연구소ICCS: Intercollegiate Center for Classical Studies에서 수학하고 스탠퍼드
대학에서 박사학위를 받았다. 그 후 MITMassachusetts Institute Technology와 호주의 퀸
즐랜드 대학University of Queensland, 모나쉬 대학Monash University을 거쳐 현재는 미시
간 대학University of Michigan에서 가르치고 있다. 게이, 레즈비언, 퀴어 연구 분야에
서 가장 활발하게 활동하는 현대의 권위자 중 한 사람으로, 동성연애의 사회학적
의미와 그 계보를 주로 학술적으로 다루고 있다. 그러나 최근에는 표절 시비에 오
르고 매스컴의 일시적 유행을 좇는 저질 이론가라는 비판도 받고 있다.

2 LBGTQ는 레즈lesbian, 여성동성애자, 바이bisexual, 양성애자, 게이gay, 남성동성애자, 트랜스
transgender, 성전환자와 퀴어queer의 앞글자를 모두 모아서 만든 약어acronym이며, 통합
적인 의미에서 성소수자 개념으로 번역할 수 있다. 1980년대 중반부터 사용되기
시작하였고, 이건 이성애heterosexual만을 정상적으로 보는 이성애위주heteronormal
사고와 대립한다. 한국에서는 이성애 관련 개념을 '일반一般'으로, LBGTQ 관련 개
념을 '이반異般'이라 부르지만 공식화된 용어가 아니라서 이 책에서는 사용하지 않
는다.

3 영국의 빅토리아 여왕이 재위하던 1837-1901년을 말하며, 통상 19세기 후반부 전
체를 의미한다. 이 시기는 해가 지는 날이 없던 대영제국의 절정기로 불리며, 열강
의 식민지 진출과 제국주의가 본격적으로 확립되고 있었다. 이때 프랑스는 나폴레
옹 3세를 중심으로 제2공화국과 제2제국을 지나고 있었고, 독일은 프로이센을 중
심으로 보불전쟁에 승리한 뒤 통일되었다. 이탈리아도 비토리오 엠마누엘레 2세가
통일을 이룩하였다. 일본은 메이지 천황 시대였고 중국은 청나라의 동치제와 광서
제, 한국은 대원군과 고종이 집권하던 시기였다. 미국은 남북전쟁 후 본격적으로
서부를 개척하고 있었다. 한편 이 시기는 자본주의가 본격화되고 발명과 발견이
급격하게 이루어지면서, 과학적이고 합리적인 사고방식이 대세를 이루었다. 영국
에서는 젠트리 계층을 중심으로 한 자본가들이 사회의 지배계급으로 성장하였으
며, 산업혁명을 거치면서 공장 생산기술에 특화된 숙련공들이 소위 전문가 집단을
구성하고 지식을 독점하였다. 그들은 자신이 속한 계층의 고유한 이데올로기를 공

식화·합법화하기 위한 여러 제도적 장치를 마련하기도 했다. 대표적 사례로 대학교에 자신이 보유한 기술을 전문적으로 가르치는 학과를 개설하거나, 같은 관심사를 가진 사람들끼리 폐쇄적으로 교류하는 살롱과 학회를 설립했다. 이 시기에 고고학도 이런 전문가/자본가 계층의 득세에 의해 본격적으로 학문의 궤도에 올랐다.

4 문화적인 기준이나 규범을 일부러 일탈, 혹은 위반하는 사고방식이나 행동, 그리고 이를 통해 과연 주어진 기준이란 것이 사회 내에서 무슨 의미를 가지는지 이해하는 방법이다. 원어인 'transgressive'는 사전적 의미로 밀물 시점에 바닷물결이 현재 수위를 넘어서까지 파급되는 상황을 부르기도 한다. 이 책은 '초월' 개념이 경계를 넘는, 일탈하는, 혹은 파격적이라는 의미를 포함한다고 받아들이고 '선을 넘는/초월적'이라는 두 가지 번역어를 동시에 제시한다.

5 영국 잉글랜드 웨스트미들랜드주의 더들리Dudley시에 있는 고성. 노르만족이 진출하기 전까지는 목책 수준이었지만 12세기부터 지금의 석성으로 축조되기 시작하였다. 16세기 이 지역의 귀족인 노섬버랜드 공작1st Duke of Northumberland 존 더들리John Dudley가 집중적으로 요새화했다. 영국 내전청교도전쟁, English Civil War(1642-1651) 당시에는 왕당파의 기지로 사용되었고 1646년에 의회파 사령관인 윌리엄 브레어튼William Brereton(1604-1661) 남작에게 함락되었다. 본문에서 언급한 콘돔은 왕당파가 사용하던 변소latrine에서 발견되었으며 동물 내장의 점막을 이용하여 만들어졌다. 자세한 내용은 다음 글 참조.

Gaimster, David, Peter Boland, Steven Linnane and Caroline Cartwright. 2014. The archaeology of private life: the Dudley Castle condoms. *Post-Medieval Archaeology* 30(1): 129-142.

6 에이드리언 마이어스Adrian Myers는 캐나다 브리티시컬럼비아British Columbia주 출신의 고고학자로, 스탠퍼드 대학에서 박사학위를 받고 현재는 브리티시컬럼비아주의 수자원공사BC Hydro에서 근무하고 있다. 본문에 등장한 자동차 발굴은 당대當代, contemporary고고학의 연구 사례로 다음 문헌에 자세하게 소개되어 있다. 에이드리언 마이어스는 여기에 필자로 참여하지는 않았다.

Bailey, Greg, Cassie Newland, Anna Nilsson and John Schofield. 2009. Transit, Transition: Excavating J641 VUJ. *Cambridge Archaeological Journal* 19(1): 1-27.

7 정상적인 학술지에 여러 차례 실릴 정도로 이제는 평범하고 정상적인 고고학으로 버젓이 인정받기 시작했다는 의미로 받아들이면 된다.

8 현재 캘리포니아 샌프란시스코에 거주하는 이집트학자Egyptologist로, 본문에 언급
된 내용은 다음 글에 나온다.

Reeder, Gregory. 2008. Queer Egyptologies of Niankhkhnum and Khnumhotep. In
Carolyn Graves-Brown (Eds.). *Sex and Gender in Ancient Egypt: 'Don Your Wig
for a Joyful Hour'*(pp. 143-155). The Classical Press of Wales, Swansea, UK.

9 **어빙 고프먼**Erving Goffman(1922-1982)은 캐나다의 사회학자이자 심리학자로, 매니토
바 대학University of Manitoba을 졸업하고 토론토 대학을 거쳐 시카고 대학에서 박사
학위를 받은 후, 캘리포니아 버클리 대학 및 펜실베이니아 대학에서 가르쳤다. 우
리 시대 가장 뛰어난 사상적 가치를 부여한 사회학자로 자리매김했으며 미국사회
학회American Sociological Association 회장을 역임하였다. 주요 연구 주제는 대인 간의
상호작용에서 상징의 역할 및 그와 관련된 이론이다. 국내에 소개된 그의 대표 저
서는 다음과 같다.

어빙 고프먼(진수미 옮김). 2013. 『상호작용 의례: 대면 행동에 관한 에세이』. 아카넷.

어빙 고프먼(진수미 옮김). 2016. 『자아 연출의 사회학』. 현암사.

어빙 고프먼(심보선 옮김). 2018. 『수용소Asylum』. 문학과지성사.

10 호주의 고고학자로서 본명은 **엘레노어 콘린 카셀라**Eleanor Conlin Cassella(1969-). 영국
맨체스터 대학University of Manchester에서 박사학위를 받고 현재는 호주의 태즈메이
니아 대학University of Tasmania에서 가르치고 있다. 영국 제국주의 시절 호주와 뉴질
랜드 내 영국계 이주민들의 물질사를 주로 연구하고 있다.

11 원래 '영국식 비행English Vice'은 지팡이나 채찍으로 공공장소에서 가하는 태형笞刑,
flagellation을 말하지만, 다소 변태적인 성적 취향을 통틀어 은유적인 표현으로 언급
할 때도 쓰인다.

🕊️ 토론거리

1 성 아니면 젠더 소수자들이 단지 소수라는 이유만으로 이성애위주의 사고방식을 퀴어식으로 비평하는 게 타당할까?

2 집단 내에서 특정한 민족, 젠더, 종교 등을 공유하는 구성원들이 비구성원non-members보다는 그런 분야들을 연구하기에 더 적합한가? 특정 문화의 내부인들은 외부인들이 가지지 못한 그 무언가를 연구에 가져오는가? 그렇다면 외부인들은 무엇을 가져오는가?

3 내부인들이 반대하는 해석을 제시하는 외부인이 지켜야 할 덕목은 무엇인가? 어느 시점에서 자기 보호 본능이 끝나고 타인의 검열이 시작되는가?

4 '전문가'라는 집단이 창조되면서, 문화적으로 고유하고 가타부타 없이 당연하다고 여겨지는 생각들이 합리화된다는 푸코의 생각에 대해 그대는 어떻게 생각하나? 이러한 분석이 고고학의 실천실제로 고고학이 이루어지는 방식과 무슨 관련이 있나?

5 고고학 전문가들예를 들면 나 같은 사람은 합법적인 연구의 범위를 어느 정도의 수준에서 설정하는가? 그리고 받아들일 수 있는 수준에서 일탈적/파격적transgressive인 것은 어느 정도를 말하는가?

6 고고학 이외의 분야 및 보편적 현대문화예를 들면 대학문화는 퀴어링으로 어떤 혜택을 얻을 수 있을까? 지금까지 생각 안 해 본 것들 중에서 과연 어떤 분야의 주제가 퀴어링되어야 할까?

더 읽을거리

Cassella, Eleanor Conlin
    2000 'Doing Trade': A Sexual Economy of Nineteenth-Century Australian Female Convict Prisons. *World Archaeology* 32(2):209-221.

Foucault, Michel
    1978 *The History of Sexuality*. Translated by Robert Hurley. Pantheon Books, New York.
    1995 *Discipline and Punish: The Birth of the Prison*. Translated by Alan Sheridan. Vintage Books, New York.

Goffman, Erving
    1961 *Asylums*. Anchor Books, New York.

Halperin, David
    1996 *Saint Foucault: Towards a Gay Hagiography*. Oxford University Press, Oxford, UK.

Myers, Adrian, Greg Bailey, Cassie Newland, John Schofield, Anna Nilsson, and Steve Davis
    2008 Excavating a 1991 Ford Van. *SAA Archaeological Record* 8(4):34-40.

Reeder, Greg
    2005 Same-Sex Desire, Conjugal Constructs, and the Tomb of Niankhkhnum and Khnumhotep. *World Archaeology* 32(2):193-208.

구조주의

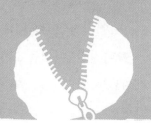

(동물 토템animal totem)은 먹기 좋아서가 아니라
생각하기 좋아서 선택되게 마련이다.

— 클로드 레비스트로스Claude Lévi-Strauss[1]

구조주의란 무엇인가?

구조주의는 인간 정신의 변하지 않는 구조structure에 기반해 무의식적으로
작용하는 규칙마치 언어의 규칙처럼들이 문화의 모든 측면을 만들어 낸다고 보는
이론이다. 구조주의자들에 따르면, 정신은 단지 경험을 인쇄하는 백지 상
태에서 시작하지는 않는다. 정신은 주어진 정보를 걸러 내고 이미 이전부
터 존재하던 모종의 구조들에 따라 자료를 정리한다. 그리고 그 구조를 가
지고 모든 의미가 통하도록 한다. 구조주의자들은 우리가 현실을 인식하고
문화를 창조하는 방식의 기저에 구조가 깔려 있으며, 궁극적으로 구조는
우리가 역사를 만들어 내는 방식에 영향을 미친다고 본다.

언어학자인 **페르디낭 드 소쉬르**Ferdinand de Saussure[2]가 이 모든 걸 시작한 것
은 아니지만, 어쨌든 그는 이 분야의 선구자로 치하致賀, 아니면 비난받고 있다.
소쉬르는 언어language와 담화speech의 구분을 이끌어 냈다. 프랑스계 스위스
인으로서 그는 이 개념들을 각각 랑그langue, 사회 관습적인 의사소통 체계로서의 언어와

파롤parole, 개인이 구사하는 언어이라는 프랑스어로 불렀다. 랑그는 우리가 문장을 구성하기 위해 사용하는 규칙들의 체계문법, 통사법syntax의 개념이다. 파롤은 사람들이 대화할 때 규칙을 적용하며 만들어 내는 개별적 언어 행위이다. 규칙은 언어 행위의 배경으로 내재할 뿐 어느 누구도 말할 때 이러한 규칙을 신경 쓰지 않는다. 기호signs, 단어는 사물에 대한 임의적 상징을 말하는데, 예를 들어 세 가지 단어 'cat영어', 'chat프랑스어', 'gato스페인어'는 모두 고양이를 나타낸다. 구조주의자들은 이런 사례에 근거해 모든 개별 언어 집단은 그들의 문화와 역사의 현실을 표현하기 위해 각기 다른 상징을 만들어 내지만, 이러한 상징들은 항상 기저에 단일한 구조가 있다고 주장한다.

구조주의자들에 따르면 물질문화고고 유물들을 포함하는의 생김새와 배치 상태는 인간이 추론하는 문법, 혹은 통사법[3]과 흡사한 구조를 가진다. 그래서 만약 그대가 구조를 이해할 수 있다면 어떤 집단의 독특한 문화적 상징을 판독할 수 있는 셈이다.

인류학자 **클로드 레비스트로스**Claude Levi-Strauss는 토테미즘totemism을 이해하기 위해 구조분석structural analysis을 활용하였다. 여기서 토테미즘이란 몇몇 사회가 특정한 초자연적 짐승들, 즉 토템들을 자신의 조상이라 간주하고 이에 근거해 자신들을 몇 개의 세부 집단으로 구별하는 관습이다. 그대가 똑똑하다면 이 사람들은 왜 특정 짐승을 그들의 일부로 간주했는지 궁금할 것이다. 만약 거북이족族, clan 사람들이 유별나게 느리거나 독수리족 사람들이 사냥 기술이 뛰어나다면 납득이 갈 것이다. 하지만 클로드는 이런 관점이 잘못되었다고 주장한다. 그는 토템인 동물과 그것이 시사하는 족속들 간의 관계는 과학적으로 추론이 불가능하다고 믿었고, 그 이유는 동기부여에 따른 인과관계가 명확하지 않기 때문이다. 거북이는 낮은 곳에서 살고 독수리는 높은 곳에서 산다. 거북이는 딱딱하고 독수리는 물렁물렁하다. 이런 규칙을 따르면 특정 족속의 토템은 서로 정반대의 대립되는 성격을 가져야만 하는데 이것은 우리가 이미 가정하고 있던 독수리의 고고함이니 곰의 강력함 따위는 전혀 상관이 없는 것이다.

레비스트로스는 이런 규칙이 정신적 구조에 의해 만들어진다고 했으며, 이 규칙은 이항대립binary opposition이 연속적으로 등장하는 현실을 다루고 있다. 앞서 말한 거북이와 독수리의 높음/낮음, 딱딱/물렁물렁, 남자/여자, 하늘/땅 등등이 바로 이런 이항대립 사례이다. 그대가 레비스트로스의 견해를 받아들인다면 구조분석은 사람들이 무엇을 하고 왜 그것을 하는지 이해하는 데 아주 강력한 도구라는 점을 알게 될 것이다.

카를 마르크스로 돌아아주 잠깐만가 보자. 그의 관점은 어떤 면에서 구조주의적이라 볼 수 있다. 그는 이렇게 말했다. 1) 인간 사회는 숨겨진 구조에 의해 틀이 짜이고, 2) 이런 구조는 현실reality을 입증해 주는 영구적 사실fact이다.[4] 그리고 3) 구조는 뿌리박힌 원인이자 문화의 모든 변이를 자아내는 원동력이다. 마르크스적 분석은 계급 간 위계질서hierarchy를 분명하게 기정사실화한다. 이것은 삶의 물질적 조건이 종교와 같은 이데올로기를 만드는 사회구조를 결정한다는 뜻이다. 반면에 레비스트로스 같은 구조주의자는 물질보다는 정신의 구조를 우선시한다. 우리 카를 아저씨도 인간 세상을 창조하는 불변의 구조가 기저에 깔려 있다고 믿었을 것이다. 그러나 그 양반에게 가장 중요한 것은 경제였고, 그것은 인간의 정신과 어떤 부분도 전혀 상관없다고 여겼다. 마르크스는 레비스트로스의 분석에 별로 관심을 가지지 않았을 것으로 보인다. 내가 볼 때 마르크스는 아마도, 레비스트로스의 견해는 현실을 왜곡하는 부르주아 이데올로기의 하나 정도라고 여겼을 것 같다.

그러나 레비스트로스와 마르크스 둘 다 인간사와 문화에서 불변하는 구조가 존재한다는 것을 확신했다. 다만 그들은 구조가 어떤 모습을 띠는지에 대하여 의견이 갈렸을 뿐이다. 그래서 그대가 누군가를 구조주의자라

부를 때는 그 단어가 무슨 의미인지를 확실히 할 필요가 있다.

구조주의와 고고학

문화가 만들어 놓은 모든 것들의 아래에는 동일한 문법 혹은 구조가 깔려 있으므로, 구조주의적 방법의 근사한 점은 바로 기능적으로 서로 다른 대상물과 형태 사이의 조화를 깨닫게 하는 데 있다. 부수적인 요소들이 서로 짜맞춰지는 규칙을 알아챔으로써 고고학은 표면적으로 완전히 다른 사물들 사이에 내재하는 일치一致, conformity를 만들어 내도록아니면 식별하도록 해 준다. 이와 같은 규칙들은 주거지의 평면 형태, 폐기물 처리 양상pattern, 토기의 문양 장식, 매장 관습처럼 고고학적으로 관찰 가능한 사실에도 관여한다.

구조주의는 특정 시간에 구애받지 않는 원칙에 근거하기 때문에 맥락적 정보를 굳이 필요로 하지 않는다. 그래서 유적을 해석하도록 해 주는 문헌 자료나 구술 자료가 없는 선사고고학자들이 일찍이 구조주의적 접근을 받아들였다. 벽체예술壁體藝術, parietal art, 그리거나 새겨서 표현한 벽화들은 초창기 인류의 정신과 연결된 신비하고 놀랄 만한 대상물이다. 하지만 이런 예술품이 과연 그것을 만든 사람들에게는 어떤 의미로 다가왔을까? **앙드레 르루아구랑**André Leroi-Gourhan[5] 같은 고고학자들은 구조분석이야말로 기능주의적 해석을 대신할 수 있는 탁월한 대안으로 보았다. 그들은 벽화에 그려진 동물들과 상징들을 예술 그 자체로 보았고, 나중에는 사냥감을 상징적으로 '도살屠殺, killing'해서 자연의 힘을 제어하려고 하는 주술적 유물로 간주했다. 르루아구랑은 이런 것들을 구석기시대 동굴 내 상징물로만 한정하는 대신, 동굴 벽화의 세부 요소들이 개별적으로 배치되는 양상을 관찰했다. 그리고 이를 통해 벽화 요소들 일부 및 동굴 내부의 특정 구역은 남성과 연결되며, 그 밖

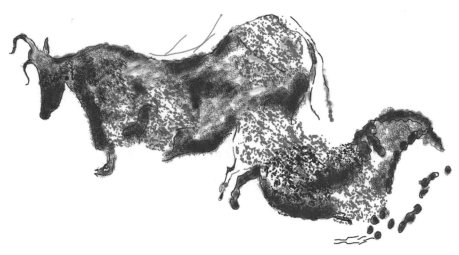

르루아구랑 같은 구조주의자들은 구석기시대 동굴 예술이 뭘 묘사하는지에는 별로 관심 없었다. 대신 그것을 구현한 사람들에게 과연 어떤 의미로 다가왔는지 알고 싶어 했다. 르루아구랑에 따르면 들소왼쪽와 말오른쪽은 각각 여성스러움과 남성다움을 상징한다.

에 다른 요소들은 여성과 관련 있음을 식별해 냈다.

구조주의 고고학자들은 그들이 해석하는 유물들의 역사적 맥락을 그다지 고려하지 않는 이유로 종종 비판을 받는다. 사실 이건 굳이 놀랄 만한 일이 아니다. 만약 그대가 날것/익힌 것, 공공/사유 등과 같은 이항대립이 시공을 초월해 보편적이라고 생각한다면 상징 자체의 의미를 다루는 것은 전혀 중요하지 않다. 선사고고학자들은 특정 유물이 그걸 만든 사람들에게 어떤 의미로 다가왔는지 파악하기 위해서만 유추를 활용하기 때문에 간편하다. 역사고고학자들은 그런 문제로 고민할 필요가 전혀 없다. 그들이 연구하는 과거인들은 사물을 기록하기 때문에역사시대이니까 선사고고학자들이 지나치게 일반화된 유추를 **직접 역사적 접근**direct historical approach과 결합하면서 겪는 문제를 피할 수 있다1장 참조.

데이비드 스몰David Small[6]은 마사다Masada 요새[7]의 가옥들을 능숙하게 구조분석하면서 유대인의 행동과 관습에 대한 지침서인 미쉬나Mishnah[8]뿐 아

니라 현대 사학자들의 글도 함께 참고하였다. 이렇게 독립적인 자료_{일차적}
_{이건 이차적이건}를 활용하면 건물들이 만들어지던 당시의 역사적·문화적 맥락
을 결정하는 데 도움이 된다. 스몰은 그중에서도 남성과 여성의 접촉을 종
교적으로 규제하던 율법이 건축물의 디자인을 구현해 내는 데 어떤 작용을
했는지 보여 주었다. 나는 그가 주장하는 것이 충분히 설득력 있다고 보는
데, 당시 마사다에 살던 사람들의 이데올로기가 무의식 중에 그들의 세계를
어떻게 일궈 왔는지 파악할 수 있는 중요한 견해를 마련해 주었다고 본다.

　　많은 고고학자들은 인간의 정신이 이렇게 짜여 있으며 이러한 이항구
조는 시공 및 문화와 무관하게 동일하다는 구조주의의 전제를 받아들이려
하지 않는다. 하지만 이것을 받아들인다면 고고학적으로 커다란 도약이 마
련될 수는 있다. 구조주의는 집단의 구성원 모두가 사물에 동일한 의미를
적용한다고 보는 문화의 **규범적**_{normative} 관점인 셈이다. 누군가는 마사다 요
새에 살던 모든 사람들이 미쉬나에 남겨진 규칙을 엄격하게 따랐을지 의문
을 가질 수도 있다. 또한 페미니즘 고고학은 젠더의 문화적 경향에 근거한
남성/여성의 보편적 이항구조가 기정사실화 되는 것을 문제 삼을 수도 있
다_{6장 참조}. 그러나 이 이상의 것들은 나중에 따로 다루도록 하자.

구조주의 고고학의 사례[*]

짐 디츠는 토기 더미 세 자루를 놓고 심각하게 고민하며 서 있었다. 각 토기
더미는 지금 미국 땅의 북동부 구석에 해당하는 뉴잉글랜드_{New England} 지역
의 서로 다른 유적들에서 나온 것이다. 가장 이른 것은 17세기 초, 중간 것

....

* James F. Deetz, *In Small Things Forgotten* (1996).

은 약 1660-1760년, 늦은 것은 18세기 후반 것이었다. 디츠는 각 토기군이 수량, 색조, 그리고 기형 면에서 아주 다르다는 것을 알아챘다. 이게 왜 이런 걸까? 대다수 고고학자들은 이 토기들이 당시의 유행이나 제작 기술의 변화를 반영하고, 그게 아니면 외부와의 교역 증거라고 얘기할 것이다. 하지만 디츠는 결코 통상적으로 생각하지 않았고 그런 수준의 설명에 만족하지도 않았다. 대신 그는 이러한 토기의 변화 속에서 당시 사람들의 사고방식, 생활방식, 세계관이 심오하게 변동한 단서를 보았다.

토기, 묘비석gravestone, 주택의 공통점은 무엇인가? 그것들은 모두 물질문화의 항목으로, 디츠에 따르면 "문화적 행동을 통해서 우리 스스로 변화시키는 물리적 환경의 일부분"이다. 디츠는 우리가 의식하지 못하는 정신적 틀範型, template에 준해서 만들어 가는 것들을 연구하다 보면 문화에 대해 스스로 깨닫지 못하는 깊은 수준의 그 뭔가를 발견할 수 있다고 느꼈다. 이런 고고학은 단지 사람들이 소유했던 것뿐만 아니라 그들이 어떻게 생각했는가에 대한 것이기도 하다.

우리가 역사를 하는 이유는 단지 중요한 사건을 받아 적기 위해서가 아니라 삶의 방식을 이해하기 위해서다. 북미 지역은 1600년대 전반에 영국 식민지가 설립된 이후부터 18세기 후반까지 식민자들과 그들 후손의 문화가 심각하게 바뀌어 나갔다. 디츠에 따르면 약 1660년까지 식민자들의 생활과 사고방식은 다분히 영국식이었다. 그들은 영국의 법률제도하에서 생활했다. 미국 고유의 명절인 추수감사절Thanksgiving조차도 영국의 가을 수확 축제가 변형된 것이었다. 그들은 자신들의 고국故國과 흡사한 마을에서 살곤 했다.

그러나 17세기 중반 이후 미국은 이러한 선대문화parent culture, 즉 영국 문화에서 멀어졌고, 대략 한 세기 동안 그들 고유의 토속 전통을 발전시켰다. 이는 이전 문화와 뚜렷하게 다른 것이었다. 청교도식 종교관은 쇠락했고, 오래된 공동체적 가치는 개인주의가 득세하면서 자리를 내주었다. 다시 시간이 흘러 1700년대 후반에는 디츠가 말하는 식민지 문화의 "재영국화再 英國化, re-Anglicization"가 등장하는데, 기존에 만들어진 토속 문화가 당대 유럽 의 합리주의적 가치관과 더 강렬하게 접촉하며 변환되었다. 18세기가 끝날 즈음에는 과거의 공동체적 가치가 대부분 사라지고 바야흐로 개인이 미국 사회에서 가장 중요한 단위로 자리매김한다.

영국 문화에서 식민지 토속 문화로, 그리고 이후 다시 영국화되는 문화 변동은 어떻게 이루어졌나? 사람들의 세계관은 어떻게 바뀌었길래 개인주 의가 궁극적으로 가장 바람직하고 타당한 가치관으로 자리 잡을 수 있었 나? 그리고 당시의 물질문화는 단지 이러한 변화를 반영할 뿐만 아니라, 이 런 변동 과정을 어떻게 이끌어 내고 개입하였을까? 이런 문제들이 디츠의 생각 속에 있었다. 그러나 일단 여기서는 **식습관**foodways, 묘비석, 주택에서 관찰되는 변화의 일부부터 서술하고자 한다.

1660년대 초에 북미로 이주한 식민자들은 영국의 오래된 풍습도 같이 가져왔다. 그들이 먹던 고기 요리는 큰 솥에 함께 끓여 먹던 스튜가 대표적 이었다. 이것과 여타 음식들은 길쭉한 나무 도마trencher[9] 위에 올려놓고 먹 었다. 이 도마는 만능 그릇으로 쓰이던 쟁반으로서 식사 때 보통 두 사람이 함께 사용했다. 도자기 사발이나 접시는 상대적으로 드물었고 진열장에 놓 고 보여 주는 데만 사용되곤 했다. 시간이 흐르자 접시를 비롯하여 음식을 차리는 데 특화된 다양한 그릇들이 만들어졌다. 18세기 후반에 들어서면서 각기 다른 용도의 접시로 구성된 그릇 세트가 고고학자들에게 흔하게 발견 되었다. 음식물 섭취도 공동의 행동 방식에서 개인적인 수준으로 바뀌었다. 이에 대해 디츠는 한 사람이 한 개의 접시를 쓰는 것은 대칭적이고 균형이 맞지만 공동 취식은 그렇지 않다고 지적하기도 했다.

묘비석은 그것이 만들어진 날짜가 확실하고적어도 피장자가 죽은 날짜에 근접하기 때문에 원래 위치 그대로이기 때문에 다른 유물들에 비해 고고학적으로 꽤 쓸 만한 유물이다. 또한 묘비석은 죽음을 대하는 문화적 태도 및 그것과 관련된 삶의 철학을 반영하기도 한다. 에드 데슬렙슨Ed Dethlefsen[10]과 공동 연구를 통하여 디츠는 1600년대 중반부터 19세기 이른 시기까지의 묘비석에서 보이는 디자인 변화를 기록하였다. 초기 묘비석은 자연주의적 기법으로 날개 달린 해골을 그려 놓았고, 이것은 죽음 및 사후부패decay야말로 우리 모두의 공동 운명이라는 생각을 전달해 준다. 시간이 흐르자 해골의 모습은 점차 추상적으로 바뀌어 결국은 알아볼 수 없게 된다. 대신 영국의 전형적인 인기 디자인인 거룹cherub[11] 형상이 1700년대 중반까지 유행한다. 이 시기는 바로 디츠가 이름 붙인 재영국화의 시기이기도 하다. 죽음과 부패라는 이전의 메시지는 부활resurrection이라는 더욱 희망적인 개념으로 대체되었다. 그러다가 1790년대에 이르러서는 버드나무와 항아리 아이콘이 추가되며 토실토실하던 거룹의 이미지를 대체한다. 200년도 안 되는 시간 동안 묘비석은 우리 모두의 운명이었던 썩고 남은 이미지에서 개인으로서의 피장자 및 그가 살아 생전에 누렸던 지위를 추도追悼, commemoration하는 이미지로 바뀐다.

주택은 디츠의 세번째 유물 범주이다. 초창기 영국 출신 식민자들은 전문 건축가 없이 자신들이 알고 있는 방식대로 집을 지었다. 그들의 집은 적당한 주거공간을 만들 수 있는 문화적·정신적 틀을 보유한 직인職人, craftsman들이 만들었기 때문에 영국의 전통적 디자인을 따랐다. 방문객은 밖에서 거주 구역으로 곧바로 진입이 가능했다. 특화된 공간은 거의 없었고 하인들뿐 아니라 주인도 공용 침실에서 종종 함께 거주했다. 사생활이 보장된다는 것은 상상할 수 없었다. 그러다가 거주자들의 수요가 변하면서 주택도 변하였는데, 방이나 기타 부속 시설들이 마치 싹이 트듯이 순식간에 성장해 나왔다. 1700년대 중반에는 새로운 사고방식과 더 엄격한 사회관계에 어울릴 듯한 디자인이 나왔다. 주택 내부에서 기존의 공용 공간은 사라지고, 방문과 복도를 통해 사생활을 보호받는 특별한 용도의 방들로 촘촘하게 분리되었다. 주택 외부의 경우 기존의 전통 가옥이 비대칭이고 유기적인 모습이었다면, 조지Georgian 시대[12]의 집들은 균형이 잡혀 있고 안팎으로 자연을 제어하는 듯하며 그 안에 거주하는 삶들 사이에 뭔가 질서가 잡혀 있는 듯하다.

이러한 유물들의 변모에서 다양한 이항구조를 볼 수 있는데, 이것들은 공동/개인, 공공/사유, 자연재/인공재, 감성/지성, 비대칭/대칭 등등이다. 구조주의자에게 이런 것들은 단순한 말장난이 아니다. 이것들은 두뇌가 정보를 처리하는 데 사용하는 실제 범주화 작업들이다. 디츠가 연구하면서

데이브 휠락Dave Wheelock[13]이 조각한 제임스 디츠의 비석은 지금 메릴랜드주 웨스턴포트Westernport의 성베드로St. Peter 묘지에 있다. 그 시대의 전형적인 시적인 묘비문헤어지면서 하는 농담도 포함!뿐 아니라 그가 매우 좋아했던 17세기의 날개 달린 해골을 도식화한 모티프도 있다.

다룬 200년의 기간 동안 사람들은 서로 간에 사회적 거리가 증가하였고 새로운 문화를 수용하고 향상시키는 과정에서 유물과 관습을 변화시켰다. 레비스트로스는 이것에 대한 이유를 아마도 "생각하기 좋아서"라고 말했을 것이다이 장의 맨 처음 문구 참조.

디츠가 쓴 읽기 쉬운 책인 『잊혀지는 작은 것들 속에: 초창기 미국 생활사의 고고학In Small Things Forgotten: An Archaeology of Early American Life』(1996)[14]은 출간 후 20년이 지난 지금까지도 여전히 구조주의 고고학의 가장 좋은 사례로 자리 잡은 탁월한 종합이다. 어떤 고고학자가 상상 속 이미지, 건물 평면도, 예술품, 디자인 그리고 소리까지 자료로 활용하겠는가? 놀랍게도 이 책의 초간본은 불과 약 6주 만에 집필되었다. 디츠의 구조주의에 대해 말할 때는 동시대 가장 뛰어난 학자 중 한 사람인 헨리 글라시Henry Glassie[15]를 빼놓을 수 없다. 디츠는 자신의 생각을 몇 년 동안 발전시켜 왔지만나는 여전히 그의 수업시간에 받아 적은 노트를 가지고 있다, 그가 구조주의 방법론의 위력을 깨우친 것은 그의 친구인 글라시와의 우정 및 의견교환에 기인한다. 글라시가 1976년에 쓴 책 『중부 버지니아의 토속 가옥Folk Housing in Middle Virginia』[16]을 단지 제목만 보고 건너 뛰지는 마라. 일단 읽어 보고, 그다음에 또 읽기 바란다.

요약

구조주의가 그 정도로 강력한 도구라면 왜 더 많은 고고학자들이 그것을 사용하지 않을까? 만약 내가 구조주의자라면, 구조주의를 통해 미국식 경험주의empiricism와 유럽식 이론화약간 다른 말로 합리주의 사이의 이항구분을 제시할 수도 있다. 구조적인 이항대립 개념을 여기서 구사한다면, **해석학적**hermeneutic 이해는 '물렁물렁하고' 모호하지만 과학적 이해는 '딱딱하고' 익히 알

려진 측정 방식을 통해 검증될 수 있는 결론을 도출한다.[17]

이런 말을 내가 처음 하는 것은 아니지만 어쨌든 일부는 맞을 거다. 궁극적으로 고고학에서 구조주의적 접근은잠깐만 기다려 봐… **탈구조주의**poststruc-turalism를 통해 계승되어 왔다. 탈구조주의는 마르크스주의 및 구조주의 같은 설명 방식에서 벗어나 맥락적 해석으로 향하는 방식을 말할 때 사용되는 용어다. 물질문화의 의미는 항상 변하고 오직 그것이 만들어지는 맥락을 이해해야만 그 의미가 파생될 수 있다는 견해를 담고 있다. 이 책 나머지 부분에 등장하는 접근 방식들 대부분이 바로 탈구조주의적 관점이라 볼 수 있다.

르루아구랑을 예로 들어 보자. 그는 자신이 조사하는 동굴의 요소들이 비록 2만 5,000년이라는 장시간에 걸쳐 만들어지기는 했지만 모두 단일한 자료군이라 간주했다. 그것들에 내재한 상징은 그것을 창조해 낸 사람들에게도 이렇게 장기간에 걸쳐서 같은 의미로 다가왔을까? 많은 탈과정고고학자들은 구조주의를 해체deconstruction와는 다른 별개의 방법으로 다루게 되었다. 다시 말해 구조주의는 맥락에 관계없이 시간에 걸쳐서 동일한 의미를 지니는 상징들개방/폐쇄, 공공/사유 등이 실제 존재한다는 것을 전제한다.

마사다 요새를 다룬 데이비드 스몰과는 달리 디츠의 방식은 통상적인 의미에서 과학적 접근은 아니다. 그의 방식은 다른 성과들과 마찬가지로 귀납적이다. 디츠는 고고학 자료들이 보여 주는 양상들patterns에서 시작해서 그 양상들에 의미를 부여하는 방법을 도모했다. 그리고 이러한 양상들의 변화는 더 큰 규모인 해당 사회 이데올로기의 변화를 뒤따른다는 것을 보려고 했다. 자유롭게 귀납법을 구사하는 것은 여전히 고고학자들을 매료시킬 것이다. 그런 고고학자들은 과학적 방법을 제한적으로만 이용해서 지성은 물론 감성까지 다루고 싶어 하며, 통계적인 확률만이 반드시 가치 있는 검증 방법은 아니라는 해석의 분야로 이동하게 될 것이다.

이와 별도로, 많은 고고학자들은 구조주의적 방법을 단지 본질주의 essentialism의 또 다른 형태라고 보기도 한다. 본질주의는 익숙한 개념을 갖고 환원적 비유를 통해 깔끔하게 설명해 주기 때문에 많은 사람들의 기대를 충족시킨다. 구조주의는 본질주의의 하나일 수도 있을 거다. 하지만 내가 볼 때 구조주의는 단지 그럴듯함plausibility이라는 측면에서 말이 되냐 안 되냐의 가능성만 제공할 뿐이다. 구조주의는 검증이 가능한 수준의 설명까지 반드시 제공하지는 않는 것 같다.

1 **클로드 레비스트로스**Claude Lévi-Strauss(1908-1991)는 프랑스의 구조주의 인류학자로, 파리 소르본 대학Université de la Sorbonne을 졸업하고 브라질에 새로 생긴 상파울루 대학Universidade de São Paulo에서 1935년부터 가르치며 아마존 열대 우림에서 인류학 현지조사를 수행하였다. 1939년에 프랑스로 돌아와 제2차 세계대전 당시 마지 노선Maginot Line 방어에 참전하였고, 프랑스 함락 후에는 비시Vichy 정권의 유대인 차별 원칙에 의해 국적을 박탈당했다. 1941년 미국에 망명하여 신사회연구소New School for Social Research에서 연구하면서 구조주의 언어학자인 로만 야콥슨Roman Jakobson(1896-1982) 등과 교류하며 구조주의의 기틀을 스스로 마련하였다. 1948년에 프랑스로 돌아와 소르본 대학에서 인류학으로 박사학위를 받고 파리 고등연구원 École Pratique des Hautes Études 및 콜레주드프랑스Collège de France에서 가르쳤다. 국내 에서 볼 수 있는 대표적 저술은 다음과 같다.

클로드 레비스트로스(안정남 옮김). 1996. 『야생의 사고』. 한길사.

클로드 레비스트로스(박옥출 옮김). 1998. 『슬픈 열대』. 한길사.

클로드 레비스트로스(류재화 옮김). 2018. 『레비-스트로스의 인류학 강의』. 문예출판사.

2 **페르디낭 드 소쉬르**Ferdinand de Saussure(1857-1913)는 스위스의 언어학자, 철학자이다. 제네바에서 태어나 일찍이 열아홉 살인 1876년에 라틴어의 접미사를 다룬 논문을 기고하면서 파리 언어학회의 정회원이 된다. 제네바 대학Université de Genève과 베를 린 훔볼트 대학Humboldt Universität zu Berlin을 거쳐 라이프치히 대학Universität Leipzig 에서 박사학위를 받았다. 그 후 프랑스 파리 소르본 대학을 거쳐 파리 고등연구원 에서 11년을 가르친 후 1892년에 모교인 제네바 대학으로 돌아갔다. 라틴어와 산 스크리트어를 익히고 연구하면서 다양한 언어에 모종의 공통적인 문법 체계 및 화 용방식이 내재한다는 것을 인지하고 기호학에 기반한 구조주의적 접근을 체계화 하였다. 모든 언어체계에는 불변의 구조가 있다는 그의 입장은 당시 유행하던 사 회적 다윈주의를 비판하며 대립하는 지적 토대가 되었다. 방대한 연구 업적 및 구 조주의의 창시자라는 이름값과는 달리 의외로 저술이 많지 않은데, 그 이유는 저 술하고자 하는 내용이 당대의 지식 체계를 초월하는 수준이어서 당시 학계, 특히 독일 언어학계와 심각하게 대립했기 때문이다. 결국 그의 사후 제네바 대학 동료

교수들이 그의 강의록과 수강생들의 노트를 '짜깁기'해서 『일반 언어학 강의Cours de Linguistique Générale』(1916)를 출간하였다. 한국에서는 다음 판본이 가장 최근의 번역서이다.

페르디낭 드 소쉬르(김현권 옮김). 2012. 『일반언어학 강의』. 지식을만드는지식.

3 언어학에서 구문론 혹은 통사론이라 불리는 'syntax'는 넓은 의미의 문법으로서, 의사소통 당사자들 간에 약정하지도 않았고 또 고안하지도 않았지만 어떤 문장 구조가 의사소통에서 용인되고 의미가 명확하게 전달되는지를 밝히는 규칙이다. 이에 상대되는, 혹은 평행한 개념으로는 문장 구조 대신 단어 자체가 가지는 의미의 명확함을 탐구하는 의미론semantics이 있다.

4 현실reality과 사실fact을 명확하게 구분하는 것은 이 책의 범위를 넘는 험난한 지적 탐험이다. 그러나 이 책의 이 문장에서 활용된 개념만으로 한정한다면, 여기서의 '현실'은 구조가 착근하고 지속적으로 매개하는 실제 세계를 말하며 그 반대 개념은 이상理想, ideal이라 할 수 있다. '사실'은 이러한 현실의 일부를 감각적으로 깨닫게 해 주는 현재 실존하는 사물 및 발생하는 사건을 포괄한다. 그 반대 개념은 허구虛構, fiction라 생각하면 된다. 따라서 사실이 현실의 일부이기보다는 현실을 감각적으로 깨닫게 반영해 주는 매체라고 볼 수 있을 것이다.

5 **앙드레 르루아구랑**André Leroi-Gourhan(1911-1986)은 프랑스의 고고학자, 인류학자로서 고등학교 졸업 후 정규 교육을 중단하고 공장이나 도서관에서 일하면서 독학하였고 세계 각지의 박물관에서 근무하면서 경력을 쌓았다. 제2차 세계대전 당시 레지스탕스로 활동하였고 전후에는 십자무공 훈장Croix de Guerre, 레지스탕스 메달Médaille de la Résistance 및 프랑스 최고 서훈인 레지옹도뇌르Légion d'honneur 훈장까지 받았다. 1954년에 콜레주드프랑스에서 마르셀 모스Marcel Mauss의 지도를 통해 박사학위를 받은 후 1956년에 파리 소르본 대학에 교수로 취임하고 1969년부터 1982년까지는 콜레주드프랑스에서 가르쳤다. 1973년에는 프랑스 국립과학연구센터CNRS: Centre National de la Recherche Scientifique에서 학술상을 수여하기도 하였다. 기술의 본질 및 시공을 초월하는 경향tendencies에 근거한 고고 유물의 내재적 성격을 탐구해서 과거 인류사를 해명하는 데 집중하였다. 대표적인 개념으로는 '작업연쇄chaîne opératoire'를 들 수 있는데, 이는 인간이 유물을 제작하고 활용하는 데 기여하고 매개한 모든 사회적 행위를 포괄하는 용어이다. 당대의 인류학자인 레비스트로스 및 마르셀 그리올Marcel Griaule(1898-1956) 등과도 교류하였으며, 후대 철학자인

자크 데리다, 질 들뢰즈Gilles Deleuze(1925-1995), 펠릭스 가타리Félix Guattari(1930-1992), 베르나르 스티글레Bernard Stiegler(1952-2020) 등의 저작에도 인용될 정도로 프랑스 지성사에 큰 족적을 남긴 고고학자이다. 국내에는 다음 저서가 있다.

앙드레 르루와-그루앙(공수진 옮김). 2015. 『행위와 말 1: 기술과 언어』. 연세대학교출판문화원.

앙드레 르루와-그루앙(강형식 옮김). 2016. 『행위와 말 2: 기억과 리듬』. 연세대학교출판문화원.

6 데이비드 B. 스몰David B. Small(1952-)은 미국의 역사고고학자이다. 뉴욕 올버니 주립대학SUNY: State University at Albany에서 역사를 전공하고 케임브리지 대학에서 고전고고학으로 박사학위를 받았다. 현재 리하이 대학Lehigh University에서 가르치고 있으며, 구대륙과 신대륙의 역사고고학을 인류학적 접근으로 풀어 나가고 있다.

7 유대의 헤롯 대왕King Herod이 기원전 37-기원전 31년에 지은 요새이다. 헤롯 사후 로마가 기원후 73년에 마사다를 차지했으나, 지속적으로 반란을 일으키고 집단 자살까지 할 정도로 열성적인 반로마세력의 집결지였다. 역사상 최초의 암살단원이라 볼 수 있는 반로마 테러 집단인 시카리sicarii, 라틴어로는 시카리오sicario들의 피난처이자 비밀결사 장소이기도 했다. 현재 이스라엘의 대표적인 관광 명소이자 국가 성소이며 2001년에 유네스코 세계유산WHS: World Heritage Site으로 등재되었다.

8 초기 유대인 사회에서 구전되던 율법을 당시의 족장급 랍비들이 수집해서 문서화한 것을 말한다. 총 6개의 세부 율법 주제인 세데르seder로 구성되어 있으며 탈무드의 기본 자료가 되었다.

9 통나무를 가로로 잘라서 단순하게 다듬고 그대로 사용한 둥근 접시 혹은 도마 같은 판형기. 중세 때 가장 보편적으로 쓰이던 테이블 식기로서 지금도 빵이나 암염rock salt, 치즈같이 물기 없는 메뉴들을 서빙하는 그릇으로 종종 활용되고 있다.

10 본명은 에드윈 데슬렙슨Edwin Dethlefsen(1944-2005)으로, 캘리포니아 태생이며 하버드 대학에서 박사학위를 받았다. 그 후 윌리엄앤메리 대학College of William and Mary 등에서 가르쳤으며 주로 미국 동부 지역에서 고고학 연구를 진행하였다. 18세기 대해적시대의 대표적 해적인 샘 벨라미Sam Bellamy(1689-1717)가 선장이었던 위더Whydah호를 매사추세츠주의 케이프캇Cape Cod 해변에서 발견, 저명한 수중탐험가이자 고고학자인 배리 클리퍼드Barry Clifford(1945-)와 함께 조사하기도 하였다.

11 '거룹'은 히브리어이며 구약 「에스겔서」에 등장하는 천사로, 「에스겔서」 본문에는 사형체四形體, Tetramorph를 뜻하는 '네 생물'로 묘사된다. 사람의 형체에 천사처럼 날개가 있는 게 보통이며, 천상에서 전차를 끌던 짐승으로 여겨지기도 한다. 유대교

에서 거룹은 에덴동산의 수호자로 여겨졌지만 신약성서가 등장하면서 거룹을 표현하는 네 가지 생물은 각각 네 가지 복음서와 대응한다고 여겨졌다. 중세 유럽부터는 천사로 인정되기 시작하였다. 이후 거룹은 보통 어린아이의 얼굴을 가진 천사로 묘사되고 있다.

12 조지 시대the Georgian Era(1714-1837)는 미국 건국 직전 및 건국 이후에 재위하던 영국 하노버 왕가의 조지 1세부터 조지 4세까지의 시기이다. 이 시기는 소위 계몽enlightenment시대라고 불리며 미국 독립전쟁과 프랑스 혁명 등을 포함한다. 이후 빅토리아 시기로 이어진다.

13 제임스 디츠가 매사추세츠주의 플리모스 농장Plimoth plantation 유적에 머물 당시 양아들뻘로 교류했던 인근의 이웃으로, 디츠가 연구한 뉴잉글랜드 지역 묘비 연구도 함께했고 디츠의 도움으로 캘리포니아 버클리 대학에서 가르치기도 했다. 현재는 매사추세츠주에서 장례 업무에 종사하고 있다. 본문에 등장하는 삽화는 실제 디츠의 묘비 내용이며 석조 공예 경험이 없는 데이브 휠락Dave Wheelock이 직접 새겨 넣은 작품이다. 여기서는 이해를 돕기 위해 묘비문을 한글로 번역하였다.

14 초간본은 1977년에 출판되었지만 일찍이 절판되었고 이후 제임스 디츠가 사망하기 4년 전인 1996년에 수정확장본이 재발간되었다. 1996년 판본은 "식민지 미국 땅에서시대정신으로 인하여 상대적으로 등한시되어 오던 여성 및 흑인의 존재를 더욱 확실하게 드러내기 위해서"라고 천명하고 있다.

15 **헨리 글라시**Henry Glassie(1941-)는 미국의 민속학자이자 구비문학 연구가로서 툴레인 대학Tulane University을 졸업하고 펜실베이니아 대학에서 박사학위를 받았다. 그 후 펜실베이니아 대학을 거쳐 인디애나 대학Indiana University의 민속 및 전통음악 연구소에서 가르치고 있다. 구대륙 및 신대륙을 거치는 방대한 지역의 민속과 구비문학 및 토속 음악 자료를 수집하였으며, 이를 토대로 종합적인 인류학, 민속학 및 물질문화 관련 저술 활동을 하고 있다.

16 헨리 글라시의 고향인 버지니아주의 일반 주택 건축vernacular architecture을 다룬 내용으로 부제는 '역사 유물의 구조분석A Structural Analysis of Historic Artifacts'이다. 제임스 디츠와 상호 교류하며 영향을 주고받은 또 하나의 사례로는 다음이 있다.

Glassie, Henry. 1971. *Pattern in the Material Folk Culture of the Eastern United States*. University of Pennsylvania Press, Philadelphia.

17 과학적 결론 도출은 엄격하고 융통성이 없는, 마치 절대진리를 추구하는 것처럼

보이지만 그렇기 때문에 어느 누구든 이해할 수 있도록 명쾌한 언명 체계로 구성되어 있다. 반면에 해석학적 결론 도출은 어느 누구든 문제 제기를 할 수 있고, 성급하게 결론을 내리려는 무모함을 자제한다. 그렇기 때문에 대부분 불확실하고 애매한 언명 체계로 구성되어 있다. 한국 고고학에서 해석학적 결론 도출이 그다지 받아들여지지 않는 것은 바로 액면상 확실하고 명료한 결론만 추종하고 타당하게 여기는 관행 때문이기도 하다.

🐦 토론거리

1 레비스트로스의 구조주의에서 '구조'라는 단어는 무엇을 의미하나? 왜 디츠와 마르크스는 구조주의자로 간주되는가? 둘의 공통점은 무엇인가?

2 고고학자들은 자신의 해석에 유추를 어떻게 사용하는가? 구조주의는 고고학자가 유추 및 직접 역사적 접근을 사용하는 데 어떤 관계가 있는가?

3 구조주의자들의 범주화 작업디츠의 사례처럼은 우리와 전혀 다른 과거인들의 생각에 현재인들의 기준을 억지로 부여하는 것에 불과하지 않을까? 그대는 이런 범주화가 둘 중 어느 쪽에 해당하는지 어떻게 알 수 있는가?

4 구조주의는 개인의 작주성agency에 대한 여지를 남겨 놓고 있는가? 결국 모든 사람들은 문화, 삶의 경험, 아비투스10장 참조 등에서 유래한 자신의 고유한 신념과 이해 방식을 가지는 독보적 개인이 아닐까?

🌓 더 읽을거리

de Saussure, Ferdinand

1986 *Course in General Linguistics*. Translated by Roy Harris. Open Court, Chicago.

Deetz, James F.

1996 *In Small Things Forgotten: An Archaeology of Early American Life*. Anchor Books, New York.

Dethlefsen, Edwin and James Deetz

1996 Death's Heads, Cherubs, and Willow Trees: Experimental Archaeology in Colonial Cemeteries. *American Antiquity* 31(4): 502-510.

Glassie, Henry

1976 *Folk Housing in Middle Virginia*. University of Tennessee Press, Knoxville.

Leroi-Gourhan, Andre

1957 *Prehistoric Man*. Kensington, New York.

Levi-Strauss, Claude

1963 *Structural Anthropology*. Basic Books, New York.

1971 *Totemism*. Bacon Press, Boston.

Small, David B.

1987 Toward a Competent Structuralist Archaeology: A Contribution from Historical Studies. *Journal of Anthropological Archaeology* 6:105-121.

작주성, 구조, 그리고 구조화

제도institutions는 단지 그것을 생산하고 또 재생산하는
사회적 주인공들의 '등 뒤에서' 작용하는 것만은 아니다.

— 앤서니 기든스Anthony Giddens[1]

작주성이란 무엇인가?

작주성agency은 개인이 자기가 영향을 미칠 수 없는 어떤 힘에 종속된다기보다, 개인 스스로가 삶을 능동적으로 창조하는 주체라고 보는 개념이다. 만약 이 말이 나름 당연하게 여겨지고 이론에 별로 걸맞지 않아 보인다면 그대는 마르크스주의, 비판이론, 구조주의에 대한 앞 장들을 송두리째 패스한 것이다3장, 4장, 8장 참조.

내가 친절하게도 다시 읊어 주겠다. 구조주의는 개인들과 사회 간 관계를 다분히 기계적으로 본다는 얘기가 있었다. 누군가는 이걸 결정론적 방식이라고 치부할 수도 있다. 사회는 구조를 발전시킨다는 주장이 있는데, 구조는 그대나 나 같은 사람들이 당연하다고 여기며 마지못해 받아들이는 계급체제classes 같은 것들을 포함한다. 구조에 대한 이러한 소극적 수용은 적어도 모종의 혁명적 움직임이 사회적 재생산의 순환고리를 깨뜨릴 때까지 지속된다. 혁명적 움직임이 없거나 깨뜨리지 못하면 여전히 지속된다.

지금까지 한 말이 과연 타당할까? 행위주체 혹은 작주作主, agent로서의 개인이 실제로 사회에 영향을 미칠 수 있을까? 영국의 사회학자 앤서니 기든스Anthony Giddens는 개인에게 가해지는 구조의 위력만 강조하는 것에 만족하지 않고 **구조화**structuration 이론을 들고 나왔다. 구조화 이론은 구조와 작주 사이의 관계를 보다 은근하게subtly 보며 때로는 반대 방향에서 보기도 한다. 기든스는 앞서 말한 사회의 구조가 존재하지 않거나 중요하지 않다고 말하지는 않는다. 어쨌든 그는 사회학자니까. 다만 그의 생각은 개인들이 이런 구조를 이해하고 자신의 이익을 위해 능동적으로 체계를 작동한다는 것이다. 다시 말하면 개인들은 자신의 삶을 창조하는 작주인 셈이다.

기든스는 **루이 알튀세르**를 터무니없다고 조롱한다. 이 영국 양반의 얘기에 따르면, 이미 작고한 프랑스의 저명 사회학자인 알튀세르는4장 참조 사

앤서니 기든스그대는 기든스 사우스게이트 경이라 칭해야 한다는 구조화에 대한 견해를 제시했다. 현대 정치에서, 그것은 소위 "제3의 길보수적인 경제와 자유주의적 사회 정책의 융합"을 지지하는 데 사용되어 왔다.

람들이 지배 이데올로기에 완전히 농락당하고 있다고 주장한다. 만약 알튀세르가 말한 게 맞다면 이 사람들은 "이도 저도 아닌 문화의 찌질이(?)cultural dopes"가 되는 셈이다. 맙소사. 일단 인정하게나, 루이!

작주성은 일상생활에서 구조화가 진행되도록 해 주는 장치이다. 작주성은 실제 사람들의 행동그들의 작주성과 구조화의 개념을 연결시키고 이러한 행동들을 이해하는 방식을 알려 준다. **실천이론**Practice theory은 구조와 작주성 사이에서 작용하려고 하며, 우리 마음속에 이미 당연하게 내재해서 말할 필요도 없는 생각인 **억견**臆見/**독사**doxa에 의해 야기된다. 그리고 바로 여기에 고고학이 들어선다. 왜냐하면 고고학자, 특히 역사고고학자가 한 가지 잘하는 게 있다면 그것은 바로 개인 삶에서 세부적인 것들을 뽑아 먹는tease out 것이기 때문이다.

작주성과 고고학

고고학자들은 아이디어를 마련하기 위해 다른 학문 분야를 침범하길 좋아한다. 안 될 건 없지 않나? 이건 누이 좋고 매부 좋은 학제 간 관계이다. 어떤 일련의 생각들에 대한 식견이 고고학 분야에 착근entrench하면, 항상 등장하는 손님들은 바로 세상에 대하여 이렇게 특정 방식으로 묘사depiction하는 게 얼마나 부적절한지 지적하는 사람들이다.

작주성에 대한 생각은잠깐 기다려 봐… **신고고학**New Archeology에 대한 부분적 대항마로 간주되며 고고학자들 사이에서 큰 인기를 얻었다. 그대가 1장에서 읽은 것을 다시 기억해 보자. 신고고학자들은 사회를 마치 스스로를 유지하고 재생산하는 유기체처럼 개별적 문화 성분들이 작용하는 총체적 체계로 간주하길 좋아한다. 모든 성분들이 함께 작동하는 동안 문화 자체는 번창한다. 그러나 환류feedback의 순환이 제대로 작동하지 않고 문화가 새 환경에 적응하지 않으면 문제가 발생한다. 이런 체계적 관점이 바야흐로 세상이 돌아가는 데 있어 만족스럽고 일관된 방식이다. 하지만 왠지 영혼이 없다soulless.[2] 일부 고고학자들은 이런 관점에 대해, 개개인들이 자신의 상황에 어떤 신념을 가지고 있는지 고려하지 않았다고 지적했다. 개개인의 목표, 의도가 무엇인지 알아야만 하고, 가장 중요한 것으로는 그들의 행동이 전체 체계에 영향을 미친다는 점을 고려해야 한다는 것이다.

물론 행동은 당연히 물질문화를 만들어 낸다. 그리고 그런 것들을 이해하는 것이 바로 고고학이 존재하는 이유이기도 하다.

기든스가 옳다면 사람들은 자신의 의도에 맞춰 사회적 상황을 이해하고 행동한다. 그리고 그들의 이득을 억제하려는 구조에 저항하게 마련이다. 예를 들어 만약 한 공장 노동자가 자신의 급여가 적다고 느낀다면 그는 병가를 내거나 태업을 하거나 공장 장비에 사보타주sabotage를 가하는 방식으로 저항할 것이다. 사람들은 유물을 갖고 상징적 행위를 하거나 자신들의 저항을 더욱 강화할 수도 있다. 어떤 경우는 이러한 상징을 이용해서 자신들만의 사회적 정체성을 만들어 내기도 한다.

이에 대한 사례로 짐 시먼즈Jim Symonds[3]의 스코틀랜드 맷돌querns, 밀을 갈 때 사용하는 돌판이 가지는 상징에 대한 연구를 들 수 있다. 스코틀랜드 고지대에 거주하던 사람들은 남쪽의 런던에서 정부가 인가한 제분기만 사용하도록 법령이 만들어지자 이에 저항하였다. 이 북녘의 스코틀랜드 아바이 동무들은 '일 없지비no thanks!'라고 내뱉고아마도 그다지 공손하게는 안 했을 거다 집집마다 각자의 맷돌을 계속 사용했다. 잉글랜드의 군대가 들이닥쳐 맷돌을 모두 압류해 연못에 던져버릴 때까지 그 저항은 계속되었다. 간단히 말하면 스코틀랜드의 영세 농장주들은 그들이 할 수 있는 유일한 방법, 즉 법을 무시하고 가장 오래된 전통 유물을 사용함으로써 자신들에게 침투하는 잉글랜드

식 사고방식에 저항하였다.

고고학자들은 주로 소규모로 내려진 결정이나 사건의 결과를 파헤친다. 저항은 보통 작은 규모로 발생하기 때문에 과거의 개인별 작주성을 살필 수 있는 좋은 여건이 마련되는 셈이다. 이 정도 수준의 저항은 흔히 그것을 행사한 사람들의 기록에 남지 않는데, 그 이유는 다음과 같다.

◎ 그것이 불법이었거나 아니면 최소한 눈살 찌푸릴 수준이다.
◎ 아니면 당시 어느 누구도 그걸 기록할 가치가 있다고 생각하지 않았다.
◎ 가난하고 힘없는 사람들이라 자신들이 중요한 말을 한다고 생각하지 않았다.

고고학은 종종 **하위계층**subaltern의 경험을 재구성해 주는 유일한 방법이다. 그들은 자칫하면 역사의 창조자가 아니라 희생자라고 여겨질 우려가 있다.

고고학에서 구조와 작주성의 사례*

수치로만 엄밀히 따지면 18세기 초·중반의 사우스캐롤라이나South Carolina에는 유럽인보다 아프리카인이 더 많았다. 노예를 소유한 계급인 백인들이 주도권을 가지고 있었지만 흑인 집단의 인구 규모가 거대해서 구성원들이 일상 속 자잘한 것들에 대해 어느 정도 자치를 행사하도록 해 주었다. 이들은 자신의 처지에 대해 어떻게 생각했을까? 우선 떠오르는 것으로, 그들은

....

* Leland Fergusson, *Struggling with Pots in Colonial South Carolina* (1991).

도망치려는 시도를 계속함으로써 고향인 서아프리카 마을에서 자신들을 송두리째 퍼 날라 온 당시 체제상업적 노예제[4]에 저항했을 것이다. 그러나 릴런드 퍼거슨Leland Ferguson[5]은 그들이 보다 오묘하면서도 본질적으로 무의식적인 반응을 개발해 나갔다고 주장했다.

백인 농장주들은 정치적 이권을 차지하기 위해 조지 시대의 주택Georgian Houses, 뚜렷한 모양새를 가진 정원, 기타 장식용 예술품4장 '비판이론' 참조 등과 같은 복잡한 상징매체들을 활용하였다. 그리고 이를 활용해 타인들에게 자신의 타고난 우월성을 각인시키며 서로 경쟁해 나갔다. 이런 전략은 모두 인상적이긴 했지만, 그들의 노예들이 이러한 헤게모니 이데올로기에 속아 넘어갔을까? 그리고 이런 이데올로기가 그들 세계관의 일부로 자리 잡았을까? 퍼거슨은 그렇게 생각하지 않았다. 그 근거는 그가 관찰한 당시의 식습관에서 얻을 수 있다.

농장주 계급의 식사 풍습을 생각해 보자. 그들의 식사는 번지르르한 표면 및 화려한 장식들을 특징으로 하는 값비싼 개인 식기들로 서빙되었다. 까탈스러운 식객들은 유행에 뒤처지지 않도록 만전을 기했으며 철 지난 식기들은 항상 차세대 대박NBT: Next Big Thing을 노린 신상(?) 유행 스타일로 바뀌어 갔다. 그들은 신제품을 살 여유가 없거나 최신 유행을 모른다고 생각되지이러면 대략난감! 않도록 과감하게 치고 나갔다. 이렇게 무데뽀(?)로 새로운 그릇을 장만하는 방식과 지금의 고고학자들이 차세대 대박 이론에 무조건 침 흘리는 것이 흡사하다면 그것은 우연일 것이다.[6]

거대한 저택의 거주자들이 영국산 크림웨어creamware[7]와 중국 도자기porcelain[8]의 상대적 값어치에 안달하는 동안, 그들의 노예들은 매우 다른 현실을 살아왔다. 노예들 대부분은 서아프리카에서 출생했거나 그들 선조들이 살던 고향 땅을 불과 한두 세대 전에 떠나온 사람들이다. 식습관을 포함한 그들의 문화는 대체로 아프리카 방식이다. 음식을 저장하고 준비하는 데 사용된 바가지나 바구니 대부분은 오래전 썩어 없어졌지만, 그들이 쓰던 콜로노 토기Colono ware[9]는 아직 남아 있다. 콜로노는 19세기 중반까지 서아프리카 출신의 후손들이 만든 토기로, 물레 대신 손으로만 빚었고 저화도 소성으로 구워 냈다. 사우스캐롤라이나 노예 거주구역에서 발견된 토기 중 약 70퍼센트를 차지한다. 여기서 발견되는 가장 흔한 기형은 단지壺, Jars와 사발鉢, bowls이다. 단지는 둥근 파수부, 넓게 나팔 모양으로 외반하는 구연부가 있는 원저 토기다. 보통 약 1.75와 5리터각각 약 4파인트와 1-1/3갤런를 담는 두 가지 용량이 흔하다. 사발은 넓고 얕으며 약 1리터1/2갤런를 담는다.

사람들은 이 토기들을 어떻게 사용했을까? 고고학자들이 발견한 대부분의 단지 파편들은 조리 과정에서 불에 그슬려서 검게 연소된 상태였다. 토기로 만들어진 그릇은 금속제 솥보다 천천히 요리되기 때문에 오늘날 아프리카 사람들뿐 아니라 미국 남부의 다양한 족속들도 즐겨 사용한다. 서아프리카에서 즐겨 먹는 식사 메뉴는 곡물쌀이나 기장, 한 가지 소스, 그리고 약간의 생선이나 고기이다. 곡물은 커다란 항아리에서 조리되고 소스는 작은 항아리에서 만든다. 곡물이 제대로 조리되면 조롱박 바가지로 사발에 담는다. 밥을 먹는 사람은 손으로 밥을 동그랗게 빚어 소스에 찍어 먹는다. 사우스캐롤라이나에서 발견된 사발에서 포크나 스푼의 사용흔이 남아 있는 경우는 2퍼센트 미만에 불과하다. 1930년대의 인터뷰에 따르면 그때보다 약 100여 년 이전의 노예들은 서아프리카 방식으로 밥을 먹었다고 하며, 그들의 백인 농장주들이 포크나 스푼을 쓰던 것과는 달리 손가락만 사용했다고 한다.

당시 백인 농장주들은 도자기가 민감하게 유행을 따르고 자신들의 품격을 높여 준다며 소중히 여겼다. 하지만 콜로노 토기는 그저 그런 토산품에 불과했다. 콜로노의 디자인과 제작 방식은 거의 바뀌지 않고 꾸준히 세대를 거쳐 전수되었다. 개별 형식의 사례를 보면 기형에서는 거의 변화가

군중 속의 한 명. 사회가 변화하는 데 개인이 영향을 미치는 능력이나 심지어는 자기 자신까지도 변화시키는 능력에 대해서는 많은 논란이 있다. 구조화 모델은 우리가 통제할 수 없는 외적 영력을 부각시키지만 또 다른 접근법은 모종의 작주성과 모종의 희망hope을 인정한다.

없고 어떠한 장식도 첨부되지 않았다. 퍼거슨은 이에 근거해서 노예들이 백인 농장주들의 위계적인 사고방식을 의도적으로 모방하지 않았다고 결론 내렸다. 백인들은 그들의 사회적 지위를 확립하고 향상시키기 위한 투쟁의 무기로 그릇을 사용하였지만 아프리카인들과 아프리카계 미국인 노예들은 자신들의 소박하고 장식 없는 토기를 통해 전통적인 사회의 유대관계와 집단 정체성을 표현하였다.

퍼거슨이 주장한 바에 따르면, 백인들은 자신의 허영에 찌든 물질문화가 그들의 노예들을 감탄하게 만들고 경외감으로열등감을 내재화하게 만들며 굴복

시켰다고 여길지 모르지만 실제 집단 수준에서 이러한 전략이 먹혀 들어 갔다는 증거는 없다. 오히려 그 반대이다. 전통적인 콜로노 토기는 공동체 community 가치관을 강화하고 오랜 시간 동안 확립되어 온 문화적 관습을 유지하도록 도와주었다. 그리고 그 토기를 통하여 전통에 대한 유대감도 공고히 했다. 이와 같이, 퍼거슨은 노예들이 단지 옛날 방식대로 일상생활을 함으로써 백인들의 이데올로기에 대한 실용적이고 무의식적인 저항을 생생하게 구현해live 냈다고 주장한다. 그들은 그저 자기 자신으로 지냈을 뿐이다.[10]

요약

분석하는 시각의 범위를 바꾸는 것은 과거에 인간다움을 부여하며humanize 훌륭한 통찰력을 제공해 준다. 그것은 사람들이 비인간적 대우를 감수하더라도 문화적으로 끈질긴 근성을 가질 수 있다는 이야기를 가능하게 한다. 그리고 그런 과정을 통해 물질문화가 진정 어떤 차이를 만들어 내는지 보여 준다.

그러나 마르크스는 "우리는 역사의 창조자이며 동시에 역사의 피조물이다"라고 썼다. 과거를 개인화하는 것에 위험요소가 없는 것은 아니다. 개인의 행동에 의한 효과를 강조하다 보면 변화를 야기하는 개인의 능력이 과대평가될 여지가 남는다. 그렇게 되면 사회구조의 억압적 작용을 하찮게 여길 수도 있으며, 하위계층의 척박한 상태는 그들 스스로에게 책임이 있다는 결과가 나올 수 있다. 이건 바로 피해자가 스스로 자괴자학自愧自虐하는 것이다. 정치적으로 좌파인 사회 비평가들은 앤서니 기든스가 1994년부터 1997년까지 영국 총리를 지낸 토니 블레어Tony Blair의 측근이었다는 사실을 지적해 왔다. 블레어는 마거릿 대처의 공공서비스 민영화, 경제 규제완화, 그리고 정부보다는 개인이 스스로 사회문제의 해결에 책임을 져야 된다는 방식의 정치 성향을 계승해 왔다.

그래서 우리는 또 다시 모순을 겪는다. 특정 시각으로 어떤 국면이 정치적으로 압도되고 있는 것을 드러내다 보면, 진정 중요한 사회적 현실의 또 다른 국면은 불가피하게 차단할 수밖에 없다. 작주성 개념은 현실의 일부분을 가끔은 유용하게 대표해 준다. 그러나 지도를 그린다고 그린 부분이 그대로 영토가 되는 것은 아니다.[11]

옮긴이 주

1   **앤서니 기든스**Anthony Giddens(1938-)는 영국의 사회학자로, 헐 대학University of Hull을
     졸업하고 런던 정경대학London School of Economics에서 석사학위를, 케임브리지 대
     학에서 박사학위를 받았다. 레스터 대학University of Leicester을 거쳐 케임브리지 대
     학에서 가르쳤고 런던 정경대학의 학장을 역임하였다. 기존 사회학의 구조와 작주
     혹은 행위자, agent 간의 양극단적 이원론을 '구조화이론structuration theory'을 통해 변증
     법적으로 해명하였다. 구조가 모종의 제한이나 속박으로만 인식되던 기존의 경향
     을 극복하면서 구조를 규칙과 자원이라는 개념으로 치환하였다. 이러한 구조는 작
     주에게 가치중립적으로 작용한다. 그리고 영구불변으로 인식되던 구조가 오히려
     작주에 의해 변화할 수 있다는 유연하고 탄력적인 견해를 확립하였다. 이렇게 중도
     적이고 융합적이고 포괄적인그리고 이도 저도 아닌 그의 견해는 '제3의 길'이라는 정책으
     로 구체화, 대중화되었다. 그의 저서 중 가장 대표적인 사회학 도서는 다음과 같다.
     앤서니 기든스·필립 서튼(김미숙 외 옮김). 2018. 『현대사회학』(제8판). 을유문화사.

2   과정고고학의 기본적 사고방식인 문화생태학적 문화관이다. 이에 따르면 문화는
     마치 유기체의 신체 일부와 같이 문화의 일부분인 하부체계subsystem가 자동제어적
     cybernetic 방식으로 긍정적positive 혹은 부정적negative 환류feeback를 보내고 받으면서
     이루는 커다란 단일 체계system이다. 그리고 이러한 환류에는 실제 측정 가능한 에
     너지의 흐름이 큰 역할을 차지한다. 본문에서 지적했듯이 이러한 문화관에는 기계
     적이고 물질적인 생리학 개념만 있을 뿐 정신mind과 영혼soul이 개입할 여지가 없
     다. 이는 탈과정고고학이 과정고고학을 비판하는 가장 대표적인 근거에 해당한다.
     인간을 다루는 고고학이 전혀 인간스럽지 않은 시각에 근거해서 인간에게만 고유
     한 문화를 다루다 보니, 정작 인간이 배제된 방식으로 문화의 본질을 탐구하고 말
     았다는 것이다.

3   **제임스 시먼즈**James Symonds(1962-)는 영국 출신의 고고학자로 옥스퍼드 대학을 졸업
     하고 같은 대학에서 박사학위를 받았다. 그 후 셰필드 대학University of Sheffield을 거
     쳐 현재는 네덜란드의 암스테르담 대학Universiteit van Amsterdam에서 가르치고 있다.
     주로 15세기 이후의 유럽 북부 지역 농경 사회를 고고학적으로 탐구하고 있다.

4   상업적으로 노예를 사고파는 제도는 대서양의 노예무역이 대표적이다. 여기에는

1550년 스페인의 바야돌리드Valladolid에서 있었던, 아메리카 원주민들을 강압적으로 지배하고 통치해야 되는가에 대한 논쟁이 큰 영향을 미쳤다. 논쟁 당시 교황이 개입하여 기독교적 보편애를 근거로 아메리카 원주민, 즉 당시 인디오라 불리던 사람들은 이성과 문화를 지녔으므로 노예로 삼아서는 안 된다는 의견이 확립된다. 대신 그 반대급부로 당시 사람으로 취급받지 않던 아프리카의 흑인들이 노예로 활용, 착취되었다. 1494년 토르데시야스 조약Tratado de Tordesilhas에 따라 아프리카에 먼저 진출한 포르투갈은 당시 대서양 노예무역을 전담하였다. 다음 도서 참조.
장 클로드 카이에르(이세욱 옮김). 2007. 『바야돌리드 논쟁』. 샘터사.

5 **릴런드 퍼거슨**Leland Ferguson(1941-)은 현재 은퇴한 사우스캐롤라이나 대학의 인류학과 명예교수로, 노스캐롤라이나 주립대학North Carolina State University에서 항공공학을 전공하고 노스캐롤라이나 대학에서 인류학으로 박사학위를 받았다. 미국의 노예제와 관련된 역사고고학 연구를 중심으로 다양한 저술을 해 왔다. 이 책에 제시된 참고문헌 이외에 중요한 저작으로 다음이 있다.

Ferguson, Leland. 2004. *Uncommon Ground: Archaeology and Colonial African America, 1650-1800*. Smithsonian Books.

6 18세기 사우스캐롤라이나 백인 농장주들이 별것도 아닌 식기에 열광하며 과시욕에 찌든 소비를 하는 행태와, 작금의 고고학자들이 밑도 끝도 없이 아무 이론에나 열광하고 잘 알지도 못하면서 함부로 이론을 구사하는 것은 별반 차이가 없는 천박하고 저속한 지적 낭비에 불과하다는 의미를 비꼬아서 표현하고 있다. 저자의 이런 태도는 14장에서 보다 적나라하게 드러나고 있다.

7 파얀스 도자기와 마찬가지로 납 유약을 발라서 크림색순백색이 아닌 살짝 황갈색 톤을 띠는 표면을 구현한 도자기로 영국의 웨지우드Wedgwood 브랜드가 지금도 유명하다.

8 유럽인들에게 중국 도자기는 보통 명·청대의 청화백자를 의미하며, 코발트를 활용해 영롱한 중국 도자기스러운 청색을 구현한 것이 18-19세기 당시 최고의 기술이자 가장 사치스러운 제품이었다. 독일의 마이센Meissen, 헝가리의 헤렌드Herend, 프랑스의 세브르Sèvres 도요지가 유명했다.

9 콜로노웨어colonoware라고도 불리는 토기로, 영국 출신 역사고고학자인 이보 노엘 흄Ivor Noël Hume이 최초로 확인해 이름 지었다. 당시 흑인 노예들이 미국의 대서양 연안 일대에서 고유하게 만들어 사용하던 현지 토기이다. 그 분포는 주로 해안 지대인 델라웨어Delaware주부터 남부의 플로리다Florida주까지 이어지고 내륙 지역은

켄터키Kentucky주 및 앨라배마Alabama주까지 비교적 깊숙이 파급되었다. 노예 인구의 분포와 일치하기 때문에 미국 역사고고학의 중요한 연구 대상이다.

10 흑인 노예들이 보다 선진화된 상업적 농경 사회인 미국에 와서 백인의 생활방식을 동경하고 모방하는 대신, 자신들의 뿌리인 아프리카의 전통적 가치관과 생활방식을 고수함으로써 백인들의 우쭐대는 허영심에 동조하지 않고 조용히 효과적으로 작주화를 이루어 갔다는 의미이다. 이러한 해석은 구체적인 검증이 불가능하고 하나의 담론으로 남을 여지가 있다. 그리고 바로 이것이 탈과정고고학의 궁극적 요체이다.

11 이론과 실제의 괴리에 대한 비유이다. 작주성이라는 개념은 순수하게 이론에 근거한 것이지만 현실 사회에서는 이론을 통해서 제시한 개념이 완벽하게 들어맞고 적용되고 구체화되지는 않는다. 본문에 나오듯이 기든스는 작주성 이론을 고안하고 개발한 이론가이지만 실제로 그 이론과는 상반된 정책을 표방하는 블레어의 참모로 종사한다는 게 바로 그런 사례이다. 이걸 이론과 실제의 본질적 괴리로 볼지, 기든스 개인의 작주성에 근거한 허위의식으로 볼지는 숙고의 여지를 남긴다.

🐦 토론거리

1 구조와 작주성의 관계는 어떠한가? 여기서 '구조화'는 무엇을 의미하며, 구조와 작주성의 관계를 논하는 데 어떻게 기여하는가?

2 작주성을 학문적으로 부각시키는 것이 서구 문화에서 개인주의에 관심을 가지는 것에 불과하다면 그것은 어느 수준으로 이루어지고 있는가? 작주성은 개인보다 집단을 강조하는 사회를 탐구하는 데 유용한 개념인가? 아니면 개인의 권리와 열망에 대하여 보편적으로 말해 주는 그 무언가가 있는가? 작주성을 강조하는 것은 단지 과거에 발생했던 잔혹행위를 해석하는 낙관적인 방법에 불과한가?

3 사우스캐롤라이나의 당시 노예들이 가졌던 작주성의 한계는 무엇이었을까?

4 고고자료에서 어떻게 개인들을 식별할 수 있는가?

5 개인의 역할을 강조하다 보면, 어떤 변화가 이례적으로 훌륭한 개인의 중요 행동으로만 이뤄졌다는 식의 위인偉人, Great Man적 해석으로 회귀할 수도 있다. 이것을 무엇으로 방지할 수 있을까?

더 읽을거리

Dobres, Marcia-Anne and John Robb
　2000 Agency in archaeology: paradigm or platitude? In Marcia-Anne Dobres
　　　　and John Robb(Eds.), *Agency in Archaeology*(pp. 3-17). Routledge, London.
Ferguson, Leland
　1991 Struggling with Pots in Colonial South Carolina. In Randall McGuire and
　　　　Robert Paynter(Eds.), *The Archaeology of Inequality*(pp. 28-39). Blackwell,
　　　　Oxford, UK.
Giddens, Anthony
　1979 *Central Problems in Social Theory*. MacMillan, Basingstoke, UK.
Marx, Karl and Friedrich Engels
　1967 *The Communist Manifesto*. Penguin Classics, London.
Pauketat, Timothy
　2001 Practice and history in archaeology: An emerging paradigm.
　　　　Anthropological Theory 1(1):73-98.
Symonds, James
　2010 Poverty & Progress in the Age of Improvement: Evidence from the Isle
　　　　of South Uist in the Outer Hebrides of Scotland. *Historical Archaeology*
　　　　45(3):106-120.

선을 넘는/초월 고고학들

독자reader의 탄생은
저자Author의 사망을 대가로 치러야만 한다.

— 롤랑 바르트Roland Barthes[1]

선을 넘는/초월 고고학들[2]이란 무엇인가?

선/초 고고학앞으로 이 책에서는 '선을 넘는/초월 고고학들'을 줄여서 이렇게 표기하련다은 전통적인 학문 방법에서 벗어난 방식으로 과거를 드러내는 접근법이다. 이 범주는 7장에서 살펴보았던 **퀴어이론**Queer Theory과 관련이 있다. 하지만 내가 새로운 장으로 편성하였다. 여기서 '선/초 고고학'이라고 부르는 것은 일부 고고학자들이 통상적인 연구 방식에 불만을 가지면서 생겨난 거다. 몇몇 사람들이이 분야는 아주 소수를 지향하므로 많은 사람이 해당되지는 않는다 시, 소설, 연극, 멀티미디어 오페라를 통해 그들의 견해를 드러내고 있으며, 기존의 통상적인 방법도 사용하고 있다.

　여기에는 약간의 설명이 필요할 듯하다.

　일반 대중을 겨냥하는 소설이 마치 사실적으로 그린 '과일 그릇' 정물화 같은 이유는 무엇일까? 우리는 이 둘이 대표하는 장르genres에 익숙하기 때문에 이해하기 쉽다. 앤디 워홀Andy Warhol[3]의 유명한 〈캠벨 수프 깡통Campbell's soup can〉 그림과 달리, 과일을 그린 화가가 묘사한 형태와 색깔 및 원근법에는 숨겨진 의미가 없다. 이런 소설과 그림은 둘 다 의미가 **단의적**univocal이다. 독자 혹은 감상자가 읽거나 보는 것을 통해 얻는 것은 창작자가 의도한 것일 뿐, 그 이상은 아니다. **롤랑 바르트**Roland Barthes는 이렇게 예측 가능성과 완결성의 느낌으로 얻는 감정을 "**즐거움/기쁨**pleasure"이라고 부른다. 우리는 '즐거움'이라 부르는 경험에서 편안함과 만족감을 얻는다. 바르트는 복잡하지 않은 소설과 구상적具象的, representational 예술품은 "**독자적**readerly" 작품의 사례라고 했다. 이런 작품들은 감상자 혹은 청중이 충분히 이해할 수 있도록 만들어진 결과물들이다.

이와는 달리 바르트는 "**저자적**writerly" 작품들도 있다고 말한다. 아론 코플런드Aaron Copeland[4]의 무조無調이며 따라 부르기 어려운 음악과 제임스 조이스James Joyce[5]의 일견 주제의식이 없어 보이는 문체들이 이러한 것들이다. 알렉산더 콜더Alexander Calder[6]의 추상 조각품도 여기에 속한다. 이것들은 주제를 쉽게 이해하기 어렵다. 사실 작품의 의미 중 많은 부분은 관객들의 경험에서 끌어낸다. 훌륭한 개념 예술가는 감상자들의 반응을 숙달된 솜씨로 이끌어 내는 도발자이다. 공연이 끝나거나 책을 다 읽었을 때 뭔가 완결성이 없게 느껴지는 경우가 있다. 역으로 생각해 보자. 감상자들은 예술가가 의도한 **중의성**multivocality과 씨름해 온 것이다. 그대는 방금 본 작품의 의미를 창출하는 과정에 참여하다 지쳐서 나가떨어질 수도 있다. 이러한 작품을 다루는 것은 난감하다. 가장 안 좋은 것은 바로 그런 작품들은 대개 열린 결말로 끝난다는 것, 즉 닫힌 구조가 아니라는 점이다. 도대체 이 작품은 뭘 의미하는가? 그건 그대가 직접 정해야 한다.

바르트는 소설부터 스포츠 경기까지 모든 복잡한 문화적 구축물을 '읽을 수 있는' **텍스트**text로 보았다. 그는 "**저자의 사망**death of the author"을 통해 만들어지는 작품의 중의성은 의미의 생산자저자와 소비자독자 간의 분업을 해체한다고 언급했다.

선/초 고고학들과 고고학

이 시점에서 독자는내가 여전히 독자라는 단어를 사용할 수 있다면 이 모든 것이 고고학과
무슨 관계가 있는지 스스로 묻고 있을지도 모른다. 자, 여기에 그 답이 있다.

나는 이 장을 시작하며 일부 고고학자들이 통상적 연구의 학술적 표현
인 발굴 보고서, 학술대회 발표문, 학회지 논문 등에 불만을 가지며 선/초
고고학이 등장했다고 말한 바 있다. 일반적으로 이런 방식은 확실히 독자
적reader 방식으로 읽힐 수밖에 없다. 이것들은 익숙하고 이해하기 쉽다. 미
술시간에 '그릇에 담긴 과일'을 그리는 것처럼 이것들은 의미가 단의적이
다. 대부분 미스터리 소설의 마지막 장처럼 모든 떡밥(?)redherring과 숨겨진
동기가 밝혀지면서 어쨌든 '완결된' 형태를 지닌다. 그러나 머리 좋은 독자
들은 이러한 특징들을 바르트가 '즐거움'이라 부르던 장치 혹은 인위적 마
무리winding-up라고 여길 것이다. 고고학에서 대상물이나 유적의 의미는 우발
상황contingency으로 꽉 차 있다. 여기에는 마지막 단어도 구사되지 않으며 만
족할 만한 요약도 없다. 그럼에도 불구하고 통상적인 학술 발표에서는 그
걸 명료하게 언급하도록 강요한다.

그들일부 고고학자들이 좌절했다고 내가 말했던가? 넌덜머리를 냈다고 표
현했을지도 모른다. 고고학은 실제로 지적인 특성뿐만 아니라 감정적, 미적
특성도 띠며 이루어진다. 고고학자들이 인문학humanity 탐구를 잘게 분해해
서 진행하게끔 권장하는[7] 과학적 이상향ideal은 그 쓰임새가 한정되어 있다.
고고학자들이 '저자적실제로 이 용어를 구사하지는 않겠지만' 방법으로 뭔가 하려는 것
은 특정 규범만으로 해석을 강요하는 단선적 이해가 반드시 옳지는 않다는

사실 때문이다. 이런 강요된 규범 때문에 일부 사람들은 뭔가 억압을 느껴왔고 그들의 억압된 창의력을 뿜어낼 분출구를 원해 왔다. 자넷 스펙터Janet Spector는 그녀의 책『이 송곳이 무슨 의미일까What This Awl Means』의 서론에서 이런 것들을 넌지시 밝히기도 하였다6장 참조.

비록 다양한 방식으로 선을 넘는 사람은 얼마 안 되지만 그들에게는 공통의 목표가 있다. 그것은 관람객의 정서와 감각을 사로잡고 진지하기만 한 학계 분위기에 약간의 유쾌함을 불어넣는 것이다. 보통 이런 행사는 학문적 예리함을 무척이나 의례적인 방식으로 공개 경쟁하는 정규 학술대회

두 그림 중 1850년대의 변호사이자 문화유산 중개업자인 조시아 갤럽Josiah Gallup[8]은 누구인가? 그리고 학술대회에서 잘 차려입고 그를 연기하는 우리의 별 볼일 없는 작가 양반은 또 누구인가? 이 연극의 시나리오는 역사고고학의 실제 주인공들이, 자신들이 남긴 유물에 대한 고고학자들의 해석을 과연 어떻게 생각할지에 대해 묻는다. 아마도 그들은 그리 달갑게 생각하지 않을 거라고 우리는 결론 내린다그건 그렇고 왼쪽이 조시아 갤럽이다.

의 한쪽에서 이루어진다. 전혀 기대하지 않던 사람들을 놀라게 하며, 중의성의 가장 훌륭한 전통에 따라 참석한 사람들을 종종 당혹스럽게 하고 좌불안석하게 한다. 이게 바로 바르트가 부르는, "즐거움"의 사악한 쌍둥이인 **"주이상스**jouissance"라는 감정이기도 하다.

내가 고고학에서 저자적 작품을 만드는 '목적'이 독자들을 의미의 소비자에서 생산자의 입장으로 끌어 내는 것이라고 말했다면 약간 오해의 소지가 있다. 작품을 지어내는 사람은 여전히 다른 사람이 읽을 글을 쓰는 위치에 있다. 저자적 작품을 만들어 내는 작업은 독자들과 그 결과를 소통하는 것만큼이나 고고학자 자신의 창의력을 깨우는 것과도 관련이 있다. 그리고 때로는 그 이상이 필요한 경우도 있다.

선/초 고고학자들은 다른 사람들이 숭배할 특정 과거를 마술처럼 만들어conjure 내려 한다고 볼 수도 있다. 그러면 아마도 일부 비평가들은 발끈할 것이다. 선/초 고고학의 진짜 목적은 고고학자들이 경험할 수 없는 과거와 지금 이 자리에 있는 고고학자 자신 사이에 다리를 놓는 것이다. 고고학자는 자신의 맘에 드는 미학적 도구를 사용해서 남의 시선을 의식하는 연기를 하며, 결국 배우와 관객 모두가 그들이 원하는 것을 얻게 된다.

선/초 고고학들의 사례*

그대가 고고학 학술대회에 참석했다고 상상해 보자. 주제별로 구성된 발표를 중심으로 6개의 세션이 동시 진행되고 있다. 발표자가 일어서고 20분 동안 발표한 다음에 다시 자리에 앉는다. 그리고 다음 발표도 계속 똑같이 진

....

* Mary Praetzellis (editor), *Archaeologists as Storytellers* (1998).

행된다. 가끔 토론이 있기도 하다. 복장은 대개 평상복 차림이고 정치적 분위기는 상당히 좌빨(?)이다. 그러나 그건 형식적인 면모일 뿐이며 발언자들은 자신이 하는 말에 신경을 쓰고 있다. 보다 더 잘나가는 사람과 대화하기 위해 슬쩍슬쩍 이름표를 훑어보는 눈길도 엄청 많다. 때로는 새로운 발표 방법을 만들어 내기 위한 노력도 이루어진다. 의제를 정하고 회의를 소집하고, 모두 고개를 끄덕이기도 한다. 그러나 그 주제는 대부분 흔적도 없이 사라져 버린다.

이제 참가자들에게 발표 자료의 출처를 인용하지 말고 입증 가능한 증거에 집착하지 말 것을 요구하는 학술대회를 한번 상상해 보자. 사실을 증명할 수 있는 것만을 말하는 대신, 상상력을 발휘해 자신의 고고학 유적이 어떤 의미를 가질 수 있는지 표현해 보라고 한다. 그들은 어떤 종류의 극적theatrical 혹은 문학적 장치를 사용해 청중을 사로잡으려 할 것이다. '나'라는 주관적 주어도 자유롭게 사용할 수 있다. 이러한 노력의 결과로 매년 열리는 미국 역사고고학회Society for Historical Archaeology에서 다음 세 개의 학술대회 세션이 등장했다. 1)이야기꾼storyteller으로서의 고고학자, 2)이야기꾼 2: 속편, 3)이야기꾼 3: 그들이 도올아(?) 왔도다! 이를 글로 풀어 쓰는 것은 음향과 시각효과 및 의상, 관객과 상호작용이 있는 공연을 표현하기에는 좋은 방법이 절대 아니다. 그러니까 그대는 참석자들이 한 걸 그대로 해 보고, 그다음엔 스스로 상상력을 발휘해야 한다.

첫 번째 학술대회에서 아홉 명의 능숙한 고고학자들은 다양한 방식으로 이야기를 전달했다. 발굴을 통해 "발견된" 일기, 청중과 주고받는 대화, 구술사, 문헌사료, 연극 등이 그 방식들에 포함되어 있다. 미국 매사추세츠주의 한 농장에 대대로 살던 주민들의 일기로 구성된 메리 보드리Mary Beaudry[9]의 「농장 일지Farm Journal」는 일종의 다큐멘터리 같은 고고학 실록實錄으로, 삽화를 활용하였으며 1인칭 주인공 시점의 작품을 만들기 위해 상상력

CROWNE PLAZA
THEATRE

 Ladies Are Requested To Kindly Remove Their Hats.

ARCHAEOLOGISTS AS
STORYTELLERS II:
THE SEQUEL

BROUGHT TO THE STAGE BY MRS. MARY PRAETZELLIS

Thursday Jan 8, 1998

1:20 *Slaves, Rings, and Rubbish* (Mr. M. Hall)
1:40 *A Lost Memoir of a Lowell Boardinghouse Keeper*
(Ms. M. Beaudry)
2:00 *Fort Frederica's Hidden Past or*
Tales a Pot might Tell (Ms. A. Yentsch)
2:20 *"I Never Expect to Preach There Again."* ...(Ms. R. Ryder)

INTERMISSION (2:40-3:00)

3:00 *Red Light Voices* (Ms. J. Costello and Ms .J. Tordoff)
3:20 *Plantation Dialogs: A Conversation in One Act and*
Two Centuries (Mr. D. Mouer and Ms. Y. Edwards-Ingram)
3:40 *The Tale of Fermin Valenzuela*...(Mr. A. and Ms. M. Praetzellis)
4:00 *Thomas Jefferson Describes his "Novel Techniques"*
for Unearthing the Mysteries of the Past
(Ms. M-C. Garden and Mr. B. Barker)
4:20 *Comments by our Discussant* (Mr. M. Brown)

Critical Acclaim for Storytellers I (Corpus Christi):
"Most of the audience stayed... awake" — *AAA NEWSLETTER*
"We were amused. 3 stars!" --- *QUEEN VICTORIA, Empress of India*
"That's nice, dear" -- *Mr. PRAETZELLIS'S MOTHER*

1998년 미국 역사고고학회Society for Historical Archaeology에서 청중에게 배부한 학술대회라고 쓰고 공연이라고 읽는 일정표의 앞면과 뒷면. 공연은 만원사례를 이루며 성황리에 진행되었다.

THE PERFORMANCES

SLAVES, RINGS, AND RUBBISH
Martin Hall

Narrator ....*Martin Hall*

LOST MEMOIR OF A LOWELL BOARDINGHOUSE KEEPER
Mary C. Beaudry

Miss Martha A. Peasbody (A Reform Advocate), reading the words of Mrs. Amanda Fox..........................*Mary Beaudry*

FORT FREDERICA'S HIDDEN PAST, OR TALES A POT MIGHT TELL
Anne Yentsch

Old Pot...*Anne Yentsch*
Gen. Ogelthorpe..........*Nicholas Honnerkamp*
Loyal Son....................*Howard Morrisson, III*
Lab director...........................*Jud Kratzer*

"I Never Expect to Preach There Again." Rowdy Times in a 19th Century Virginia River Town
Robin L. Ryder

John Early (A Circuit Preacher), Personae
....*Robin Ryder*

RED LIGHT VOICES: DIALOGUES ON PROSTITUTION, CA. 1900
Julia G. Costello & Judy Tordoff

ACT I: Men Talk
Rene (An Upper-Class Brothel Customer)
....*Julia Costello*
Lew (A RR Worker and Frequent Brothel Customer)............................*Judy Tordoff*

(RED LIGHT VOICES continued)

ACT II: The Life
Lola (A Parlor House Prostitute from the Dominican Republic)...............*Judy Tordoff*
Maimie (An Independent Prostitute)
....*Julia Costello*
ACT III: Family Business
Violet (Born in a Brothel, She Entered the Family Business)....................*Julia Costello*
Marc (A Successful Pimp).......*Judy Tordoff*

PLANTATION DIALOGS: A CONVERSATION IN ONE ACT AND TWO CENTURIES
Dan Mouer & Ywone Edwards-Ingram

Auntie Molly, Jane, Prof. Roberta Marley
.............................*Ywone Edwards-Ingram*
Captain Pleasant (aka "Massa"), Dick, Prof. P.C. Liberal.........................*Dan Mouer*
The Voice of Passing Time and Personnae
...   *James Ingram*
Robin Ryder will serve as Sound Engineer

THE TALE OF FERMIN VALENZUELA
Adrian & Mary Praetzellis

Narrator (A UC Berkeley-educated Lawyer) and Postmaster.....................*Robin Ryder*
Fermin "Frank" Valenzuela (Teamster and Cattle Rustler).........................*Dan Mouer*

THOMAS JEFFERSON DESCRIBES HIS "NOVEL TECHNIQUES" FOR UNEARTHING THE PAST
Mary-Catherine Carden & Bill Barker

Colonial Williamsburg Archaeologist
.............................*Mary Catherine Garden*
Mr. Thomas Jefferson............ ......*Bill Barker*
Tour Participants....................*The Audience*

을 활용하였다. 그녀의 이야기는 정치 쪽으론 별 볼일 없고 자신의 농장이나 끊임없이 고치며 세월을 보내던 너새니얼 트레이시Nathaniel Tracy[10]를 언급하며 시작하였다. 그리고 노쇠한 사라 브로드맨Sarah Broadman[11]이 결혼 생활을 돌아보며 스스로 만든 십자수와 꽃이 자라는 화단에서 평안을 느끼는 것으로 마무리된다.

「화덕에서 갓 나온 빵에 대해In Bread Fresh from the Oven」를 쓴 줄리아 코스텔로Julia Costello[12]는 미국 캘리포니아 시에라네바다Sierra Nevada 산맥의 구릉지대에서 돌로 만든 구식 화덕을 사용하던 이탈리아 이민자들 및 그 후손들의 이야기를 다루었다. "거시기, 빵 맹그는 법이 없었지라." 플로시 사바티니Flossie Sabatini(1914-)라는 할머니의 회상이다. "기양 기억으루, 손모가지가 느끼는 대로 맹글었당께. 그라고 뽀삭그르는 빵꼽딱 부분! 모다 다 그거 먼처 떼무글라꼬 분댓질 해 부렀지. 아이갸, 급나게 개미졌당께!"[13]

리베카 야민Rebecca Yamin[14]이 맡은 「악명 높은 뉴욕 파이브 포인츠의 살벌한 괴담과 훈훈한 얘기들The Lurid Tales and Homely Stories of New York's Notorious Five Points」은 19세기 작가들이 묘사하던 것과는 대조적인 방식으로 고고학 자료에 근거해 개개인들의 삶을 따뜻하고 애정 어린 시선으로 바라본다. 파이브 포인츠Five Points는 이전의 사료라든가 아니면 영화 〈갱스 오브 뉴욕Gangs of New York〉[15]에서 묘사된 것처럼 밑바닥 사람들이 막장(?)으로 생활하던 빈민촌은 아니었다. 골드버그씨 가족The Goldbergs은 거주지의 잔해물로 볼 때 독실한 신앙을 가졌던 유대교 신자였다. 그러나 인근 매춘굴brothel에서는 손님 접대용으로 쓰이던 때깔 좋은 식기들이 발견되면서 그곳 고객들이 어떻게 대접받았는지 알려 주고 있다. 쓰레기 구덩이에서는 누군가 버린 갓난아이 시신 일부가 함께 나오기도 했다. 어쨌든 여기는 착잡한 삶을 살던 진짜 사람들이 살고 있었던 셈이다.

'이야기꾼으로서의 고고학자'라는 가맹점franchise에는 어느 누구든지 참여해서 영업권을 행사할 수 있다. 만약 루스 트링엄이 '이야기꾼' 가맹점 중 하나에 가입했다면안타깝게도 그녀는 참여를 안 했다 그녀의 발표는 우리 나머지 발표자들을 압도하고도 남았을 거다. 이 책의 지면만으로 그녀의 작품을 정당하게 다룰 수만 있다면 나는 이 장 전체를 할애했을 것이다. 루스의 멀티미디어를 활용한 작품들은 오늘날 고고학에서 가장 초월적인 흥미진진함 그 자체를 제공한다. 그녀의 발표는 사람들의 이미지, 진행 중인 고고학 발굴, 재구성되는 유적들, 텍스트, 유물, 그리고 음악과 목소리 등의 시청각 매체를 포함한다. 이런 연구는 고도로 복잡한 발굴 과정에서 나온 편린들을 재조합하고, 식물 규산체 같은 과학적 분석 결과 그리고 그녀가 직접 만든 상상력 풍부한 삽화들을 통해 고고학적 상상의 지평을 밀어젖힌다. 다양한 예술적 공연과 마찬가지로 루스의 작품은 경험해야만 하지 글로 서술하거나 분석하려고 하면 안 된다.

트링엄의 발표가 가지는 극적 요소들은 그것이 인위적으로 구축되었음을 명백하게 밝힌다. 이는 고고학자들이 각자의 주제로 제각기 분리되어 있지만, 같은 인간으로서는 서로 얼마나 가까운지 보여 준다. 그리고 바로 이러한 점이 우리의 주의를 환기시킨다. 이 발표를 직접 한번 인터넷에서 찾아봐라이 장 끝부분의 '더 읽을거리' 참조. 하지만 "여기서 뭘 뽑아 먹을 수 있을까" 따위의 질문은 하지 마라. 그냥 감탄하고 과거에 대한 식견을 체험해 본다는 데 의미를 둬라.

선/초 고고학들이 이 책처럼 '이론'을 다루는 분야에 포함될 수 있을까? 어쨌든 선/초 고고학은 사회이론들처럼 인간의 역사나 문화에 특정 시각을 제공하지는 않는다. 아니다, 하고 있는 게 분명하다. 그리고 그 근거도 충분하다. 이 책에 등장하는 모든 사조들은 창의적인 행위를 통해 시작되었다. 그리고 고고학자들이 특정 이론을 자신만의 또 다른 재주를 발휘해 고고학적 상황과 자료에 적용한 것이다. 선/초 고고학들은 우리에게 익숙한 학문적 틀 바깥에서 뭔가 가능성을 볼 수 있게 도와주면서 고고학적 상상력의 봉인을 해제해 주고 있는 것이다.

요약

많은 고고학자들은 앞에서 등장한 모든 것들에 회의적이다. 역사고고학 학술대회에서 개최된 초월적인 공연에 대한 반응은 좌불안석부터 환호성, 심사숙고부터 왕짜증(?)에 이르기까지 다양하다. 지극히 비호감으로 생각하는 사람들은 이런 방식의 고고학은 지역 내 대중을 위한 자원봉사 수준으로만 받아들여져야 한다고 단언한다. 실제로 대중적인 것과 전문적인 것의 구분은 그 결과물에서 완전히 제도화되어 있기는 하다. 또한 문화유산관리 CRM를 규제하는 정부 법령에서도 이런 전문적인 내용들은 성문화되어 있다. 대중적인 것과 전문적인 것은 절대 함께할 수 없다. 젊은 대학교 선생들 중 적어도 한 명 이상은 대학 당국으로부터 완전한 대안적 교육은 자제해 달라는 충고를 받기도 한다. 왜냐하면 그럴 경우 주변 사람들이 그 대학을 경박하다고 낙인찍을 수 있기 때문이다.

선/초 고고학의 접근법이 겪게 될 비판 중 가장 걱정되는 것이 있다. 소설 혹은 대안적 해석을 통한 과거 표현은 우리가 왜 지금 이렇게 살고 있는지에 대해 설명하는 불편함을 감수하지 않으면서 단지 그럴듯한plausible 과거만 보는 시야를 제시한다는 거다. 신고고학이 남긴 유산 중 하나는 우리가 구사하는 방법과 우리가 의존하는 가정이 명료明瞭, explicit해야만 된다는 전제이다. 이것은 훌륭한 생각이다. 내가 이 책을 쓰면서 명료함을 결코 등한시하지 않은 걸 보고 있을 거다. 그러나 어떤 견해는 이렇게 명료한 방법론만으로는 적절하지 않다. 선/초 고고학들은 과학적 접근을 무턱대고 갖다 버리지는 않는다. 적어도 그중 일부는 남겨 놓는다. 그들의 목표는 과거를 명료함과는 다른 방식으로 이해하려는 것이다. 그리고 이런 행위의 애매함ambiguity을 이용해서 스스로 판단할 수 있는 영감을 부여하고 자극을 가하는 것이다.

선/초 고고학들의 접근은 학술적인 것으로 간주되는 작품들과 그 나머지들 사이의 장벽에 소통할 수 있는 구멍을 파는 것이다. 하지만 그 장벽을 깡그리 허무는 것은 아니다. 고고학자인 제임스 디츠는 존 바스John Barth[16]의 포스트모던스러운 소설 『연초 도매상The Sot Weed Factor』이야말로 대부분의 고고학보다 식민지 미국의 생활상에 훨씬 더 생생하게 접근하도록 해 주었다고 얘기하곤 했다. 나는 디츠가, 진 아우얼Jean Auel[17]이 쓴 베스트셀러인 『동굴곰 부족The Clan of the Cave Bear』 같은 고고학 대중소설에 대해서도 마찬가지로 얘기하지 않았을까 생각해 본다.

옮긴이 주

1 **롤랑 바르트**Roland Barthes(1915-1980)는 프랑스의 기호학자이자 문학비평가 및 비평이론가이다. 소르본 대학에서 고전문학을 전공한 다음 국립과학연구센터에서 언어학과 기호학을 탐구하며 자신만의 고유한 비평이론을 발전시켜 나갔다. 1962년부터는 지금의 사회과학고등연구원EHESS: École des Hautes Études en Sciences Sociales의 전신인 파리 고등연구원에서 가르쳤고 구조 분석의 틀을 문학 분야에 최초로 적용하였다. 보다 자세한 그의 관점은 본문의 15장 항목을 참조할 것.

2 선을 넘거나 초월超越, transcendent적, 파격破格, exceptional적, 급진急進, radical적, 변칙變則, anomalous적, 어쨌든 정통正統, orthodox과는 거리가 먼 비통상적非通尙的, non-conventional인 것들을 포괄적으로 의미하기 때문에 그 정의의 경계는 넓으면서도 모호하다. 그렇기 때문에 본문에서는 'archaeologies'라고 분명한 복수형을 취하고 있다.

3 **앤디 워홀**Andy Warhol(1928-1987)은 미국 펜실베이니아Pennsylvania 피츠버그Pittsburgh에서 태어난 미술가로서, 본명은 앤드루 워홀라 주니어Andrew Warhola Jr.이다. 20세기 최고의 예술가라는 칭호를 받은 팝 아트의 창시자다. 카네기 공과 대학Carnegie Institute of Technology, 지금의 카네기 멜론 대학교에서 광고를 전공하였고 그래픽 디자이너를 거쳐 본격적인 작가로 데뷔하였다. 순수 예술보다는 대중이 원하는 이미지를 즐겨 표현하였고 상업적으로도 성공한 부유층 예술인이었다. 1968년에 극단적 남성 혐오 페미니스트인 밸러리 솔라나스Valerie Jean Solanas(1936-1988)에게 피격당한 뒤 극도의 공포와 장애로 시련을 겪다가 1987년에 담낭 제거 수술 후 합병증으로 사망하였다.

4 **아론 코플런드**Aaron Copeland(1900-1990)는 미국의 작곡가로 클래식과 대중 음악을 크로스오버해서 현대 미국 음악의 기틀을 마련하였다. 뉴욕에서 태어난 유대인으로 프랑스의 나디아 불랑제Nadia Boulanger(1887-1979)를 사사하였고 미국 음악의 근본이라 볼 수 있는 재즈와 포크 등을 탐구하였다. 1950년대의 매카시즘 열풍으로 작품 활동을 중단하기도 했지만 후에 복권되었다.

5 **제임스 오거스틴 앨로이시어스 조이스**James Augustine Aloysius Joyce(1882-1941)는 아일랜드의 소설가, 시인이자 대문호이다. 유니버시티 칼리지 더블린University College Dublin에서 언어학을 공부하였고 프랑스에서 의학을 공부하다가 포기하였다. 일찍이 작

가 활동을 하였으며 스위스, 이탈리아, 프랑스 등에 머물렀다. 난해한 작품 성향으로 유명하며, 한국에도 저자 자신의 작품보다 해설서나 연구서의 분량이 월등히 많다.

제임스 조이스(김성숙 옮김). 2016. 『율리시스 1, 2』. 동서문화사.

제임스 조이스(김종건 옮김). 2018. 『젊은 예술가의 초상』. 어문학사.

제임스 조이스(성은애 옮김). 2019. 『더블린 사람들』. 창비.

6   **알렉산더 스털링 콜더**Alexander Stirling Calder(1898-1976)는 미국의 조각가로, 움직이는 조각인 모빌 같은 키네틱 아트를 창시하였다. 모빌에 상대되는 개념으로 움직이지 않는 조각인 스태빌stabile 작품도 병행하였는데, 주로 단순하고 기하학적인 구조물을 제작하였다.

7   인간적인 부분을 다루는 인문학적 요소를 과학적 잣대를 가진 분석analysis의 절차만으로 탐구하면 실제 고고학이 별로 쓸모 없어질지 모른다는 의미이다.

8   **조시아 갤럽**Josiah Gallup(1826-1858)은 미국 코네티컷 출신의 사업가로 1849년부터 미 서부 캘리포니아의 새크라멘토Sacramento시에 정착하여 골드러시 당시에 중국계 노동자인 쿠리苦力, coolie들을 관리하였고 각종 중국 물품 및 예술품을 수집하였다.

9   **메리 캐롤린 보드리**Mary Carolyn Beaudry(1950-2020)는 미국의 여성 고고학자로 윌리엄 앤메리 대학을 졸업하고 브라운 대학에서 박사학위를 받았다. 보스턴 대학Boston University에서 줄곧 가르쳤으며 역사시대 식료품의 생산과 유통 및 식사 예절 등을 주요 연구 대상으로 삼았다.

10   **너새니얼 트레이시**Nathaniel Tracy(1751-1796)는 미국 독립전쟁 당시 매사추세츠주 뉴베리포트Newburyport 지역의 토호土豪, local tycoon로, 자신의 사나포선私拿捕船, privateer인 '양키히어로Yankee Hero'선을 운영하며 독립전쟁을 후원하고 막대한 부를 챙겼다. 미국 제3대 대통령인 토마스 제퍼슨Thomas Jefferson(1743-1826)의 가까운 친구이기도 하였다. 당시 초보 국가였던 미국의 정치에는 직접 관여하지 않았다.

11   **세라 태팬 보드먼**Sarah Tappan Boardman(1742-1820)은 이 지역의 농장주인 오핀 보드먼 Offin Boardman(1747-1811)의 부인으로, 남편 사후에 농장에 머물면서 행복하면서도 풍요로운 말년을 보낸 당시 상류층 과부의 전형적인 사례로 볼 수 있다. 그녀가 남긴 일기의 일부가 발굴을 통해 발견되면서 18세기 말에서 19세기 초 미국 동부 지역 여성의 지위와 일상이 상세하게 알려질 수 있었다.

12   **줄리아 G. 코스텔로**Julia G. Costello는 미국의 현장 고고학자로 문화유산관리CRM 분야

에서 1980년부터 종사해 왔으며 현재 풋힐 문화유산Foothill Resources, Ltd. 회사의 공동대표이다. 주로 캘리포니아주의 발굴 관련 업무를 담당하고 있다.

13 이탈리아 이민자들의 강한 이탈리아 악센트 인터뷰를 전달하기 위해 일부러 전라도 사투리로 번역했다는 것을 밝혀 둔다.

14 **리베카 야민**Rebecca Yamin은 미국의 여성 고고학자로, 주로 미국 동부 지역 역사시대의 도시 유적을 발굴하고 연구해 왔다. 2014년에는 필라델피아Philadelphia시의 미국 독립기념박물관Museum of the American Revolution 건립지를 발굴하면서 18세기의 술집과 단추 공장 같은 건물지를 발견하였다.

15 〈갱스 오브 뉴욕Gangs of New York〉은 마틴 스코세이지Martin Scorsese가 감독하고 대니얼 데이루이스Daniel Day-Lewis, 레오나르도 디카프리오Leonardo Dicaprio, 캐머론 디아즈Cameron Diaz가 출연한 2002년 영화이다. 뉴욕의 아일랜드 이주민 공동 거주 구역인 파이브 포인츠에서 아이리시 갱들 간에 벌어진 암투가 주된 내용으로, 당시 사회상을 상당히 정확하게 고증한 세팅과 소품으로 잘 알려져 있다. 아카데미상 10개 부문 후보로 선정되었지만 하나도 수상하지 못했다.

16 **존 바스**John Simmons Barth(1930-)는 미국의 포스트모던 계열 소설가로, 스스로 저자가 독자들에게 지금 허구로서의 소설을 읽고 있다고 상기시켜 주는 메타픽션metafiction 기법을 주로 활용하는 것으로 유명하다. 국내에 소개된 저작은 다음이 있다.

존 바스(이운경 옮김). 2007. 『연초 도매상 1, 2, 3』. 민음사.

17 **진 아우얼**Jean Marie Auel(1936-)은 미국의 여성 소설가로, 유럽 선사시대 네안데르탈인과 현생인류의 이야기를 다룬 '대지의 아이들Earth's Children' 시리즈가 베스트셀러가 되면서 유명해졌다. 네안데르탈 부족 사이에서 성장한 크로마뇽 여성인 에일라Ayla를 주인공으로 설정하여 페미니즘적인 색채가 강하며, 출판 당시까지 이용 가능한 선사고고학적 지식 대부분을 충실히 고증하여 소설 플롯에 활용한 것이 특징이다. 해외에는 1980년부터 2011년까지 총 6부작이 출간되었지만 국내에는 다음과 같이 2부까지만 번역·소개되었다.

진 M. 아우얼(정서진 옮김). 2019. 『대지의 아이들 1. 동굴곰족 (1), (2), (3)』. 검은숲.

진 M. 아우얼(정서진 옮김). 2019. 『대지의 아이들 2. 말들의 계곡 (1), (2), (3)』. 검은숲.

🌒 토론거리

1 유물을 텍스트로 바라보는 방식의 유추가 고고학에서 쓸 만할까? 아니면 너무 멀리 가는 걸까? 바르트가 얘기한 '즐거움pleasure'과 '주이상스jouissance'를 구분하는 게 얼마나 요긴할까?

2 유물은 중의성이 있는가? 만약 그렇다면 우리가 유물을 해석하는 방법에는 끝이 없을까? 그리고 어떤 해석도 '틀렸다'고 말할 수 없지 않을까? 이렇게 되면 과학으로서의 고고학은 어떻게 될까?

3 선/초 고고학은 힘든 고고학 해석이라는 지적 탐구 작업을 하기보다는 그저 쉽게 날로 먹는 방법을 선택한다는 비판에 답변해 봐라.

4 이런 작업들이 인기를 끌게 되면 대중들이 더 이상 사실과 허구를 구분할 수 없게 되면서 고고학 현장의 신뢰도가 떨어지지는 않을까?

5 이런 발표 방식은 단순한 자기탐닉self-indulgence에 불과하지 않을까? 여하튼 평범한 학술회의의 구조가 뭐가 그리 맘에 안 드는가? 학문과 예술의 경계를 어디에 둬야 하나?

6 고고학자들은 학계 밖에서 과거를 해석하는 인사들과 소통해야만 하는가? 만약 그렇다면 근거 없거나 비과학적인 추측도 정당화되지 않을까? 대안적인 고고학예를 들면 우주인이 피라미드를 지었다는 것을 울부짖는 사람들과 과연 함께 무대에 설 수 있을까?

🐾 더 읽을거리

Auel, Jean
　　1980 *The Clan of the Cave Bear*. Crown Books, New York.
Barth, John
　　1960 *The Sot Weed Factor*. Doubleday, New York.
Barthes, Roland
　　1977 The Death of the Author. Pages 142-148 in *Image-Music-Text*. Translated
　　　　by Stephen Heath. Hill & Wang, New York.
Beaudry, Mary
　　1998 Farm Journal: First Person, Four Voices. *Historical Archaeology* 32(1):20-
　　　　33.
Costello, Julia C.
　　1998 Bread Fresh from the Oven. *Historical Archaeology* 32(1):66-73.
Danto, Arthur
　　2013 *What Art Is*. Yale University Press, New Haven, Connecticut.
Joyce, James
　　2000 *Ulysses*. Penguin Books, London.
Praetzellis, Mary (Ed.)
　　1998 Archaeologists as Storytellers. *Historical Archaeology* 32(1).
Tringham, Ruth
　　2010 Forgetting and Remembering the Digital Experience and Digital Data.
　　　　Chapter 4 in *Archaeology and Memory*, Dusan Boric (Ed.). Oxbow Books,
　　　　Oxford, UK
　　2013 Pivoting and Jumping through the Fabric of Catalhoyuk to an Imagined
　　　　World of People with Faces, Histories, Voices, and Stories to Tell.
　　　　Presentation at the Engendering Landscape and Landscaping Gender
　　　　conference, University of Buffalo. tinyurl.com/Tringhamshow(accessed
　　　　September 2014).
Yamin, Rebecca
　　1998 Lurid Tales and Homely Stories of New York's Notorious Five Points.
　　　　Historical Archaeology 32(1):74-85.

고고학에서의
전기

인간 행동의 양상 연구가 다른 모든 것들보다 중요하다고 설교하는 인류학 이론가들은, 어떤 한 장소/사람/순간을 탐구하는 좀 더 전통적인 고고학자들에 대해 아마도 경멸감을 드러낼 것이다.

— 이보 노엘 흄Ivor Noel Hume[1]

과거와 관련된 것들을 다룰 때는 모두 다 소설을 써 댄다.

— 스티븐 킹Stephen King[2]

고고학에서 전기란 무엇인가?

고고 전기傳記, biography는 고고학적 방법론을 사용하여 개인, 가족, 가구house-hold를 연구하는 것이다. 아 그래, 그럼 만약 내가 하나 써낸다면 어떨까? 우리 같은 작가들은 그렇게 할 수 있다. 고고 전기는 널리 사용되는 용어는 아니지만 여러 가지 외형을 띠며 이론적 틀의 일부분으로서 아주 당연한 듯이 이루어지고 있는 고고학이기도 하다.

고고 전기는 다음과 같은 몇 가지 기본적 원리에서 튀어 나온다.

◎ 모든 고고학 유적은 특정한 역사적 시점에 발생한 사건과 과정에 의해 만들어진다. 예를 들면 어떤 여성이 타제석기 하나를 만들거나, 화재가 발생해서 목재 건물이 훼손되었거나, 홍수가 발생해서 유적을 퇴적물 아래로 묻어 버리는 사건 등이다.

◎ 모든 유적들은 이와 같은 사건들의 잔존물material remains로 이루어져 있

기 때문에 무엇보다도 특정 시공간 및 그곳에서 살며 일하던 사람들에게 닥친 사건들을 최우선적으로 반영한다.

더구나 식견 있는 독자라면 다음 사실에 놀라지는 않을 거다.

◎ 많은 고고학자들은_{모두는 아니지만} 자기 자신을 인류학자로 인식한다.
◎ 인류학자들은 개인의 삶과 경험에 대해 집단보다는 관심을 덜 가진다.

그 결과는 다음과 같다. 모든 고고학적 발굴은 처음에는 작은 규모의 사건에서 기인한 결과를 드러내지만, 많은 고고학자들은 이 자료를 가지고 더 큰 규모의 과정에 대해 말하려고 한다. 물론 우리들이 이런 성향을 자발적으로 발전시키지는 않았다. 이런 성향이 어떻게 발생했는지 설명하려면 내가 1장에서 했던 것과 마찬가지로 북미에서 고고학 분야가 어떻게 이루어져 왔는지 그 역사에 대해 심도 있게 생각해야만 한다.

만약 루이스 빈포드가 프랑스어 읽기를 즐겼더라면 많은 것들이 달라졌을 것이다. 왜냐하면 신고고학자들이 모든 것을 하나로 요약해 주는 일반화_{generalization}가 필요하다며 실험실에서 가운 입고 열심히 뭔가 하는 동안, 미셸 푸코 같은 철학자들은 그 반대를 외쳤기 때문이다. 푸코에 따르면 보편적 진리_{universal truths}라는 것은 존재하지 않고, 이런 걸 찾는 것은 환상이며, 텍스트_{아니면} 유물를 해독하는 것은 국지적_{局地的, local} 지식을 요구한다. 같은 시기에 **클리퍼드 기어츠**_{Clifford Geertz}[3]도 이런 생각의 일부를 민족지학에 적용하였다. 그 결과 소위 "**심층기술**_{thick description}"이라 불리는 방법이 등장했다. 이것은 개인들이 실현하는 작은 규모의 행위들을 면밀하게 해석하는 것을 강조한다.

지금까지 언급한 것들이 고고 전기를 쓰는 방법처럼 들리기 시작하는

가? 만약 그렇다면 그대는 제대로 파악하고 있는 거다.

고고학에서의 전기와 고고학

북미 고고학 가장 초창기의 업적 일부는 내가 고고 전기라고 부를 수 있는 연구의 효시라고 볼 수 있다. 제임스 홀James Hall[4]은 메이플라워호 출신 청교도 정착민 중 한 사람인 마일스 스탠디쉬Myles Standish[5]의 매사추세츠주 저택을 1853년에 발굴했다. 이후 1880년에는 캘리포니아 새크라멘토시의 시민들이 허물어져 가는 존 서터[6] 요새Jonh Sutter's fort를 보전하고 더 이상 남겨지지 않을 일부 구역을 발굴하기도 하였다. 제임스 홀은 발군의 업적을 남긴 그의 조상을 추모하고자 했으며, 새크라멘토의 유력 인사들은 그들만의 지난 50여 년 역사를 되짚어 보려는 목적이 있었다.

물론 과거인들이 "얼굴 없는 불특정다수/듣보들(?)faceless blobs"이 되어 버릴 것을 방지하기 위해 일부러 저명인사로 떠받들 필요는 없다. 이 듣보들은 집단으로 모여 있다는 것을 제외하면 고고학자들의 관심을 도저히 끌지 못한다. 고고 전기란 우리들 입장에서 마치 전임자前任者, predecessor 같은 사람들이 망각 속으로 사라지는 것을 방지하기 위해, 일개 개인이 구성원으로 자리 잡고 있는 과거에 새롭게 천착하는 것이다. 이러한 개인들의 삶은 그들 삶의 역정歷程, life course을 거치며 구조화되는 동시에 예측 가능하고유년기, 사춘기, 성숙기 등을 겪듯이, 역사적 우연의 변화무쌍함vagaries 및 개인의 **작주성**에 좌우되는 방식의 변화를 겪는다. 과거인들 대부분은 주로 가족과 가구 규모로 생활하기 때문에, 그들이 살던 당시의 역사와 문화도 그러한 규모로 연구하는 것이 적절하다. 그리고 가족/가구 규모로 접근하면 고고학으로 젠더를 탐구하는 것도 가능하다. 왜냐하면 남성과 여성의 관계는 흔히 가구 수

얼굴 없는 듣보들. 과거의 사람들에 대해 그대는 이렇게 생각하는가? 아주 오래전에 살았고 표면적으로 우리와 몹시 다른 삶을 살았던 사람들을 개개인으로 인식하기는 어렵다. 그래서 고고학도 그런 방식으로 함께 진행된다. 루스 트링엄에게 감사하고 피터르 브뤼헐Pieter Bruegel the elder[7]에게는 양해를 구한다.

준에서 이루어지기 때문이다.

고고 전기는 특별한 시·공간 상황에서 역사적·문화적으로 중요한 과정이 개인에게 미친 영향을 밝히려고 노력한다. 그리고 이러한 영향이 우리가 다루는 유물의 주인인 특정 인물의 삶에 어떻게 작용했는지 보여 주려고 한다.

고고 전기의 사례[*]

다른 고고학자들과 마찬가지로 앤 옌치Anne Yentsch[8]는 캘버트Calvert 유적[9]을 스스로 택한 게 아니라 오히려 유적이 그녀를 선택한 것이었다. 아니면 모종의 상황 때문에 캘버트 유적이 그녀를 위해서 선택된 것일 수도 있다. 옌치와 그녀의 동료들이 처음 조사를 하던 당시, 그 유적은 개발 계획으로 훼손될 처지였다. 아이러니하게도 유적을 파괴하려는 바로 그 영향력 때문에 그녀는 유적에 관심을 가지게 되었고, 결국 발굴 기회까지 주어졌다.

"믿을 수 없을 정도로 풍요로운rich 유적입니다"라고 옌치가 말한다. 이건 말 그대로 의미심장한 구절인데, 옌치는 "풍요롭다"라는 단어를 단지 유물이나 유구가 많고 잘 보전되었다는 의미에서만 쓰지는 않았다. 여기서 "풍요롭다"는 의미는 이 유적을 해석함으로써 고고학자들이 상상하는 지평을 확대시켜 주는 것까지를 포함한다. 앞서 말한 옌치의 진술은 그녀가 이 유적에서 시도한 기발한 고고학적 접근 방법을 암시한다. 사실 내가 너무 앞질러 말하는 것일 수도 있다.

문제의그리고 곧 불도저로 밀어 버릴 위험에 처한 장소는 캘버트Calvert 가문의 저택이다. 집을 지은 후 300년 동안 캘버트 가문이 소유하던 장원莊園, estate 영지 주변에는 메릴랜드주의 아나폴리스Annapolis라는 마을이 만들어졌다. 영지의 대부분은 그러한 과정에서 오랫동안 잘게 분할되거나 아니면 매각되어 왔다. 이런 준전원semi-rural 복합 단지는 지금의 도심 지역에 위치한다. 캘버트 가문이 1727년 도착하기 전에도 다른 정착민들이 이곳을 점거하고 거주한 적은 있다. 하지만 여기서 발견되는 유적들은 대부분 캘버트 가문의 행적만 반영한다. 옌치는 이 장소를 집성촌, 즉 가족 공동 거주 구역family compound

....

[*] Anne Yentsch, *A Chesapeake Family and Their Slaves* (1994).

으로 보았다. 이곳은 캘버트 가문의 3대 가족들을 수용하였고 다양한 친척들과 기타 식솔들까지도 포함하였다. 또한 이 곳은 동아프리카 출신 노예들과 그들의 자녀들이 함께 거주하는 집이기도 하였다.

　　캘버트 가문은 식민지 시절의 미국에서 쉽게 접할 수 있는 세습 귀족에 가까웠다. 이 가문은 17세기에서 18세기까지 5대에 걸쳐 메릴랜드 지역의 총독governor을 역임하였다. 그들은 부유한 담배 농장주였고 영국식 작위 호칭을 사용하였다. 이 지역에서 이루어진 고고학은 1727년부터 1734년까지 거주하였던 찰스 캘버트 사령관Captain Charles Calvert[10]과, 1748년부터 1788년까지 있었던 베네딕트Benedict[11] 및 리베카 캘버트Rebecca Calvert의 삶을 주로 다루고 있다.

　　고고학자들은 건물을 활발하게 세우는 사람들을 좋아하고, 마찬가지로 자신들의 일상생활 증거를 풍부하게 남길 만큼 주변이 지저분한 사람들도 좋아한다. 다행히도 캘버트 사령관 나으리는 옌치에게 그 두 조건을 모두 만족시켜 주었다. 옌치는 "영국남자들은 어느 정도 허세를 떠는 것만으로 사회적 지위를 성취할 수 있다"라고 글을 남겼다. 캘버트 사령관은 옌치가 적은 이러한 문구에 딱 맞는 사례였다. 그는 짧은 재임 기간 동안 자신의 저택 주위에 여러 개의 부속 건물을 건설했다는 고고학적 증거를 남겼다. 여기에는 제대로 시설을 갖춘 정원과 정교한 온돌 형식의 난방 구조를 갖춘 열대 나무 온실orangery도 포함되었다. 캘버트 가문 사람들과 같은 시기에 고전 교육을 받은classically educated 당시 영국 상류층들은 이러한 온실의 구조와 고대 로마 귀족들이 목욕할 때 사용하던 온돌식 난방hypocaust이 비슷하다는 점을 결코 잊지 않았을 것이다. 메릴랜드 지역의 총독으로서 캘버트 사령관은 자신의 정적들보다 우위를 점하는 지위를 지속적으로 확보해야만 했다. 그래서 이렇게 집안 시설을 개선하는 행위는 시설 자체의 실용적인 면모만큼이나 방문객들에게 깊은 인상을 주려고 하는 상징적 구조물이기

두 소년의 초상화. 존 헤셀리우스John Hesselius[12]가 그린 찰스 캘버트와 이름 없는 흑인 노예(1761). 피부색은 상대적으로 거의 드러나지 않지만 둘 중 누가 어린 소공자이고 누가 하인인지 알아채는 건 어렵지 않다. 현대에 이 그림을 보는 사람들은 흑인 소년의 이름이 무엇이고 그의 개인사는 어땠을지 궁금해 할 것이다. 18세기 백인들에게 그는 단지 보조도구prop에 불과했다.

도 하다.

엔치는 고고학, 사료, 미술품, 민족지들을 능수능란하게 다루어 나갔다. 그녀는 사학자일까 인류학자일까 아니면 전기 작가일까? 아마도 그녀는 인문학자로서, 리베카 캘버트의 어린 시절 초상화와 유적 내에서 발견된 'B'라는 문자가 새겨진 나무토막을 나란하게 놓고 탐구하는 데서 즐거움을 느끼는 사람일 것이다. 그 외에도 그녀는 캘버트 가문 유언장의 유증품 항목probates, 소유주가 사망 후 따로 작성된 물건 항목들 두 개를 그 지역의 다른 유증품 항목들과 비교했다. 이 작업을 통해, 당시 캘버트 가문은 적어도 발달된 근대적 가재도구를예를 들면 현재 쓰는 것과 같은 양식의 포크와 매트리스 등을 소유했다는 점에서 아나폴리스 사회의 최고 정점에 있던 집단임을 밝혀낸다. "손님 접대용

주안상hospitable drinking"이라는 사회 의례는 캘버트 가문의 고고학 유물에서도 잘 드러나고 있다. 같은 시기의 다른 유적들과 달리 캘버트 가문 지역에서는 소중하고 값비싼 중국제 도자기로 만든 식기들이 훨씬 많이 발견되었다. 그대는 캘버트 사령관께서 이런 컵과 접시를 소도구로 활용해 지역 유지들에게 어떤 인상을 주었는지 쉽게 상상할 수 있을 거다.

사령관의 딸인 리베카는 그녀의 사촌인 베네딕트 캘버트Benedict Calvert와 결혼하였지만[13] 영국 왕당파 귀족으로서 캘버트 가문의 영향력은 메릴랜드 내에서 점차 수그러들었다. 그들의 유물들도 이러한 변화상을 뚜렷하게 반영한다. 고고학 조사 결과에 따르면 베네딕트는 전형적인 영국식 미학에 기반한 정원을 마구간stable과 훈증막smokehouse이 있는 작업용 뜰로 개조하였다. 테라스는 땅속에 파묻혔고 열대 나무 온실은 철거되었다. 옌치가 말한 바에 따르면, 캘버트 가문의 장원은 이전처럼 지역적 관습 및 미적 가치들을 선구적으로 이끌어 나가기보다는 바야흐로 그것들과 타협하기 시작하면서, 전반적 경관landscape이 종래의 메릴랜드 모습처럼 쇠락하기 시작하였다.

요약

몇몇 학자들은 작은 규모의 것들집, 어린이, 개인의 삶 등에 대해 생각하는 것은 장기적 흥행Long Run 안목에서 별로 대단하지 않으며 걸작 영화Big Picture를 찍어 내는 것과는 무관하다고 본다.[14] 사학자인 **페르낭 브로델**Fernand Braudel[15]은 이 정도 수준의 관찰은 단지 역사적 과정에서 "파도 위의 포말泡沫, foam on the wave"에 불과하다는 유명한 말을 남겼다. 이에 대해 내가 하고 싶은 말은 다음과 같다. 종種, species이란개별적인 주인공으로서의 인간이란 큰 그림에서나다른 말로 '걸작 영화에서나' 볼 수 있다. 그 이유는, 케인스John Marynard Keynes[16]의 말을 인용한다면, "장기간의 시간이 흐르면다른 말로 '흥행이 끝나면' 어차피 우린 모두 다 죽기" 때문이다.

체서피크Chesapeake만 일대에 거주하던 캘버트 가문의 모습을 생생하게 그려 낸 앤 옌치의 초상화는 소규모와 대규모 사이의 간극을 훌륭하게 연결해 준다. 하지만 주류 고고학자들 중 많은 이들은 개인이나 가정의 삶에 특화된 연구에 거의 시간을 투자하지 않는다. 이것은 인류학이 집단에만 관심을 가지기 때문이기도 하며, 또 한편으로는 고고학자들이 과거인의 삶을 다루면서 '우리와 같은our' 사람들의 손을 탄 대상물들을 다시 만지면서 드러나는 감정emotions들과 타협하지 않기 때문이다.[17]

이걸 한번 생각해 보자. 우리의 앞 세대 고고학자들 다수는, 빅토리아 시기의 안락한 응접실parlor에다 잘 모셔 놓고 전시하거나 아니면 탐닉하듯이 들여다볼pore over 잘 빠진nifty 유물 정도를 찾아 헤매던 골동가骨董家, antiquarian였다. 그들에게 가장 중요한 것은 물건의 미적이고 이국적인 특성 그 자체였다. 임자 없는 석촉이나 몇 점 가져가는 쓰리꾼(?)부터 전문적인 보물 사냥꾼에 이르기까지 근대의 유물 수집가들은 비슷한 목표가 있었다. 고고학자들은 이런 부류의 인간들과는 다르게 인식되기를 간절히 원한다. 학문으로서의 고고학은 우리가 확실히 아름답다고 느끼는 유물들이 분명히 있다고 인정하기는 한다. 하지만 고고학자들은 이런 대상물에 감정적으로 반응하고 이 대상물을 인간으로서의 과거 주인과 연결시키면서도 사회과학자로서의 역할을 거부하지는 않는다.

1   **이보 노엘 흄**Ivor Noël Hume(1927-2017)은 영국 출신의 미국 역사고고학자이다. 제2차 세계대전 참전 후 본격적으로 현장 고고학자의 길을 걷고 미국 동부 윌리엄스버그 Williamsburg 지역의 고고학 조사를 중심으로 활동해 왔다. 콜럼버스의 신대륙 발견 이후를 본격적으로 다루는 역사고고학의 학문적 기틀을 다졌기 때문에 '역사고고 학의 아버지'로 불리고 있다.

2   **스티븐 킹**Stephen King(1947-)은 미국의 작가로, 주요 장르는 공포, 서스펜스, 판타지, SF이다. 메인 대학University of Maine에서 영문학을 전공하고 본격적으로 작가로서 의 삶을 살아왔다. 현재까지 약 60여 편의 소설과 200여 편의 단편을 저술하였다. 국내에 출간된 그의 대표작은 다음과 같다.
스티븐 킹(조재형 옮김). 2004. 『미저리』. 황금가지.
스티븐 킹(이나경 옮김). 2014. 『샤이닝 (상), (하)』. 황금가지.
스티븐 킹(이은선 옮김). 2020. 『욕망을 파는 집 1, 2』. 엘릭시르.

3   **클리퍼드 기어츠**Clifford Geertz(1926-2006)는 미국의 인류학자로, 제2차 세계대전에 참 전한 후 철학을 전공하여 안티옥 대학Antioch College을 졸업하고 하버드 대학에서 박사학위를 받았다. 인도네시아의 자바섬에서 현지조사를 하였으며, 그 경험을 기 반으로 하여 상징 및 해석인류학의 틀을 세웠다. 시카고 대학에서 가르치다가 프 린스턴 대학의 고등연구소Institute of Advanced Study로 1970년에 옮겼다. 금세기 최고 의 인류학자라는 찬사를 받았으며, 한국에 소개된 저서는 다음과 같다.
클리퍼드 기어츠(문옥표 옮김). 2004. 『문화의 해석』. 까치.
클리퍼드 기어츠(김병화 옮김). 2014. 『저자로서의 인류학자』. 문학동네.

4   **제임스 홀**James Hall(1809-1869)은 19세기에 미국 보스턴 지역에서 활동한 금속 공예가 로서, 자신의 조상뻘 되는 마일스 스탠디쉬의 저택을 당시 기준에 상당히 체계적 인 수준으로 발굴하였다. 현재 그가 발굴한 유물들은 플리머스Plymouth시의 필그림 홀 박물관Pilgrim Hall Museum에 소장 중이다.

5   **마일스 스탠디쉬**Myles Standish(1584-1656)는 영국의 육군 장교로, 영국의 플리머스 식 민지Plymouth Colony, 현재 매사추세츠주의 군사고문관으로 종사하였다. 메이플라워호를 타고 북미로 건너간 필그림Pilgrim 청교도와 함께 동승하였고 식민지 초창기에 북

미 원주민들과 몇 차례 전투를 벌이며 대립하기도 하였다.

6 **존 서터**John Sutter(1803-1880)는 스위스 태생의 미국/멕시코 주재 사업가로, 현재의 캘리포니아 북부 지역에 자신의 이름을 딴 요새를 건설하였고 금광 개발 및 수력을 이용한 제분업에 종사하였다. 당시 캘리포니아 북부에 거주하던 원주민인 마이두Maidu족과 친분을 유지하면서 그들을 농장 노동자 및 계약 노예로 고용하였다. 그가 활동하던 지역은 현재 새크라멘토시가 되었다.

7 **피터르 브뤼헐**Pieter Bruegel(1525-1569)은 네덜란드 출신 북구 르네상스 시기의 화가이다. 안트베르펜Antwerp을 중심으로 활동하였고 주로 당시 플랑드르 지역의 농민들peasants을 주로 묘사했다. 책 본문의 그림은 그가 그린 그림에서 얼굴 부분을 삭제한 것이다. 그의 아들Pieter Brueghel(1564-1638)도 같은 이름의 화가였기 때문에 스스로 이름의 성에서 'h'를 삭제하고 활동하였다.

8 본명은 **앤 엘리자베스 옌치**Anne Elizabeth Yentsch로, 미국의 여성 역사고고학자이다. 본문에서 소개된 캘버트 가문의 연구를 포함하여 다양한 시대에 걸쳐 젠더 및 인종에 치우치지 않은 균형된 시각의 성과물을 내고 있다.

9 미국 동부 메릴랜드주의 체사피크만Chesapeake Bay에 위치한 소읍으로서, 이 지역의 대대적인 토호이자 메릴랜드 총독이었던 캘버트 가문의 이름에서 따 왔다.

10 **찰스 캘버트**Charles Calvert(1688-1734) 사령관은 14대 메릴랜드 총독14th Proprietary Governor of Maryland으로, 1688년 명예혁명The Glorious Revolution을 통해 빼앗긴 메릴랜드 운영권을 자신의 가문으로 되찾아 와서 죽기 전까지 메릴랜드에 머물렀다. 계급인 'captain'은 당시 영국 육군의 직책으로 지금의 '대위'나 해군의 '대령'보다는 훨씬 높은 야전사령관에 가깝다.

11 **베네딕트 캘버트**Benedict Swingate Calvert(1711-1788)는 찰스 캘버트 사령관의 조카로서, 메릴랜드 총독을 역임하였다. 그의 아버지인 또 다른 찰스 캘버트는 영국의 정치가이자 남작이었다. 그는 합법적 결혼 관계에서 태어나지 않았기 때문에 아버지의 작위를 물려받을 수 없었고, 대신 적자인 이복동생 프레드릭 캘버트Frederick Calvert(1731-1771)에게 작위가 세습되었다. 1776년 미국의 독립선언 이전까지 메릴랜드주에서 부와 명예를 축적해 왔고 독립전쟁 당시에는 왕당파The Loyalist 대신 미국 측 독립군The Continental Army들을 지원하고 안전을 보장받아 왔다. 그 전에 자신의 둘째 딸과 조지 워싱턴의 양자 사이에는 혼인 동맹이 맺어진 상태였다. 전쟁 후에는 재산과 지위가 압류되지 않고 보전되었으며 세 배의 세금만 부과되었고 워싱턴

과의 친교도 지속되었다.

12 **존 헤셀리우스**John Hesselius(1728-1778)는 18세기 미국의 버지니아와 메릴랜드 일대에서 활동하던 초상화가이다. 스웨덴 출신의 아버지인 구스타부스 헤셀리우스Gustavus Hesselius(1682-1755)의 가업을 물려 받아서 부유한 정치가와 법률인, 영국 출신 귀족들의 초상화를 주로 남겼다.

13 이 부분은 저자인 프랫첼리스가 잘못 이해하고 있는 사실로, 찰스 캘버트 사령관은 메릴랜드 호족 출신인 리베카 제라드Rebecca Gerard(1708-1735)와 결혼하였고, 그의 딸인 엘리자베스 캘버트Elizabeth Calvert(1731-1788)를 조카인 베네딕트 캘버트에게 시집보냈다. 또 다른 리베카 캘버트Rebecca Calvert(1749-?)는 베네딕트와 엘리자베스 사이에서 태어난 첫째 딸이다.

14 잘나가는 고고학자가 되려면 사소한 대상물에 집중할 필요가 없다고 생각하는 것을 할리우드에서 영화 찍는 것에 비유하고 있다. 결국 순수 학술적인 목적보다는 유명해지고 자주 인용되는 스타 고고학자가 되는 데에만 신경 쓰는 현재 고고학계의 세태를 스타 시스템으로 점철된 영화판과 마찬가지라고 비꼬고 있다.

15 **페르낭 브로델**Fernand Braudel(1902-1985)은 프랑스의 사학자로서 아날Annales학파의 창시자로 잘 알려져 있다. 파리 소르본 대학을 졸업하고 고등연구원에서 가르치다가 제2차 세계대전에 참전해서 독일 뤼벡Lübeck에서 포로로 지냈다. 포로수용소에서 기억에 의존해 논문을 작성하였고 종전 후에 소르본 대학에서 박사학위를 받은 후 다시 고등 연구원으로 돌아왔다. 1949년부터 콜레주드프랑스에서 교수로 재직하였고 1984년부터 프랑스 학술원L'Academie Française 정회원으로 종사하였다. 그의 대표 저술 중 국내에 출간된 사례는 다음과 같다.

페르낭 브로델(김홍식 옮김). 2012. 『물질문명과 자본주의 읽기』. 갈라파고스.

페르낭 브로델(주경철, 남종국, 임승휘 옮김). 2017. 『지중해 1, 2, 3』. 까치.

16 **존 메이너드 케인스**John Maynard Keynes(1883-1946)는 영국의 경제학자로, 카를 마르크스가 사망한 해에 케임브리지Cambridge에서 태어났다. 케임브리지 대학에서 수학을 전공하였고 대학원에서 미시경제학의 창시자인 알프레드 마셜Alfred Marshall(1842-1924)에게 배웠다. 제1차 세계대전과 제2차 세계대전을 모두 겪으면서 영국 재무성에서 근무하였고 금본위의 브레튼우즈Bretton Woods 체제를 만들기도 하였다. 기존의 경제학에서 의심 없이 받아들였던, 애덤 스미스Adam Smith(1723-1790)의 '보이지 않는 손Invisible Hand'이 전능하다는 가정을 극복하고 자유방임주의의 한

계를 지적하면서 국가 경제에 본격적으로 정부가 개입하고 꾸준한 보완 정책을 마련하는 것이 필요하다고 주장하였다. 그리고 이를 통하여 자본주의 체제의 문제점은 제도적으로 해결 가능하다는 것을 입증하였다. 거시경제학이라는 개념을 최초로 경제학 분야에 도입하였으며, 경제학의 신고전주의 학파를 이루었다. 국내에 소개된 저서는 다음과 같다.

존 메이너드 케인스(이주명 옮김). 2010.『고용 이자 화폐의 일반이론』. 필맥.

존 메이너드 케인스(정명진 옮김). 2016.『평화의 경제적 결과』. 부글북스.

존 메이너드 케인스(정명진 옮김). 2017.『설득의 에세이』. 부글북스.

17 이것은 탈과정고고학에서 가장 급진적인 부분 중 하나에 해당하는 '감정이입'의 고고학을 말한다. 과거인들이 당시 체험했던 감정emotion과 흡사한 느낌feeling 및 분위기atmosphere, 혹은 아우라aura도 에믹emic적 관점에서 복원 및 탐구가 가능하다는 주장이다. 보다 상세한 내용은 다음 장인 12장 '현상학phenomenology' 분야에서 다룬다.

⟁ 토론거리

1 왜 고고 전기 작가biographers들은 그렇게 맥락을 강조하는가? 문서로 기록된 것 없이도 고고 전기를 쓸 수 있을까? 그대는 선사시대의 사람/가족에 대해서도 이렇게 써낼 수 있을까?

2 그대는 과거 사람들이 과연 어느만큼 "얼굴 없는 듣보들"이라고 보는가? 우리 자신의 감정과 동기를 알려지지 않은 과거로 이입移入, project하지 않고서는 이렇게 생각하는 것이 불가피하지는 않을까?

3 고고 전기는 과거의 젠더, 계급, 사회적 역할에 대해 어떠한 견해들을 제공할까?

4 과정고고학자들은 고고 전기에 대해 어떻게 생각할까? 우리는 이 방법으로부터 일반적인 문화/역사 과정에 관하여 뭔가를 배울 수 있는가? 아니면 단지 과거의 개개인을 찬미하는 것으로 끝나고 말 건가?

5 고고 전기에 고유하게 담겨 있는 개개인의 작주성과 낭만적인 세부 정보를 중요시한다면, 사회구조의 역할을 과소평가하게 되지 않을까?

6 고고 전기는 역사적 특수주의historical particularism 혹은 기어츠의 심층기술과 흡사한 것인가?

⚉ 더 읽을거리

Braudel, Fernand
 1995 *A History of Civilizations*. Translated by Richard Mayne. Penguin Books, Harmondsworth, UK.

Flannery, Kent
 1973 Archaeology with a Capital S. In Charles Redmond (Ed.), *Research and Theory in Current Archaeology* (pp.47-53). Wiley-Interscience, New York.

Geertz, Clifford
 1975 *The Interpretation of Culture*. Basic Books, New York.

Keynes, J. Maynard
 2007 *The General Theory of Employment*, Interest, and Money. Palgrave MacMillan, London.

Noel Hume, Ivor
 2010 *A Passion for the Past: The Odyssey of a Transatlantic Archaeologist*. University of Virginia Press, Charlottesville.

White, Carolyn (Ed.)
 2009 *The Materiality of Individuality: Archaeological Studies of Individual Lives*. Springer Press, New York.

Yentsch, Anne
 1994 *A Chesapeake Family and Their Slaves*. Cambridge University Press, Cambridge, UK.

현상학

우리는 지성을 통해서가 아니라
경험을 통해서 배운다.

— 모리스 메를로퐁티_{Maurice Merleau-Ponty}[1]

현상학이란 무엇인가?

현상학_{phenomenology}은 인간이 주관적으로 겪는 경험을 연구하는 분야이다. 그리고 현상학의 목표는 세상을 다른 사람들과 마찬가지 방식으로 깨닫는 것이다. 고고학에서는, 지금은 아무도 없는 곳이지만 과거인들이 살던 유적을 그들이 감각을 통해 어떻게 느꼈는지 밝히기 위해 현상학을 채용한다. 누군가가 정말 진지하게 이미 오래전에 죽은 사람의 머릿속으로 들어가려 한다면, 대부분의 사람들은 자아망상에 걸린 괴팍함의 극치라고 여길 것이다. 그러나 꾹 참고 견디자. 거기에는 그럴 만한 이유가 무지하게 많다.

17세기 유럽의 철학자인 르네 데카르트_{René Descartes}[2]는 사고와 행위의 우리가 생각하는 것과 우리가 하는 것 사이의 관계를 밝히기 위해 노력하였다. 그에 따르면, 우리는 정신과 육체를 같이 보유하고 있다. 감정, 신념, 가치관 등은 정신의 산물이며 물질로 실존하지 않는다. 그다음에 실제 공간을 차지하는 사물의 세계가 있다. 사물은 그대의 신체처럼 질량, 무게, 색깔이 있고 뜨겁거나 차가울 수도 있다.

사물의 세계에서 발생하는 사건은 물질적 반응을 이끌어 내고 이것은 신체가 어떤 행동을 취하도록 지시를 내린다. 그대가 바삭바삭한 양파링한 접시를 봤다고 하자. 그걸 먹고 싶다. 그대의 정신은 그걸 하나 집어 먹으라고 지시를 내린다. 그대의 손이 접시로 이동해서 한 개를 집어 든다. 데카르트는 바로 그런 게 정신이 신체를 지배하는 방식이라고 결론 내렸다. 짜잔! 이 견해는 말이 되는 것처럼 보이고 모든 것들을 나름 간편하게 설명해 준다. 데카르트를 좋게 보는 철학자스러운 감정은 여기서 일단 신경 쓰지 말도록 하자.

그렇지만 그게 그 정도로 단순한 문제였다면 내가 이 책을 쓰고 있지는 않을 거다. 데카르트의 모델에 모든 사람들이 만족하지는 않았다. 1940년대로 후딱 이동해 보자. 모리스 메를로퐁티Maurice Merleau-Ponty는 정신이라는 것이 단지 감각양파링의 냄새을 통해 전달되는 날것 그대로의 정보에 영향을 받지는 않는다고 지적한다. 데카르트가 생각했던 것과는 달리 사람들은 사물을 직접 경험하지 않는다. 그들은 자신들의 문화 및 자신들에 대한 자각, 그리고 세상에 대한 자신들의 경험이 만들어 내는 한 다발의 필터를 거치면서 경험한다.

피에르 부르디외Pierre Bourdieu[3]는 이런 문화적 필터와 경험의 복합체를 "**아비투스**habitus"라고 불렀다. 이 단어는 마치 '습관habit'의 영어 단어와 비슷하게 들리는데, 그렇게 들리는 것도 당연하다. 아비투스는 사람들의 평범한 일과 속에서 치러지는 모든 일상routine과 함께, 그들이 살고 있는 사회의 기준 및 공유되는 신념인류학자들이 '문화'라고 부르던 것들로 구성되어 있다. 사실 문화란 이렇게 하찮아 보이는 삶의 일상들을 통하여 마치 제2의 천성처럼 모든 것들이 무의식중에 자신에게 고착될 때까지 전수된다. 우리는 누군가의 사회적 지위가 무엇인지 굳이 듣지 않더라도 그 사람이 뭐 하는 사람인지 인식할 수 있다. 우리는 우리와 그들과의 관계를 알고 있으며, 그것이 적절한 행동을 어떻게 이끌어 내는지도 알고 있다. 그리고 우리는 그런 지식을 따른다. '굳이 말할 필요도 없다go without saying'는 이유로 어느 누구도 말하지 않지만 어느 누구든지 다 알고 있다. 마치 집에서 가장 가까운 우체국에 도달하는 방법처럼 자명한 셈이다. 아비투스는 문화적 관습으로 점철된 일상생활 내에서 우리의 행동과 지각知覺, perception을 연결해 주기 때문에 나름 쓸 만한 개념이기는 하다.

앞에서 현상학자들은 사람들이 자신의 신체를 통해 어떻게 삶을 경험하는지 표현하려 한다고 말한 바 있다. 메를로퐁티가 지적했듯이, 체화體化, embody된 경험은 단지 감각기관을 통한 입력에 합리적으로 반응하는 것과는 관계가 없다. 사람들은 감각기관으로 입력된 정보를 아비투스의 영향을 받는 렌즈lenses를 통해 처리하고, 그걸 통해서 자신의 주변을 경험한다. 평범한 오솔길을 따라 걷다 보면 과거 그곳에서 무슨 일이 발생했는지, 즉 과거 인들이 무슨 사건을 겪었는지 문득 떠오를 수도 있다. 또한 조만간 무슨 일이 일어날지 기대하다 보면 우리의 행동과 신체 반응에도 영향을 미친다. 만약 내가 똑같은 길을 반복해서 걷다 보면 나는 습관으로 굳어진habituated 자기강화적self-reinforcing[4] 반응에 빠질 수도 있다.

물론 특정인의 개별적 체험lived experience[5]은 당사자가 성인 여성이라든 가 아니면 장애가 있는 남성같이 개개인의 처지에 따라 다르다. 그럼에도 불구하고 어느 누군가에게 경험이 있다는 사실은 그가 엄연한 육체를 가지고 살면서 아비투스의 영향을 받아 반응한 결과라 볼 수 있다. 이 생각은 과거인들이 그들 세계를 어떻게 체험했는지 이해하는 데 중추적인 개념이기도 하다.

현상학과 고고학

고고학은 인간과 그들이 남긴 유물 간의 관계를 밝히는 분야이다. 현상학은 살면서 직접 겪은 체험lived experience이나 관계가 실제 발생한 장소에서 활용된다. 현상학적 접근을 구사하는 고고학의 대부분은 과거인들이 거대한 유물들을 어떻게 경험했는지 밝혀내기 위해 문화적으로 형성된다른 말로 인간이 인공적으로 구현해 낸 경관景觀, landscape의 규모에서 이루어진다. 초창기 몇몇 현상학적 연구들은 유럽 신석기시대의 거대한 암석 및 흙으로 이루어진 기념물혹시 스톤헨지라고 들어는 봤어?을 통해서 진행되었다.

　　이렇게 감탄을 자아내는 5,000년 이상 된 건조물들이 1980년대에 고고학과 현상학의 융복합 연구가 시작된 잉글랜드 남부 옥스퍼드 대학University of Oxford에서 얼마 떨어지지 않은 곳에 위치한다는 것은 우연이 아닐 게다. 감정이 나무토막 같은 사람만 아니라면 이 건조물들은 바라보는 모든 이에게 충격적 감흥을 안겨 준다. 그리고 이 분야의 선구자인 크리스 틸리Chris Tilley[6]에게도 '객관적으로 측정 가능한 특성에만 집중하는 과학적 기술記述, description이 뭔가를 놓치고 있다'고 느끼도록 심각한 자극을 주었을 게 분명하다. 대신에 그는, "신석기시대 사람들이 이러한 거석 기념물을 어떻게 '느꼈는지' 생각해 보는 게 좋지 않을까?"라고 혼잣말을 해 댔다.

　　틸리와 그의 옥스퍼드 동료들은 과거에 메를로퐁티가 했던 것과 똑같은 방식을 취했다. 틸리가 지적한 바에 따르면, 고고학 같은 경험적 학문 분야는 구체적으로 측정 가능한 속성들이 감각적으로 체험하는 정보들보다 현실을 더 잘 반영한다고 상정하는 경향이 있다. 계량화할 수 있는 자료는 '딱딱hard'하지만 감각적인 정보는 '물렁물렁soft'하다. 그렇기 때문에 고고학자들은 보통 평면도와 단면도를 작성하고 대상물을 측정하고 그들을 비교하면서 경관을 연구해 왔다. 예를 들면 '이쪽 돌무지henge는 X 피트인데 저쪽 것은 Y 피트구만'이라고 기술하는 식이다. 이렇게 에틱etic[7]한 접근은 감정에 치우치지 않은 외부자의 시각을 취한다. 에틱한 접근은 과학적 방법의 기본적 요건이며, 실증 가능한 관찰 결과인 사실fact을 가지고 통제 가능한 비교를 하려고 한다.

그러나 현상학자들은 이즈음에서 잠시만 기다려 달라고 얘기한다. 이런 석조 기념물을 이용하고 체험한 과거인들에게는 경관 내에서 크기가 색깔이나 입지보다 더 중요한 특징이었다고 어디에 써 있기라도 한 건가?

이런 에믹emic스럽거나 내부자적인 접근은 현상학적 방법의 핵심이다. 각각의 유물들은 크기, 색상, 형태, 위치, 다른 유물과의 관계 등 여러 가

1916년 헤이우드 섬너Heywood Sumner[8]가 묘사한 스톤헨지

지 특성을 갖고 있다. 뉴질랜드 마오리족Maori은 "빨강red"을 의미하는 단어를 3,000여 개 정도메를로퐁티에 따르면 가지고 있다. 마오리족에게 어떤 대상물이 빨갛다는 것은 그들이 대상물의 범주를 분리해서 개별적으로 지각하는 게 아닌 걸로 볼 수 있다. 그들에겐 "빨갛게 피어난 꽃flower that happens to be red"이 아니라 "빨간꽃redflower"이다. '빨간꽃' 그 자체로 단일한 개념인 거다. 그래서 현상학적 접근은 신석기시대 경관의 속성을 직관적으로 이해하기 쉽도록 잘게 자르기보다는, 전체를 하나의 커다란 대상으로 이해한다. 이렇게 전체를 하나로 이해하는 관점은 아주 오래전에 그 석조물을 경험한 과거인과 비슷한 방식일 것이다.

이제 고고학자들은 과거인들이 그들의 세상을 어떻게 경험했는지 깨닫기 위해 시각 이외의 감각 작용을 진지하게 탐구하기 시작했다. 청각 고고학 분야의 선구자인 스티브 밀스Steve Mills[9]는 영국 콘월Cornwall시 교외의 폐광에서 과거에 무슨 사건이 일어났는지 밝히는 것은 물론, 광산 소음의 발원지를 파악하고 GISGeographic Information System 기법을 활용해 중세 이후 광산 지역의 경관을 지도로 복원하였다. 그는 19세기 영국의 기차역에도 이와 비슷한 방법을 적용하였다. 고고학자가 상상력을 풀어헤치면 과연 어디까지 갈 수 있는지를 잘 알 수 있다.

그러나 과거인들은 단지 경관을 경험만 한 게 아니라 그 안에서 뭔가를 수행하기도 했다. 사회인류학자 팀 잉골드Tim Ingold[10]는 사람들이 특정 장소에 붙인attach 의미가 평범하건 특별하건 거기서 벌이는 활동에서 비롯된다는 의미를 포착하기 위해 "작업경관作業景觀, taskscape"이라는 용어를 고안하였다. 작업경관이란 과거인들이 사회관계, 유물들넓은 의미에서의, 이데올로기 등을 구체적으로 실천한 시공간time and place의 장이다.

현상학과 그 밖의 고고학들의 관계는 메소드 연기Method Acting[11]의 발달 과정과 유사한 점이 있다. 그래 맞아, 연극할 때 하는 바로 그 연기! 19세기 후반까지 배우들은 연기법을 배웠다. 그들은 발성법, 기립법起立琺, how to stand, 그리고 평범한 감정을 단순한 몸짓으로 전달하는 법을 익혔다. 이런 기법들을 모으다 보면 어느새 저절로 연기가 되곤 했다. 그러던 중에 메소드 연기가 등장했다. 배우들은 자신이 맡은 배역에 공감하고 그들의 감정을 표현하기 위해 자신의 감각과 정서를 극 줄거리의 맥락을 따라 끌어내는 법을 배웠다. 현상학은 우리가 알고 있는 통상적 고고학과 마찬가지로 특정한 문제에 천착한다problem-oriented. 현상학의 독특함은 목적이 아니라 방법에 있다. 방법이란 참여자유적의 형성에 참여한 과거인들의 입장에 처하면서 감정이입을 이루는 것과 관련이 있다.

현상학적 고고학의 사례[*]

약 7,500년 전에 한 무리의 선구자들이 시칠리아Sicily를 떠났다. 그들은 지중해를 가로질러 남쪽으로 약 55마일약 89킬로미터을 항해해 나갔다. 마침내 몰타제도Maltese Islands에 도착해서 그곳에 정착했다. 시간이 흐르고 약 몇천 년 동안 몰타의 문화는 그들의 고향인 시칠리아나 이탈리아 남부와 흡사하게 전개되는 것으로 보였다. 그 후 지금부터 5,600년 전부터 몰타 사람들은 약 1,000년 동안 30여 개의 신전temple을 계속해서 짓기 시작했다.

　　신전을 건축한 가장 분명한 이유는 신을 영접하기 위함이지만, 종교란 현재와 마찬가지로 과거에도 사회에서 많은 역할을 담당했다. 크리스 틸리에 따르면, 몰타 사람들이 신전을 짓고 활용하는 것은 선조의 땅인 인근 육지로부터 자신들을 문화적으로 분리하는 한 방책이었다. 그리고 이것은 몰

....

[*]　Christopher Tilley, *The Materiality of Stone* (2004).

타인이라는 자신의 정체성을 적극적으로 발전시키고 유지하는 방식의 일부이기도 하였다. 존 롭John Robb[12]의 말을 그대로 옮기면, "몰타인들The Maltese은 단순히 섬에서 살기만 한 게 아니다. 그들은 스스로 섬을 만들어 세웠다".

핫자르 킴Hagar Qim, had-jar keem과 비슷하게 발음한다은 몰타 남부의 험준한 해안이 내려다보이는 언덕 꼭대기의 신전 건물군이다. 틸리는 이 신전을 "천당heavens 및 하늘과 바다 깊은 곳 사이에 균형 있게 자리 잡은 장소"라고 묘사한다. 이 신전은 건립 이후 약 1,000년에 걸쳐 광범위하게 재설계·재건축되었다. 미로처럼 복잡한 통로, 방, 벽감壁龕, side niche들이 빼곡하게 배치되다 보니 엄한 사람들이 길을 잃기도 하였다. 틸리는 이 신전이 농경, 출산 및 양육, 다양한 계급 및 신분제의 효시曉始, initiation, 죽은 사람을 모시는 것과 관련된 장소라고 생각했다. 그는 또한 신전을 복잡한 공연 장소로 여겼는데, 신전 의식에 참여한 사람들이 경험할 현상을 조작하기manipulate 위해 당시 종교 관계자사제라고 해 두자들이 감각sensory을 자극하는 환경을 창출해 냈다고 생각했다. 과거에 사제들이 마치 무대 연출하듯 만들어 놓은 신전 디자인과 그 효과를 실감나게 보여 주는 틸리의 연구는 몰입감을 선사함과 동시에 실제 현상학이 어떻게 이루어지는지 알려 주는 좋은 사례라고 볼 수 있다.

건축학적으로 평범하게 기술했다면 핫자르 킴 신전에 있는 각 방의 크기나 세세한 건설 방식만 알 수 있었을 거다. 하지만 틸리는 의식에 참여했던 당시 사람들처럼, 각 공간을 연속적으로 지나는 자신만의 이동 경로passage를 묘사하였다. 그는 공간을 마주칠 때마다 자신이 체험한 효과들을 상세히 설명한다. 벽에 뚫린 부분을 통해 절벽을 본다든가, 어떤 방에서 다른 방으로 가려면 기어가야 한다든가, 밖에서 볼 수는 있지만 안으로 들어갈 수는 없는 방이라든가, 성스러운 물건을 전달하는 구멍인 신탁혈神託穴, oracle hole 등이 바로 그 사례다.

틸리는 신전의 공간들을 몸소 체험했기 때문에, 신중하게 인위적으로 조작된 환경에서 그의 몸이그리고 좀 더 확장한다면 당시 예배에 참여한 사람들의 몸까지도 어떻게 반응하는지 묘사할 수 있었다.

신체 자세가 억지로 바뀌도록 강요하며똑바로 서든가, 구부정하든가, 엉금엉금 기든가... 공간의 규모가 변하고널찍하든 아니면 좁아 터지든... 빛의 효과가 바뀌고 냄새와 소리가 퍼지면서... 촉감이 남기는 인상부드럽든 아니면 거칠거칠하든... 착시효과가 생기도록 하는 원근법 조작거리 판단이 불가능한... 빛인공적인과 햇빛, 예술품과 장식으로 만들어지는 특수 시각 효과들.

이렇게 미로 같은 장소가 참여자의 경로를 헷갈리게 만드는 효과는 신전의 사제들이 다양한 방과 복도를 제멋대로 뚫거나 막아 놓으면서 더욱

몰타의 핫자르 킴에서 한 남자가 들어갈까 망설이며 벽의 구멍으로 신전 내부를 들여다보고 있다. 현상학자들은 신전의 통로와 큰 방hall을 상황에 맞추어서negotiating 통과하는 행위가 이 건물을 사용한 과거인들의 경험에 어떻게 영향을 미쳤는지 살펴보았다.

더 어리둥절한 수준으로 발전한다. 똑같이 생긴 공간이 두 번 나오는 등 이동 과정에서 깜짝 놀랄 일들은 끊임없이 발생했다. 이런 효과를 통해 당시 사제들은 핫자르 킴에서 치러진 의식에 참여한 사람들에게 기이하고extra-ordinary 초자연적인super-natural 현실로 진입하는 방식을 각인刻印, impress시켰다. 그리고 이런 조작 행위의 결과를 통해서 참여자들의 감정적 반응을 이끌어 냈다. 이렇게 독특한 의례 행위가 몰타인들에게만 허용되었다는 점은 그들이 한 민족people으로서의 정체성을 강화해 나가도록 했을 것이다.

요약

틸리는 사회과학자들이 자신의 연구에 대한 보고서를 쓸 때 일반적으로 하는 방식으로 묘사를 구성했다. 약간의 역사적 배경으로 시작해 자신의 생각을 기술하고 자료를 제시한 다음 결론에 도달하였다. 하지만 실제 그가 진행한 과정은 그렇게 선형적이지는 않다는 느낌이 든다. 현상학적 틀을 갖춘 마음가짐으로 신전에 기어들어 가는 것은내가 추측할 때, 그가 읽은 것들, 동료들과 함께 나눈 대화, 유적의 역사, 민족지, 고고학, 감각기관을 통한 경험들이 모두 연결되어 있다고 보았던 그의 상상력을 자극했을 것이다. 내가 이런 말을 하는 이유는, 실제 세상에서 이루어지는 고고학은 일부 **연역적**deductive이기도 하지만 다분히 **귀납적**inductive이기 때문이다.

현상학자들이 다루는 자료는 무엇으로 구성되어 있을까? 통상적인 고고학자들은 그들이 목도한 것의 사실 여부를 확인할 때 전혀 문제를 겪지 않는다. 예를 들어 어떤 발굴 현장에서 66개의 황색 그릇 조각이 2-143번 공반상황context에서 노출되었다면, 이걸 기록하고 그래프로 그리는 것은 쉬운 일이다. 그러나 환경을 지각하는 것은 현상학자들의 엄연한 몫임에도 불구하고, 문화적으로 고유한 그 뭔가가 있다는 점에서 어려움이 발생한다. 과거에는 어느 시점이나 상관없이 모든 집단이 필연적으로 어두움에 대해 무섭고 위험하다고 여겼을까? 그 반대로 어두운 동굴은 뭔가를 편안하게 숨기거나 안락하게 숨어 있을 장소라고 생각했을 수도 있다. 그렇다면 과연 여름에 야외조사를 하는 옥스퍼드 대학 출신 고고학 박사와 신석기시대 농민이 마찬가지 반응을 보였을 것이라 확신할 수 있을까?

나는 역사고고학에서도 괜찮은 현상학적 분석 사례를 찾아보려 했지만 아쉽게도 운이 닿지 않았다. 이건 아마도 역사고고학은 기록된 문서가 상대적으로 풍부하기 때문에, 가까운 과거의 사람들이 느꼈던 바를 이미 잘 알고 있다고 생각하기 때문일 수 있다. 틸리의 경우 역사고고학자들에 비해 이로운 점이 적어도 한 가지는 있다. 그건 바로 핫자르 킴 신전을 경험한 과거인들이 모두 죽었다는 점이다. 이 때문에 그가 내린 해석에 반박할 사람이 없고, 틸리의 생각에 흠집을 내는 데 쓸 수 있는 문헌 기록도 남아 있지 않다. 결국 현상학에 대해 많은 사람들이 품고 있는 문제는, 그 결과를 평가하는 방법을 과연 어떻게 알아내냐는 것이다. 우리는 정상과학이 타당한지의 여부를 판단할 때 관련 자료를 검토하고 그것이 어떻게 분석되었는지를 살핀다. 그러나 만약 두 사람이 똑같은 경관을 보고 전혀 다른 해석을 내린다면 과연 누구를 한 명만 택한다면 신뢰해야 하는지 결정하기 힘들 것이다. 통상적인 고고학에서도 마찬가지다. '엄연한hard' 자료가 뚜렷하게solid 드러나지 않는 분야에서는 이런 문제가 도대체 어느 정도로 심각할까?[13]

그건 그렇고, 이렇게 통상적이지 않은 방식으로 과거를 서술하는 것이 학술보다는 차라리 창작 행위에 가깝다고 매도한다면, 크리스 틸리 같은 사람은 억울하게 생각할 거다. 왜냐하면 그들은 평범한 방식으로 결론을 내진 않았지만, 적어도 결론에 어떻게 도달했는지는 확실하게 보여 주었기 때문이다.

옮긴이 주

1 **모리스 메를로퐁티**Maurice Merleau-Ponty(1908-1961)는 프랑스의 철학자로, 1930년 파리의 고등사범학교를 졸업하고 제2차 세계대전 때에는 레지스탕스로 참전하였다. 1952년에 콜레주드프랑스의 교수가 되었으며 현상학 및 실존주의에 기반을 두고 '지각' 및 '체험'의 본질을 탐구하였다. 국내 소개된 그의 대표적인 저서는 다음과 같다.

모리스 메를로퐁티(김웅권 옮김). 2008. 『행동의 구조』. 동문선.

모리스 메를로퐁티(김화자 옮김). 2021. 『간접적인 언어와 침묵의 목소리』. 책세상.

2 **르네 데카르트**René Descartes(1596-1650)는 프랑스의 철학자이자 수학자로, 근대철학에서 대륙의 합리론을 대표한다. 본래는 군인으로 30년전쟁 참전 당시 네덜란드에 거주하였으며 그곳에서 수학에 빠져든다. 연역법을 신뢰하고, 이러한 연역이 가능하도록 해 주는 의심할 수 없는 제1진리를 찾으려고 노력하였다. 그 결과 "나는 생각한다, 고로 나는 존재한다Cogito, ergo sum"라는 절대명제가 1637년 출간된 『방법서설Discours de la méthode』을 통해서 확립되었다. 국내에 소개된 저서 중 대표적인 사례는 다음과 같다.

르네 데카르트(양진호 옮김). 2018. 『성찰』. 책세상.

르네 데카르트(권혁 옮김). 2020. 『방법서설』. 돋을새김.

르네 데카르트(이현복 옮김). 2021. 『제일철학에 대한 성찰』. 문예출판사.

3 **피에르 부르디외**Pierre Bourdieu(1930-2002)는 프랑스의 사회학자이자 인류학자로서, 파리의 루이르그랑 고등학교Lycée Louis-le-Grand를 졸업하고 고등사범학교에 진학하여 가스통 바슐라르Gaston Bachelard(1884-1962)와 루이 알튀세르 등에게 수학하였다. 그 후 알제리에서 현지조사를 진행하고 1964년부터 파리 고등연구원에서 가르쳤다. 대표적인 저술은 다음과 같다.

피에르 부르디외·로익 바캉(이상길 옮김). 2015. 『성찰적 사회학으로의 초대』. 그린비.

피에르 부르디외(김현경 옮김). 2020. 『언어와 상징권력』. 나남.

피에르 부르디외(김문수 옮김). 2021. 『하이데거의 정치적 존재론』. 그린비.

4 심리학 용어로서 자아가 자발적으로 설정한 목표를 달성하였을 경우 스스로에게 보상을 줌으로써 차후 그 행동을 다시 할 가능성을 높이는 긍정적인 결과를 이끌

어 내는 행위이다. 긍정적인 환류작용positive feeback의 한 가지 사례로 받아들일 수 있고 그 자체가 환류 과정을 의미할 수도 있다.

5 질적 현상학qualitative phenomenology에서 특정인의 경험과 선택의 표출 및 그러한 경험과 선택에서 자신이 취하는 지식을 의미한다. 사회와 문화에 천착하거나 특정 사회의 언어나 소통에 천착하는 사람들을 대상으로 수행하는 질적 연구의 기본 범주로서, 넓은 의미의 현상학이 기본적인 연구 대상으로 삼는 주제이다.

6 본명은 **크리스토퍼 틸리**Christopher Tilley(1955-). 영국의 탈과정주의 고고학자로서 이안 호더에게 지도받고 케임브리지 대학에서 박사학위를 받았으며 현재 유니버시티 칼리지 런던University College London에서 가르치고 있다. 같은 학교에 재직 중인 인류학자 대니얼 밀러Daniel Miller(1954-)와 함께 실증주의에 경도된 과정고고학을 강하게 비판하였으며, 구조주의적 경향에서도 탈피해서 극도의 상대주의extreme relativist적 견해를 천명하고 있다. 서구 고고학계에 현상학적 해석을 통해 접근하는 경관고고학landscape archaeology을 최초로 시도하였다.

7 문화인류학에서 주로 채택하는 상반된 두 가지 접근법 중 하나. 먼저 에틱etic은 외부자의 관점에서 객관적인 액면을 강조하는 접근 방법이고, 에믹emic은 순수하게 내부자의 입장에서 그 느낌과 감정 및 전성되는 의미까지 이해하려고 시도하는 방법이다. 원래는 언어학에서 음소론적인 의미 이해를 나타내는 'phonemic'과, 음성의 발음에 준해서 뜻을 파악하는 'phonetic'에서 각 단어의 어미만 따로 차용한 개념들이다.

8 영국의 화가이자 삽화가로, 본명은 **조지 헤이우드 모누와르 섬너**George Heywood Maunoir Sumner(1853-1940)이다. 빅토리아 시대 후기에 유행한 미술공예 운동Arts and Crafts Movement의 주요 활동가로서, 잉글랜드 남부의 뉴포리스트New Forest 지역에 자리 잡고 이 지역의 고고학, 지질학 및 민속 관련 주제를 개인적으로 탐구하며 다양한 그림으로 남겼다.

9 **스티브 밀스**Steve Mills(1975-)는 영국 웨일스Wales의 고고학자로 카디프 대학Cardiff University을 졸업하고 같은 곳에서 박사학위를 받은 후 역시 같은 곳에서 선임강사 Senior Lecturer로 재직 중이다. 미증유의 고고학 분야인 청각 및 소리를 집중적으로 탐구하고 있으며, 과거인들이 체험했던 각종 사운드 및 음향을 디지털 기법으로 복원하는 데도 일가견이 있다.

10 본명은 **티머시 잉골드**Timothy Ingold(1948-)로, 영국 태생의 인류학자이다. 케임브리

지 대학을 졸업하고 그곳에서 박사학위를 받았다. 핀란드의 헬싱키 대학Helsingfors Universitet과 영국 맨체스터 대학을 거쳐 현재는 애버딘 대학University of Aberdeen에서 가르치고 있다. 인간의 고유한 특질들에 관심을 두고 있으며 언어, 기술, 숙련도, 예술과 건축 및 이를 이끌어 내는 창의성 등을 인류학 및 실험심리학적 접근법으로 풀어내고 있다. 현상학적 인류학 분야에도 조예가 깊은데, 인간이란 '움직이는 세상을 통해서 스스로를 느끼고 이해하며, 마주치는 시공간에 의해 스스로를 변화하고 대상물을 창조하는 유기체'라고 간주한다.

11 배우가 특정 작품의 배역을 맡을 때 그 등장인물이 처한 물리적·심리적 상황을 직접 체험함으로써 보다 생생한 연기력을 분출할 수 있다는 연기 이론. 틀에 짜인 대본보다는 배우가 스스로 인물의 입장을 경험하면서 즉흥적으로 감정이입을 하는 것을 원칙으로 한다. 러시아의 연출가인 콘스탄틴 세르게예비치 스타니슬랍스키 Konstantin Sergeyevich Stanislavski(1863-1938)가 창시한 메소드 연기는 폴란드 출신 유대인 배우 리 스트라스버그Lee Strasberg(1901-1982)가 뉴욕에 세운 배우 학원인 액터스 스튜디오Actor's Studio를 통해 본격적으로 영화 및 연극 분야에 도입되었다. 액터스 스튜디오 출신 배우는 말런 브랜도Marlon Brando(1924-2004)를 효시로, 제임스 딘James Dean(1931-1955), 폴 뉴먼Paul Newman(1925-2008), 알 파치노Al Pacino(1940-), 로버트 드니로Robert De Niro(1943-) 등이 있다.

12 **존 롭**John Robb(1962-)은 미국 출신의 영국 고고학자로, 시카고 대학을 졸업한 후 미시간 대학에서 이탈리아의 선사시대를 주제로 박사학위를 받았다. 사우샘프턴 대학University of Southampton을 거쳐 현재 케임브리지 대학에서 가르치고 있다. 고대인의 유해 및 선사시대의 예술품을 주요 대상으로 삼아 현상학적 관점을 도입하고 있다.

13 객관적인 데이터를 주로 다루는 일반적인 고고학도 서로 다른 해석이 양립하기 때문에 한쪽의 입장을 맹목적으로 받아들이기가 쉽지 않다. 그렇다고 물렁물렁한soft 주관적 데이터를 주로 다루는 현상학적 입장만 취하면, 어떤 뚜렷한 해답을 내리는 것이 도저히 불가능할 수도 있다는 회의론이 등장한다는 의미이다. 탈과정고고학은 궁극적으로 이렇게 모든 해석이 가능하기 때문에 모든 해석이 다 잘못되었다고 볼 수 있는 양비론兩非論의 위험을 본질적으로 가지고 있으며, 심한 경우 모든 해석은 다 쓸데없는 궤변詭辯, sophistry에 불과하다는 무용론無用論으로 치달을 수도 있다.

🕊 토론거리

1. "문화"와 "아비투스"의 개념은 어떻게 다른가?

2. '물렁물렁한soft' 자료와 '딱딱한hard' 자료란 무엇인가? 그대가 느끼기에 어떤 자료가 더 다루기 편한가? 질적자료는 양적자료보다 덜 '현실적real'인가?

3. 마오리족 언어와 신석기시대 지각 체계 사이에서 유추analogy를 구사하는 것을 어떻게 생각하나? 이렇게 문화적cultural이고 편년적chronological인 특수성을 무시하고 건너뛰는 것이 받아들여질 수 있을까?

4. '체화된 경험embodied experience'이란 무엇인가?

5. 현상학과 감정이입empathy 사이에는 무슨 관계가 있는가?

6. 우리는 현대의 고고학자가 직접 겪은 신체적 경험bodily experience이 수천 년 전에 살았던 사람들에게도 비슷한 반응을 불러일으킨다고 확신할 수 있을까? 다시 말해 현상학자들이 과거에 대해 가지는 견해가 입증 가능할까?

6. 과거 사람들의 주관적 체험을 묘사하는 것이 합당한 연구 목표인가?

🌘 더 읽을거리

Bourdieu, Pierre
  1990 *The Logic of Practice*. Translated by Richard Nice. Stanford University
      Press, Stanford, California.
Descartes, René
  1995 *The Philosophical Writings of Descartes*. Translated by J. Cottingham,
      R. Stoothoff, A. Kenny, and D. Murdich. Cambridge University Press,
      Cambridge, UK.
Hoskins, W. G.
  1955 *The Marking of the English Landscape*. Hodder & Stroughton, London.
Ingold, Timothy
  1993 The Temporality of the Landscape. *World Archaeology* 25(2) : 152-174.
Merleau-Ponty, Maurice
  2013 *Phenomenology of Perception*. Translated by Donald Landes, Routledge
      book, London.
Mills, Steven
  2014 *Auditory Archaeology: Understanding sound and Hearing in the Past*. Left
      Coast Press, Ins., Walnut Creek, California.
Robb, John
  2001 Island identities: Ritual, travel and the creation of difference in Neolithic
      Malta. *European Journal of Archaeology* 4(2):175-202.
Skeates, Robin
  2010 *An Archaeology of the Senses: Prehistoric Malta*. Oxford University Press,
      Oxford, UK.
Tilley, Christopher
  2004 *The Materiality of Stone: Explorations in Landscape Pheomenology*. Berg,
      Oxford, UK.

물질성과 사물이론

미디어Medium는 메시지다.[1]

— 마셜 매클루언Marshall McLuhan[2]

현관 깔판door mat이 누구한테 뭘 '말하는' 거 들어 봤어?
그것들은 그런 짓 안 해. 그것들은 그런 부류가 전혀 아니라구.

— 『버드나무에 부는 바람The Wind in the Willows』[3]의 두더지Mr. Mole

물질성이란 무엇인가?

물질성materiality이란 사물thing 혹은 대상objects이 단지 인간의 목적을 달성하기 위해 사용되는 도구만은 아니라고 인식하는 사고방식이다. 즉 사물이 사회와 문화에 적극적으로 영향을 미친다고 보는 관점이다.

이 책의 몇 가지 개념들처럼 물질성은 과학적 의미에서 온전한 '이론'이 아닌 단순한 참고의 틀이다. 즉 익숙한 주제를 바라보는 또 다른 시각이다. 고고학자는 인간이 쓸모 있는 것stuff을 얻기 위해 인공물을 만들어 사용한다는 생각에 익숙하다. 그러나 결과적으로 물건들이 우리를 만든다는 생각은 비교적 참신하다. 물질성은 인간이 사물을 통해 무엇을 달성하고 싶어 하는지보다 사물이 인간에게 미치는 작용 그 자체에 관심을 둔다.

내가 '유물artifact'이나 '물질문화material culture'라는 흔한 고고학적 용어보다 '물건thing'이라는 단어를 쓴다는 걸 눈치챘을 것이다. 이것은 내가 의도한 바다. 왜냐하면 물질성은 이런 범주뿐 아니라 우리의 감각으로 인식할 수 있는 물질세계의 모든 것과 관련이 있기 때문이다. 유물은 사람에 의해 만들어진 물건이다. 이것은 유용한 개념이지만 다소 고정적인 개념이다. 물질문화의 개념은 유물이 어떻게 만들어지고, 사용되고, 폐기되는지를 이해함으로써 '판독read'할 수 있다는 것을 전제로 한다10장 참조. 다시 말해 이것은 쓸 만한 용어이지만 제한적이다.

물질성은 유물이건 아니건 모든 사물과 사람의 관계를 말한다. 예를 들면, 나무, 안개, 사과, 비의 냄새 등을 포함하며 사람의 몸 그 자체는 물론 피부색, 키/몸무게, 죽은 뒤 부패 수준까지도 포함한다. 물질성은 질감, 색, 향, 소리, 질량 등이 과거 사회에 어떻게 인식되었는가에 대한 현상학적인 탐구와 관련이 있다12장 참조. 하지만 여기서 더 나아간다. 물질성은, 예를 들면 특정 종류의 암질巖質이 그것을 사용한 사람들에게 어떤 상징적 의미가 있었는지를 찾는다. 유물도 아닌 사물이 어떻게 사람이 불어넣은 무언의 관념을 드러낼 수 있을까?

그리고 사물은 어떻게 특정 가치를 체현했을까? 이제 우리는 부르디외의 아비투스 개념으로 돌아가야 한다이미 12장에서 아비투스에 대해 서술한 바 있다. 아비투스란 사람들이 사회화를 통해 문화를 터득하고enculturated 자신의 집단이 처한 환경의 일부인 사물을 참조하며 개념concept, 예를 들면 '죽음' 같은 것을 창출하는 방식이라고 말할 수 있다. 형태, 색조, 그리고 다른 감각적 특성은 그걸 만든 사람의 생각을 나타낸다. 사물에 부착된 기억은 아비투스를 뒷받침한다. 이런 식으로 인간은 사물을 창조하고, 역으로 사물도 인간의 사고 양상pattern을 형상形相, shape[4]하면서 우리를 사회적 존재로 창조한다.

사물의 세계, 즉 물질세계는 우리가 태어날 때부터 늘 주위에 있으므로 우리는 이를 당연한 것으로 받아들인다. 일상적이어서 우리는 단 한 번도 그것에 대해 생각하지 않는다. 개념 예술conceptual art이 효과적인 것이 바로 이러한 이유 때문이다. 앤디 워홀의 유명한 석판화 작품인 〈캠벨 수프 깡통

Campbell's soup can〉은 우리를 놀라게 해 주기 때문에 효과적이다그래서 작품 가격이 수백만 달러인 거다. 우리는 평범한 수프 깡통이 '예술 작품'의 주제가 될 거라고 기대하지 않는다. 그냥 선반 위에 똑같은 것들이 줄지어 놓여 있는 것에 불과하다. 그러나 워홀은 이것을 배경에서 끌어내서 그 자체를 주제로 삼았다.

사물군의 구성원인 사물things, 줄지어 놓여 있는 수프 깡통과 **대상**object, 특별한 관심의 목적으로 분리되어 나온 특정 수프 깡통 하나의 구별은 '**사물이론**Thing Theory'이라 불리는 것의 기반이 된다. 그렇다, 실제로 그렇게 불리고 있다. '사물'은 단지 거기에 있을 뿐이다. 우리는 그것들을 거의 알아채지 못한다. 그러나 우리가 어떤 특정 '대상'을 분리해 놓는 순간, 우리는 그것을 의식하게 되고 그것을 이해할 수 있게 된다.

사물이냐 대상이냐? 이 질문은 보는 사람의 문화적 맥락에 달려 있다. 나에게 저 멀리 있는 언덕은 지평선 위에 불룩 솟아 있는 덩어리에 불과하다. 그러나 해박한 지식을 가진 원주민들에게는 그것이 초자연적인 야수의 몸뚱아리로 보인다. 매끈한 녹색의 바위는 의도적으로 자리를 잡은 장례용 기념물, 즉 비석으로 쓰이기 전까지는 단지 여러 개의 암석들 중 한 개의 사물에 불과하다. 이런 식으로 '매끈함'과 '녹색'이라는 성질은 '죽음'이라는 문화적 개념에 주입된다. 이런 개념들은 아비투스의 일부가 되어서 아비투스를 다시 강화시킨다.

결과적으로, 물질성을 다루는 고고학 연구는 반드시 과거의 물건들 중에서 에믹emic한 범주를 복원해 내야 한다. 몇 페이지 뒤에 나올 라파누이Rapa Nui, 이스터섬의 석상을 사례로 그런 연구를 볼 수 있을 것이다.

물질성과 고고학

2014년 초에 내가 이 글을 쓰는 동안 고고학자들은 연구 항목들을 봄날 대청소하듯 싹 정리하고 '물질문화' 같은 구식 용어를 내다 버렸다. 그리고 번뜩이는 새로운 개념들을 꺼내 동료들에게 기꺼이 보여 주느라 바빴다. 물질성은 고고학에서 현재 요란하게 인기몰이를 하고 있다. 그대가 이 책을 읽을 때 즈음해서 고고학의 선전문구catchphrase가 과연 무엇이 될지는 누구도 알 수 없을 거다.

극도의 최신상(?)up-to-the-minuteness을 향해 달려드는 소란 속에서 특정 용어는 가끔 일상적 의미를 넘어 와전되기도 한다. 이제 정리해 보자. 물질성은 물질과학과는 상관 없다. 기술technology이 물질성에 관여할 수도 있지만, 그 이상의 의미가 있다. 비슷하게 우리는 물질성과 유물론materialism을 헷갈리면 안 된다. 유물론은 물건을 얻고자 하는 욕망을 함의한다. **마르크스**는 상품 및 물자commodities로서의 사물에 관심이 있었고 어떤 물건들이 그것을 위해 만들어질 수 있는지 보여 주려고 했다3장 참조. 내가 아는 한 그는 사물 자체의 '사물다움thinginess'에는 관심이 없었다.

문화적 고유함을 창조하는 아비투스를 인식하는 것은 19세기 후반 구스타프 코신나Gustaf Kossinna[5] 같은 고고학자들의 이론에서 먼저 등장했다. 코신나는 문화적 특질 및 이와 관련된 유물의 양상이 특정 문화 집단의 "뼛속까지 새겨져 있다"고 생각했다. 코신나는 "명쾌하게 정의된 고고학적 문화의 영역은 특정 민족이나 부족의 범위와 의심할 여지없이 맞아떨어진다"라고 썼다. 이에 따르면 각기 다른 "인종들races"은 특정한 태도나 행동의 기질로 기우는 타고한 성향이 있다고 주장할 수 있다. 이러한 인식은 인종 우월주의 이데올로기로 변질되면서 추잡스러워졌고, 결국은 나치 수용소 같은 끔찍한 역사적 사실로 정점을 찍게 된다.

그 후 몇십 년간 고고학자들은 역사적 사건 및 과정을 복원하거나 지역 내 유물의 형식분류 및 편년틀을 만들고 그 외 다른 경험적 연구에만 몰두하면서 한 걸음 물러섰다. 신고고학New Archaeology은 이러한 학계 분위기를 되돌려서 특정 시간과 장소에 구애받지 않는 보편적인 공통성commonalities을 찾고자 하였다. 그 후 탈과정주의postprocessual 운동은 인간이 특정한 사회적·정치적 목적을 달성하기 위해 어떻게 유물의 상징적 역량을 사용하는지에 대해 강조했다. 중요한 점은, 많은 탈과정주의자들은 이러한 상징의 매개체가 완전히 자의적이라고 본 것이다. 유물사물 자체는 메시지를 담고 있다는 점을 제외하고는 그다지 중요하게 여겨지지 않았다1장 참조.

그리고 바야흐로 우리는 물질성에 다다랐다. 이 개념은 예술이나 물질문화를 연구하는 다른 단과대학 소속주로 인류학, 사회학, 미학 등 동료들이 다루던 개념이고, 고고학자들은 1990년대부터 써먹기 시작했다. 그 당시 고고학자들은 여전히 유물들이 어떤 역할을 했고실용적·사회적 기능, 그리고 적응으로서의 기능, 언제, 어디서 그 기능을 행사했는지편년를 파악하는 데만 몰두해 있었다. 크리스 고스든Chris Gosden이 한 유명한 질문 "대상물object이 원하는 게 무엇인가?"처럼, 물질성은 문제를 반대 방향으로 돌려 제기했다. 당연히 스스로 의도하지는 않았겠지만 이제 사물은 인간 사회에서 능동적인 주인공으로 작용한다. 그들은 그저 수동적인 덩어리가 아니다.

물질성에서 영감을 얻은 고고학의 사례*

라파누이이스터섬의 얼굴 모양으로 조각된 석상은 매우 크고높이가 13피트, 약 4미터

....

* Sue Hamilton, *Rapa Nui (Easter Island's) Stone Worlds* (2012).

에 달한다 뜬금없는 곳에 있어서 외계인이 만들었다고 생각하는 사람들도 있다. 당연히 말도 안 되는 소리지만 라파누이는 일반적인 육상 이동 노선에서 상당히 멀리 떨어져 있으므로 약간의 설명이 필요하다.

이 섬은 남태평양 칠레에서 서쪽으로 약 2,100마일약 3,380킬로미터 떨어져 있으며, 가장 가까운 이웃 지역[6]과는 동쪽으로 약 1,200마일약 1,930킬로미터 떨어져 있다. 철저하게 고립된 이 섬은 800년 혹은 1,000년 전에 카누를 타고 도착한 폴리네시아인Polynesian, 정확히 누군지는 모르지만이 정착하면서 인구 점거가 이루어졌다. 이 섬은 60 제곱마일 남짓한 작은 곳이지만 6,000명이나 거주했던 것으로 보인다. 초기 정착민들의 후예들이 비록 수효는 많이 줄었지만 여전히 살고 있다.

유명한 얼굴 모양 석상인 모아이moai는 받침돌인 아후ahu 위에 놓여 있는데 대략 서기 1,200년에 세워진 것이다. 이런 석조물들 이외에 엄청나게 많은 수의 카누 모양 집hare paenga, 하레 파엥가과 화덕umu, 우무, 암벽으로 둘러싸인 정원manavai, 마나바이, 채석장, 도로가 섬 곳곳에 흩어져 있다. 모아이 대부분은 화산 분화구인 라노라라쿠Rano Raraku에서 조각되었지만, 높이가 8피트약 2.4미터가량 되는 '돌모자' 푸카오pukao와 아후는 완전히 다른 암석으로 만들어졌다. 구멍이 숭숭 뚫린 이 적색 현무암은 수 마일 떨어진 푸나파우Puna Pau라고 불리는 곳에서 채취되었다.

유니버시티 칼리지 런던University College London의 고고학자인 수 해밀턴Sue Hamilton[7]은 2007년부터 라파누이를 연구해 왔다. 초창기 연구는 사람들이 이스터섬의 미스터리라고 부르던 것들을 해명하는 데 집중하였다. 이러한 연구는 대부분 역사적이고 과정고고학적 성격을 띤다. 모아이가 어떻게 만들어지고 운반되었는지, 그리고 라파누이의 사회구조 및 모아이를 만든 집단이 '몰락'하는 과정 등이 바로 그런 연구 주제다. 그러나 지금 해밀턴의 연구팀고고학자들은 거의 항상 팀을 꾸려서 연구한다은 보다 해석학hermeneutic적 접근을 취한

라파누이의 거대한 두상인
모아이 두 점

다. 라파누이에서 무슨 일이 있었는지에 대한 특정 문제에 답하기보다는, 모아이를 그들만의 안식처로 인도해 온 채석장과 도로망 체계를 살피며 "섬 전체의 이해"를 도모한다.

왜 해밀턴의 접근 방식은 다른 모든 접근 방식과 다른가? 기존의 연구자들이 채석장과 돌이 잘려 나가던 장소에 주목했다면, 해밀턴은 모아이가 마지막으로 다다른 종착지와 이 장소들이 연결되어 있다는 증거를 발견했다. 또한 기존 연구자들은 노변에 서 있는 모아이를 '버려진' 것으로 해석했지만, 해밀턴은 일부러 그곳에 세운 것이라고 지적했다. 그녀는 채석장과 도로를 함께 묶어서 성스러운 경관의 요소로 여겼고, 이 두 요소는 생산지와 설치된 장소를 연결해 주었다.

성스러운 경관이 연속된다는 것에 대한 일부 증거로서, 푸나파우의 붉은 현무암 채석장 벽에 눈 모양으로 새겨진 흔적을 들 수 있다. 오직 살아 있는 생명체만 눈을 가지고 있는 건 지극히 당연하다. 그런데 폴리네시아 전통에 따르면 바위는 살아 있는 생물과 마찬가지로 자신을 스스로 양생養生, replenish한다. 도로의 시작점에 있는 눈은 바닷가의 끝에 있는 눈과 짝을 이루고 있다. 붉은 '돌모자'를 쓰고 붉은 초석 위에 앉아 있는 이 모아이 석상들은 자신들의 근원지인 내륙을 바라보고 설치된다. 모아이의 눈은 흑요석과 산호로 만들어졌던 것 같다.

바다 쪽에 세워져 있는 석조물들의 디자인은 다음과 같다. 1) 아후의 단은 바다를 등지고 있다. 바다 쪽에는 사람의 유해를 화장해서 묻어 놨다. 2) 조상을 묘사한 것으로 보이는 모아이는 내륙 쪽을 바라보고 있으며 의례 장소라 생각되는 광장 쪽을 향해 있다. 광장의 바닥은 돌로 포장되어 있다. 폴리네시아 지역에 남아 있는 우주관宇宙觀, cosmology에 따르면 죽은 사람의 영혼은 바다를 건너 조상이 기원한 지점으로 여행을 떠난다고 한다. 여기 있는 석조물들은 이런 우주관과 잘 들어맞으며 이승과 저승의 관계에 대한 시각적 비유로서 받아들일 수 있다. 이 석조물들은 위험 지역에 대한 경계가 설정되고 의례 행위를 통해 관리되는 점이지대place of transition인 셈이다.

그러나 라파누이 사람들은 자신들의 기술 수준이 허용하는 방식 내에서 건축 자재를 아무렇게나 사용하지는 않았다, 그렇지? 이런 기능주의적 설명은 물질성에 대해 생각한다면 별로 만족스럽지 않다. 라파누이의 물질성을 들여다보는 것은 모아이의 축조자들이 자신들의 관념과 우주관에 맞춰 단순한 돌덩어리를 어떻게 신체 묘사로 변환해 냈는지 이해하는 것이다. 그리고 이것은 모아이를 축조한 사람들이 자신들의 신앙과 사유를 함축한 비유를 만들어 낸 선택 작용의 의미를 보는 것이기도 하다.

라파누이 프로젝트는 현상학과 물질성을 강조하는 접근들을 결합한 좋은 예이다. 현상학적 접근은 과거인들이 성스러운 체험을 향상시키기 위해 그들 자신의 감각기관으로 느낄 수 있는 환경을 구축했다는 것을 깨닫게 해 준다. 그리고 이러한 풍광의 물질성을 통해, 푸카오와 아후 등의 붉은

'빌렌도르프의 비너스Venus of Willendorf'.
이 구석기시대 조각품은 신을 묘사한 걸
까 아니면 섹스 심벌을 대상화한 것일
까, 아니면 혹시 임산부가 자신의 모습
을 표현한 게 아닐까?

색 사물이 가지는 문화적 의미에 관심을 가질 수 있다. 우뚝 솟은 모아이와
산호 및 흑요석으로 만들어진 눈, 그리고 내륙 지역과는 시각적·청각적·후
각적으로 너무나도 다른 해변가의 풍광들도 마찬가지로 각각의 의미가 있
다. 이것들을 연결해 주는 도로는 단지 물건을 한 곳에서 다른 곳으로 운반
하는 길이 아니다. 그것은 기억을 창출하는 체계의 일부로서, 모아이와 붉
은 푸카오 및 아후 돌들이 제대로 자리 잡은 이후에도 지속되고 있는 유적
의 풍광에 그들만의 기억들을 제공해 주는 연결망인 셈이다.

요약

실제 고고학을 하는 데 있어 물질성의 개념은 통상적인 고고학 연구 분야에서 크게 우선시될 것 같지는 않다. 사람들은 항상 누가 무엇을 언제 했는지를 우선 알고 싶어 한다. 물질성을 중요시하는 시각은 다른 고고학 접근 방법과는 별도로 이뤄질 것이므로, 우선적으로 알고 싶어 하는 문제와는 접점이 많지 않다. 그래서 당장은 크게 신경 안 써도 될 것 같다. 삶의 물질성을 마치 표본실의 청개구리처럼 탁자 위에 올려놓고 해부할 수는 없는 거다. 전반적인 요점만 제시한다면, 사물들은 바로 우리가 실천하고 사유하는 모든 것들과 되돌릴 수 없는 수준으로 얽혀 있다는 점이다.

인간이 처한 상황의 물질성을 고려하면 해당 사물이 그것을 사용한 사람들에게 어떤 의미로 다가왔는지 이해하는 지평이 확장된다. 물건stuff이란 그걸 만든 사람과 **재귀적**reflexive 관계를 가지며, 물질material, things과 정신mental, thought을 둘로 가르는 것은 인위적인 것으로서 인간이 만든 발명품인 셈이다.

물질성을 강조하는 시각은 사물이 관념을 나타낸다고 주장한다. 그러나 이런 원칙을 적용하는 데 어떤 것이 사물이고 어떤 것이 관념인지는 구분하는 사람에게 달려 있다. 여기서 고고학적 상상력이 중요하다. 티머시 테일러Timothy Taylor[8]의 "빌렌도르프의 비너스가 얼굴이 없는 이유"라는 기발한 설명이 그 예가 될 수 있다. 테일러는 자고로 내려오던time-honored '지모신地母神, mother goddess'이라는 관념을 재고하여, 구석기시대 '비너스Venus'상은 여신이나 임산부의 자화상이 아니라 사람이 존재하는 방식의 범주를 묘사한 거라고 결론 내렸다. 얼굴은 없지만 정교하게 깎아 내서 과장되게 표현한 가슴과 생식기로 볼 때, 이 조각품은 여성이지만 사람은 아니다. 그러므로 여성이 생명의 근원으로 숭배되던 시기를 표상하기보다는, 단지 여성을 성적으로 **대상화**objectification했던 최초의 사례 정도로 볼 수 있다. 좋은 걸 깨우쳐 줘서 고맙네, 팀.

옮긴이 주

1 '미디어는 메시지다'라는 저명한 명제는 마셜 매클루언이 쓴 『미디어의 이해Under-standing Media: The Extensions of Man』(1964)에 나오는 표현으로, 단순히 커뮤니케이션 수단으로서의 매체를 넘어 모든 사물이 미디어가 될 수 있고, 이러한 미디어는 각자 모종의 메시지를 담고 있다는 의미이다. 매클루언은 또한 『미디어는 마사지다 The Medium Is the Massage: An Inventory of Effects』(1967)라는 책도 저술하였다. 이 장 뒤편 '더 읽을거리'에 등장하는 책 제목은 '마사지'라는 단어를 '메시지'로 저자가 잘못 옮겨 적은 것이다.

2 본명은 **허버트 마셜 매클루언**Herbert Marshall McLuhan(1911-1980)이며 캐나다 출신의 철학자다. 캐나다의 매니토바 대학University of Manitoba을 졸업하고 케임브리지 대학에서 박사학위를 받았다. 토론토 대학University of Toronto 영문학과에서 가르치면서 커뮤니케이션과 문화 세미나를 이끌어 나갔고, 지구촌global village, 차가운cool 미디어와 뜨거운hot 미디어, 미디어 효과의 4분격Tetrad of Media Effects 등 다양한 개념들을 고안하고 제시하였다. 국내에 출간된 대표작은 다음과 같다.

마셜 매클루언(김성호 옮김). 2012. 『미디어의 이해 : 인간의 확장』. 커뮤니케이션북스.

마셜 매클루언(박정순 옮김). 2015. 『기계신부』. 커뮤니케이션북스.

3 1908년에 출간된 어린이 동화. 지은이는 스코틀랜드 출신의 케네스 그레이엄Kenneth Grahame(1859-1932)이며, 두더지와 물쥐 및 오소리 등 영국에서 흔히 보이는 들짐승들이 주인공으로 등장하는 우화이다. 국내에도 다양한 판본이 있지만 가장 최근에는 아래 판으로 출간되었다.

케네스 그레이엄(정지현 옮김). 2020. 『버드나무에 부는 바람』. 인디고.

4 형상은 한자로 '形象'이나 '形相' 혹은 '形狀'으로 쓸 수 있다. 모두 다 사물의 모양이나 정황을 의미하지만 여기서는 플라톤이 제시한 개념으로서 다른 사물들과의 일차적 구분 기준으로 활용되는 '形相'으로 번역한다.

5 **구스타프 코신나**Gustaf Kossinna(1858-1931)는 20세기 초반 독일의 언어학자이자 고고학자로서 당시 막 통일을 이룩한 독일의 민족적 정체성과 자긍심을 불어넣기 위한 도구로서 고고학을 활용하였고 취락고고학Siedlungarchäeologie이라 부를 수 있는 방법론을 최초로 적용하였다. 폴란드의 소수 민족인 마주르Mazur족 출신으로 괴팅

겐 대학Georg-August-Universität Göttingen 및 라이프치히 대학과 베를린 대학오늘날의 베를린 훔볼트 대학 등을 다녔고 박사학위는 당시 독일 영토였던 알자스Alsace 지역의 스트라스부르 대학Universität Straßburg에서 받았다. 그 후 베를린 대학에 자리 잡고 20세기 초반 유럽에 불어닥친 민족주의의 영향하에 인도-유럽어족 및 게르만 민족의 기원에 대한 언어학, 고고학적인 연구를 수행하였다. 특정 시점에 특정 지역에 거주하던 특정 집단이 남긴 유물의 총체를 고고학적 문화archäologische Kultur라고 불렀고, 이것은 적절한 유물 분류와 형식학을 통해 설정이 가능하다는 고전적인 문화사고고학을 확립하였다. 유럽 선사시대를 지나치게 전파론에만 의존하여 바라보았으며, 인도-유럽 언어가 유럽 신석기시대 후기의 승석문토기 문화Corded Ware Culture의 파급 및 대규모 인구 이동의 결과로 형성되었다고 주장하였다. 이런 다소 공상적인 주장은 그의 사후 처절하게 비판되었지만, 2015년에 고고유전학archeogenetics적 증거를 통해 그의 종래 입장이 거의 들어맞는다는 사실이 확인되면서 새롭게 화두로 등장하였다. 나치의 인종주의와 게르만족의 팽창주의를 옹호하던 코신나의 입장이 유전학적으로 타당하다는 것이 밝혀지자 학계에서는 상당한 논란과 걱정을 자아냈는데, 이 사건을 '코신나의 미소Kossinna's smile'라고 부르기도 한다. 자세한 내용은 다음 문헌 참고.

Heyd, Volker. 2017. Kossinna's smile. *Antiquity* 91(356): 348-359.

Kristiansen, Kristian. 2017. Re-theorising mobility and the formation of culture and language among the Corded Ware Culture in Europe. *Antiquity* 91(356): 334-347.

Callaway, Ewen. 2018. Divided by DNA: The uneasy relationship between archaeology and ancient genomics. *Nature* 555(559): 573-576.

6 영국령인 핏케언제도Pitcairn Islands로, 사람이 사는 곳으로는 라파누이에서 가장 가까운 곳이다. 대영제국이 '해가 지지 않는 나라'로 불리는 근거가 된 남태평양의 외딴 속령이다. 칠레와 뉴질랜드의 거의 중간에 위치한다.

7 **수 해밀턴**Sue Hamilton은 스코틀랜드 출신의 여성 고고학자로 에든버러 대학University of Edinburgh을 거쳐 유니버시티 칼리지 런던을 졸업하고, 같은 학교에서 박사학위를 받은 후 현재까지 같은 대학 고고학연구소Institute of Archaeology, UCL에 재직 중이다. 2014년부터는 이 연구소의 종신 소장으로 재임하고 있다.

8 **티머시 테일러**Timothy Taylor(1960-)는 영국의 고고학자로, 케임브리지 대학을 졸업하고 브래드퍼드 대학University of Bradford에서 박사학위를 받았다. 그 후 같은 대학의

강사직을 거쳐 현재 오스트리아의 빈 대학Universität Wien에서 가르치고 있다. 기존 고고학 분야에서 좀처럼 거론되지 않던 식인 풍습, 선사시대의 성생활 및 성적 취향 등의 주제를 물질성 및 물질문화 이론에 기반하여 풀어 나가고 있다.

💧 토론거리

1 유물, 물질문화, 그리고 '사물'이라는 개념들의 개별적 차이는 무엇인가? 만약 차이가 있다면 이러한 차이점을 부각시키는 것은 쓸 만한 작업인가 아니면 단지 학문적으로 사사건건 쪼잔(?)하게 따지는 건가?

2 그대는 의도하지 않고도 작주화될 수 있는가? 사물에 진정 작주성이 있는 건가?

3 기억은 의미에 어떤 영향을 미치는가? 물질의 속성이 관념과 태도를 어떻게 표상할 수 있을까? 과거인의 관념이 과연 무엇이었는지 어떻게 알아낼 수 있을까?

4 물질성이란 개념은 사물의 의미에 상징적으로 접근하는 것과 무엇이 다를까? 이 둘은 상호 중복되지 않고 배타적인가? 다른 고고학 접근법 중에 어떤 것들이 물질성 개념과 멋지게 맞아떨어질까?

5 수 해밀턴의 라파누이 연구가 해석학적인 연구의 사례가 되는 근거는 무엇인가? 그리고 한번 생각해 보자, 도대체 해석학이란 무엇인가?

◑ 더 읽을거리

Brown, Bill
  2001 Thing Theory. *Critical Inquiry* 28(1):1-22.
Gosden, Chris
  2005 "What do objects want?" *Journal of Archaeological Method and Theory* 12(3):193-211.
Grahame, Kenneth
  1908 *The Wind in the Willows*. Methuen, London.
Hamilton, Sue
  2012 Rapa Nui(Easter Island's) Stone Worlds. *Archaeology International* 16:96-109.
Klein, Leo
  1999 Gustav Kossinna, 1858-1931. In Tim Murray (Ed.,) *Encyclopedia of Archaeology* (pp. 233-246). ABC-CLIO Books, Santa Barbara, California.
Mcluhan, Marshall
  1967 *The Medium Is the Message*. Penguin Books, Harmondsworth, UK.
Taylor, Timothy
  2006 Why the Venus of Willendorf Has No Face. *Archäologie Österreichs* 17(1):26-29.

다음에 터질 대박,
아니면 여기서 어디로 갈 건가?

너무 진지하게 받아들이다 보니
문자 그대로 받아들일 수가 없네.

— 랍비 마이클 에런 로빈슨Michael Aaron Robinson[1]

우리는 어디서 왔고, 여기는 지금 어디인가

고고학의 목표가 '문화사를 복원'하는 것이었다가 지금은 목표란 게 무슨 상관인가라는 식으로 바뀐 것은적어도 북미 지역에서는 무척이나 익숙한 이야기다. 우리는 여전히 또 다른 전환기에 자리 잡고 있으므로, 과거로부터 뭔가 깨우칠 수 있다면 좋은 일이다. 만약 고고학자들이 그걸 못한다면 우리는 대략 난감해질 수밖에 없다.

보통의 고고학사 중에는 고고학 사조를 통시적으로 서술하는 방식이 대부분이다. 이런 서술은 신고고학의 등극을 모종의 패러다임paradigm 전환으로 보기도 한다. 패러다임 전환이란 고고학자들 자신이 무엇을 어떻게 했는가를 생각하는 방식에 심오한 변화가 있었다고 보는 것이다. 보라! 선지자 **루이스 빈포드**께서 산상에 오르사, 과학의 **진언**眞言, Holy word을 널리 설파하셨도다. 그는 그 직후, 혹은 드럽게(?) **빠른 속도로**damned fast 추종자들을 긁어모았고 구닥다리 고고학은 '순삭(?)'되었다. 시간이 흐르고 새로운 선지자 **이안 호더**는 **탈과정주의**Postprocessual라 불리는 또 다른 신의 가르침을 들고 바다 건너에 도착한다. 이러한 과정은 지금도 반복되고 있다.

진짜 간단하지? 그대는 정말 영특하다니까!

존 빈틀리프 John Bintliff[2]는 이런 식으로 고고학 패러다임이 전환되는 얘기가 너무 반복되어서, 마치 각각의 조상을 가진 창조신화들이 난립하는 것 같다고 했다. 그리고 오이디푸스 콤플렉스[3]의 광기를 띤 후손들은 이 조상들을 차례차례 타도하고 있다고 지적했다. 하지만 고고학 패러다임 변화는 실제로 이렇지는 않다. 고고학자 개개인은 서로 다른 속도로 시장에 뛰어들었다. 또한 전혀 개입하지 않은 고고학자들도 있었기 때문에 고고학 사조의 변화는 나름 꽤 느리게 진행됐다. 빈틀리프는 심지어 이런 모델들은 고고학자 대부분이 하던 것들을 전혀 반영하지 않는다고도 했다. 많은 고고학자들은 과거의 모든 걸 다 버리고 최신 이론을 받아들이기보다, 마치 메뉴에서 음식을 고르듯 자신의 유적에 어떤 것이 잘 맞아떨어질지를 생각하며 새로운 옵션 중 이러저러한 것을 골라잡고는 했다.

패러다임의 전환을 겪었든 아니든, 고고학계는 데이비드 클라크가 "순수의 상실loss of innocence"이라 불렀던 것을 분명히 경험한 건 사실이다. 오래전인 1973년 클라크가 이미 고고학계의 이러한 과정을 기술해 냈다. 그 과정 자체는 고고학자들이 생각하는 방식에 가장 중요한 영향을 줄 수도 있으며, 고고학이론이 오늘날 왜 이렇게 됐는지에 대한 이유기도 하다. 유물군과 고고학적 **문화들**cultures 사이에 단순한 연관관계가 존재할 것이라고 순수하게 상상하던 시절이 있었다. 그리고 그 상상은 검토할 수준에도 못 미쳤다. 사실 고고자료를 해석하는 방법은 당연지사라기보다, 문제로problematized 여겨졌다. 연구 방법론에 대한 이런 불만의 씨앗들은 각종 '-이즘ism'이나 '-주의'내가 앞에서 주구장창 언급해 온 것들로 자라났다.

이렇게 케케묵은 이야기를 또 하는 이유는, 만약 빈틀리프가 말한 고고학 창조신화를 믿을 경우 우리는 현재 진행되는 새로운 패러다임 전환에서 이미 뒤처졌다고 생각할 수 있기 때문이다. 누군가는 **탈과정주의**postprocessual 의 시대가 바야흐로 전성기를 맞이했다고 말한다. 어쩌면 이론 자체가 더 이상 살아남지 못할 수도 있다.

이것이 과연 고고학계에서 다음에 터질 대박the Next Big Thing이란 말인가?

이론이 사망한다고?

그다지 오래된 일은 아니지만 이런 문제에 대해 두 차례의 고고학회가 개최되었다. 구체적인 주제는 '우리는 고고학이론의 종말을 겪고 있는 건가 아니면 그걸 조장하고 있는 건가?'였다. 이 두 학회의 이름은 내가 조금 이따가 얘기하겠지만, 어쨌든 고고학이론의 현황에 대해 얘기를 나누기 위해 마련되었다. 어느 누구도 쉰내가 풀풀 나는 이론이 필요하다는 얘기는 안 했다. 오히려 그 반대였다. 그러나 고고학계의 미래에 대해서는 여러 얘기들이 오고 갔다.

본래 '**이론의 사망**Death of Theory'이라는 주제로 2006년 폴란드에서 학회를 주최한 사람들은 과연 고고학계에 "통합된 이론의 패러다임들unitary theoretical paradigms"이 없는 게 더 좋은지를 평가하려고 했다. 그 학회의 제목은 **롤랑 바르트**Roland Barthes가 제시한 그 유명한 '**저자사망**Death of the Author' 선언10장 참조에서 따왔다. 혹시라도 그 선언이 저자들의 의도를 넘어서는 해석을 할 자유를 허용했다면, 이와 비슷한 혜택이 고고학계에도 차곡차곡 쌓이지 않을까? 어떤 특정한 방법론이 유행하면서 독점적 지배를 행사하지 않더라도 말이다.

그 학회의 주최자들은 어떤 한 가지 이론이 다른 이론보다 더 좋은 점을 논하는 데에는 관심이 없었다. 그 대신 가끔 이론을 제멋대로 이데올로

기로 둔갑시키곤 하는 고고학계의 풍토를 다루었다. 그 결과 빈틀리프가
말한 대로, 당사자의my 생각은 학문을 하는 사람에게 걸맞은 주제지만 상대
편의 생각yours은 그렇지 않다라고 여기는 관행이 만들어졌다. 이와 관련해
서는 나중에 좀 더 얘기해 보겠다.

　　이론고고학집단TAG: Theoretical Archaeological Group[4]은 모든 고고학 관계자들
이 이론에 대해 생각하던 시절인 1977년 고고학이론에 대해 토론할 수 있
는 창구를 염두에 두고 만들어졌다. 대부분 영국 관련 주제였고 아주 성황
리에 운영되었음에도 불구하고, 2009년 학회 개최자들은 다소 논란의 소지
가 있는 '이론의 사망'과 관련된 주제를 또 들고나왔다. 폴란드에서 3년 전
에 열린 학회에 대해 모든 사람들이 소문을 들은 바 있지만 실제 그 학회에
서 무엇이 거론되었는지 아는 사람은 없었고, 그저 학회 제목만 얼핏 기억

할 뿐이었다. 심지어 제목조차 완전히 오해한 사람도 있어서 토론 분위기는 꽤 험악하게 흐르기도 했다. TAG 측의 우두머리[5]는, TAG 회의에서 점점 이론에 대한 논의가 줄어드는 것을 걱정하며, 이렇게 논의가 줄어드는 것도 주제로 삼고 싶어 했다. **린 메스켈**Lynn Meskell[6]은 그런 걱정은 적어도 북미 지역은 해당하지 않는다고 했다. 그녀는 북미 지역에서 여전히 이론은 살아 있고 상황도 괜찮다고 언급했다.

몇 년 전에 **브라이언 페이건**Brian Fagan[7]은, 보고서도 쓰지 않고 은밀하게 끝내 버린 발굴이 너무 많다고 고발하는 고고학계의 "너저분하고 사소한 비밀dirty little secret"에 대해 글을 쓴 적이 있다. 여기에 또 하나의 비밀이 있다. 그것은 앞으로 이론을 사망으로 이끌 잠재력을 가지고 있는 고고학의 영리화營利化, commercialization 추세다.

미국 고고학계에서는 야외 조사의 90% 정도가 모종의 법률적 요건을 충족시키기 위해서나 아니면 다른 목적을 위해 비전문가들non-academicians이 담당한다고 한다. 이런 고고학은 평범한 교수가 하는 고고학 및 학술지에 실리는 연구 실적과는 여러모로 완전 다르다. 학문으로서의 고고학은 실제 특별한 몇몇 제약만 가해질 뿐 무슨 문제를 탐구하고, 어디서 현장을 꾸리고, 어떤 일정으로 진행할지를 고고학자 스스로 결정한다. 먹고살기 급급한commercial 고고학자들 중에는 이런 자유를 누리는 사람이 거의 없다. 그들의 프로젝트는 여러 갈래로 나뉘어 있는데, 보통 이것은 연구 관련 안건들을 다음번에 조사할 유적으로 가져갈 수 없다는 걸 말한다.[8] 또한 그들은 정부의 규제 당사자들을 만족시켜야 한다. 이런 당국 인사들은 이 책에서 거론된 여러 가지 '-주의'나 '-이즘' 따위는 혹시라도 고고자료에서 중요한 정보를 뽑아낼 잠재력을 갖고 있기 때문에 원천적으로 배척한다. 결과적으로 먹고살기 위한 고고학 및 많은 관행적practicing 고고학은 이론을 단지 수학공식같이 구태의연하게 겉치레window dressing로 사용할 뿐이다이렇게 말하면 나는 고고학계에서 매장당할지 모르지만 배 째지 뭐.

물론 이렇게 안습(?)인 상황에서도 예외는 몇몇 있다. 먹고 살기 바쁜 고고학자 중에서도 많은 사람의 인정을 받고, 이론을 소중히 여기고, 학술 문헌에도 인용되는 획기적인 실적을 내는 학자도 있다. 또 프랑스 같은 나라는 고고학 조사 자체에 상업주의가 개입하는 걸 전적으로 금지하기도 했다. 그럼에도 불구하고 내 생각엔 현실적으로 대부분의 고고학자는 대부분의 나날들이 이와는 좀 다르다현실은 시궁창이지 뭐. 공공기관 및 영리 목적 분야에서는 고고학 전공자 대부분을 별로 바람직하지 않은 대우조건으로 쓸어 가기 때문에, 다음번 고고학계에 터질 대박Big Thing이란 아마도 실생활먹고사는 문제과 밀접한 이론을 끌어낼 것만 같다.

다음번에 터질 대박

여기까지 왔고, 오면서 몇 개는 건너뛰기도 했지만 이 책을 읽는 사람들은 고고학계가 결국 어떻게 될지 알고 싶을 것이다. 그건 당연하다. 고고학자들은 지금까지 수십 년 동안 이론이라는 야구공을 여기저기 방망이로 때려 대곤 했다. 그리고 그대는 고고학자들이 조만간 결론을 내리지는 않을 거라는 합리적 의심을 할 것이다. 글쎄다. 내가 여기에서 예측을 해 볼까 한다. **앞으로 고고학계에서 대박 나는 이론 같은 커다란 전환 따위는 없을 거다**There will be no Next Big Thing.

그대는 이 말을 이 책에서 처음 읽는 셈이다. 그런데 만약 내 말이 틀리면 내가 다음번 학회 장소인 호텔 바에서 10달러짜리 맥주 한 잔 쏠게.

앞으로 또 태어나려고 하는 '−주의'나 '−이즘' 등이 지금도 여전히 넘쳐난다는 건 두말할 나위가 없다. 이안 호더가 들먹이는 '**얽힘**entanglement' 같은 접근은 여기서 내가 설명할 능력도 안 되지만, 아마도 어쨌든 그럭저럭 유행할 것이고 추종자들은 그들만의 특별한 가축 우리folds 안에서 지들끼리 노닥거릴 것 같다. 이에 대해서 더 이상은 얘기하지 않으련다.[9] 내가 고고학 하면서 보고 들은 모든 걸 감안할 때, 고고학자들은 통일된 이론이나 패러다임을 결코 받아들이지 않을 거라고 나는 생각한다. 이건 생물학자들이 진화라는 개념에 대해 가지는 입장 차이와 비슷한 방식이기도 하다. 우리의 기원에 대한 창조신화가 뭐든지 간에, 고고학자들은 과정고고학 뒤에 일렬종대로 줄 서지 않았고 그다음에 등장한 것에서도 마찬가지였다. 그래서 이러한 고고학의 성향이 앞으로 바뀔 거라고 믿을 만한 이유가 없는 거다.

그럼 도대체 '탈대박 시대post-Big Thing era'에서 이론은 어떻게 될까? 자케타 혹스Jacquetta Hawkes[10]는 "모든 시대에는 스톤헨지와 비슷한 위상의, 혹은 그렇게 되길 바라는 고유한 숭배 대상이 있다"라는 유명한 말을 했다. 각 시기는 시대정신Zeitgeist[11]을 통해 인정받을 수 있는 묘책solution이 있게 마련이다. 지금이야말로 고고학계가 또 다른 '-주의'나 '-이즘'을 향해 쇄도하거나 특정 주제의 주변만 맴돌지 말고, 이전부터 익혀 온 통찰력을 발휘할 때인 것 같다. 미래는 내가 바라는 것이기도 하지만 점점 더 실용적으로 변할 것이며, 제대로 된 유적을 의미 있게 조사하려고 노력하는 진짜real 고고학자가 필요하다는 것을 깨우칠 거다. 그 미래는 실제로 어떻게 보일까? 일단 끝까지 읽어 보고 얘기하자고.

과거는 재방문하고 연장통은 샅샅이 뒤져라

마크 플루시에닉Mark Pluciennik[12]은 일반적으로 학계가 "새로운 모델들을 더 값나가 보이게 하려고" 기존 모델들을 희생시키는 경향이 있다고 말했다. 기존의 오래된 사조들 중 일부는 다른 학문 분야에서 수입된 것들로, 사회학이나 미술사 자료와는 확연히 다른 고고자료가 과연 해당 사조와 무슨 연관이 있는지 충분히 생각도 하지 않고 그냥 고고학 연구에 때려 박던slap onto 것들이다. 나 스스로도 그런 짓을 해 왔기 때문에, 내가 아는 한 이것은 엄연한 사실이라고 이제는 말할 수 있다. 어느 누구도 타성에 젖으려 하지는 않겠지만, 지적 풍토가 끊임없이 변하다 보니 유통기한sell-by date을 확실히 넘긴 점 말고는 여전히 괜찮은 사조들까지 특별한 이유 없이 쓰레기 취급을 하며 갖다 버리고는 한다.

만약 탈대박 시대에 버젓한 사조가 새롭게 등장해 부각된다면, 그 사조는 이전에 수용되어 거의 동시에 확실하게 자리매김한 여러 관점이나 접근이 책에 나왔던 것들을 다시 재활용하는 것과 관련 있을지도 모른다.

이 책은 개념들과 이론들을 나름 단선적으로 요약한 개론서이다. 처음부터 끝까지 읽다 보면 각각의 개별적인 접근법들은 자신의 집구석에만 머무를 뿐 이웃들과는 전혀 말도 안 섞고 지내고 있다는 생각을 하게 마련이다. **마크 피어스**Mark Pearce[13]에 따르면, 앞으로는 일종의 이론 '간보기cherry-picking'가 필요할 것 같다. 지난 수년간 많은 고고학자들은 이 책에서 내가 제시한 각종 이론적 가능성들로 조리된 단품요리a la carte 메뉴 중 몇 가지를 맛보면서 간을 봐 왔다. 그리고 그 메뉴들 중에 자기의 식성연구 목적을 충족시키는 수요에 맞는 요리접근법를 선택하곤 했다고 마크 피어스는 믿는다.

마크 피어스와 그의 동료 존 빈틀리프는 '적당히 사용할 수만 있다면 이론이라는 연장통에서 아무 도구나 꺼내서 휘두른다'고 말했다. 고고학자는 어떤 한 문제에 봉착할 때, 마치 크리스마스트리에 장식을 달듯 자신이 선호하는 모델을 고고자료로 정성껏 치장하는 대신 아무 이론이나 막무가내로 '써먹고는' 한다. 이런 접근 방법을 **브리콜라주**bricolage라고 부른다. 이건 어떤 접근법이 맘에 안 들 경우 대안으로 또 다른 전략을 찾아 헤매는 것

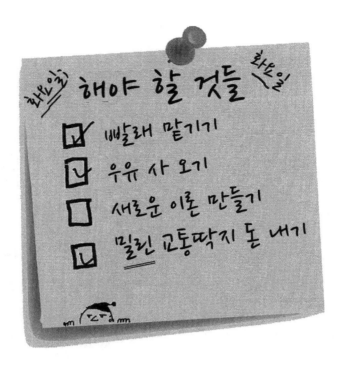

보다 더욱 현실적인 해결책이기도 하다. 더군다나 실제로 작금의 고고학이 어떻게 이루어지는지를 보다 정확하게 드러내 준다. 그러나 사실 **마리아 마이안**Maria Mayan[14]이 지적한 것처럼, 지금 다루는 작업해당 연구의 필요 사항에 적절하게 들어맞는 각자의 도구방법론과 접근법를 신중하게 경험적으로 선택해야만 한다.

　실용적인 면에서 '이론 간보기'와 비슷하다고 볼 수 있는 또 다른 괜찮은 접근법은 티머시 포크탯Timothy Pauketat[15]이 제시하였다. 그는 사물의 궁극적 원인에 대한 과학적인 조사들, 예를 들어 신다윈주의neo-Darwinism 등을 역사학적인 접근과 대비하였다. 여기서 역사학적 접근, 즉 사적史的 접근은 커다란 이론보다는 개별 사건들의 상호 연결interconnectedness이라든가 당장 드러나는immediate 작주성과 더 관련이 있다. 포크탯의 이러한 "사적 과정주의 historical processualism"에 따르면, 사회적·문화적 변화한마디로, 역사란 가구household

단위부터 전체 사회까지 다양한 규모에서 일어나는 변화를 꾸준히 연구하면서 이해할 수 있다. 또한 포크탯은 사물이 어떻게how 발생했는지 파악하는 것은, 왜why 그것이 발생했는지에 대해 추측하는 것보다는 더 실현 가능하다고 제안했다. 피어스 및 빈틀리프와 마찬가지로 포크탯은 고고학이 다른 관점들을 등한시하는 외골수가 되지 않아도 충분히 철저하고 엄밀하게 이루어질 수 있다고 믿는다.

이런 제안들은 많은 잠재적 가능성이 있다. 그리고 남들이 말하는 것처럼 고고학자가 무슨 큰 명분을 갖고 뭔가를 해야 하는 것이 아니라, 실제로 고고학자들이 하고 있는 것, 즉 진짜 유적들이 그들에게 던져 주는 정보를 이해해야 함을 반영하고 있다. 연구 주제들은 흔히 큼직한 이론 모델에서 나오지만, 그 모델이 무엇이어야 하는지는 아무런 제약이 없다. 닳고 닳은 현장 고고학자의 관점에서 볼 때 이런 모델은 다양한 유적 및 고고자료의 형식 등에 적용 가능하다. 고고학 소비자대중, 다른 고고학자, 역사학자들의 관점에서 보면 이런 모델로 만든 것이 훨씬 알아듣기 쉽고, 행동과 작주성에 기반을 둔다는 점에서 인간 위주의 서술이다.

5장에서 다룬 '**종족형성**ethnogenesis'을 생각해 보자. 고고학자들은 이것을 하나의 과정으로서 다루며, 종족형성이 발생하는 조건 및 기타 등등에 대한 과학적 일반화를 끄집어낸다. 하지만 이러한 종족형성이라는 사건은 삶의 실제 조건하에서 실존하는 사람들에게 일어난 일이다. 고고학은 그들의 일상적 의사결정이 그러한 과정을 어떻게 반영했고 또 어떻게 창출했는지 알아낼 수 있는 좋은 위치에 있다.

현대고고학에는 일종의 다원주의pluralism가 자리 잡고 있지만, 자신과 다른 부류를 적대적으로 보는 진영논리 성향도 마찬가지로 존재한다. 어떤 저명한 대학교의 인류학과는 골수 과학hard-science에만 경도된 부류와 민족지 접근을 선호하는 부류가 심각하게 분리되어 있다. 고고학계도 자칫하다

간 공통의 인습因襲, heritage을 인정하며 서로 대화를 지속해 나가기보다, 랍비 조너선 색스Jonathan Sacks[16] 어르신이 표현한 대로 극심한 "자발적 유유상종類類相從, self-selecting congregation of the like-minded"으로 치달을 수 있다.

지금까지 내가 제시한 의견들이 고고학계에 발붙이고 사는 모든 사람들을 해피happy하게 만들지는 않을 거다. 진화론을 추종하는 사람들과 해석적 고고학을 구사하는 사람들은 대체로 공통의 사상적 기반을 찾을 수 없다. 그리고 지금 내가 점잖게 얘기한 것들이 그 두 부류의 간극을 연결해 주지도 않을 거다. 하지만 이 책을 펴낸 출판사 사장 미치 앨런Mitch Allen[17]은 이를 "연결해 주는 책"이 나왔다고 선전을 하긴 할 거다. 전반적으로 이 바닥이 전술한 브리콜라주 같은 방식으로 바뀌어 간다면 약간 걱정스럽다. 그리고 그런 걱정에는 충분한 사유도 있다. 몇몇 사람들은 환경 변화와 같이 인류가 직면한 거대한 질문에 좀 더 집중하고 싶어 할지도 모른다. 그런 사람들은 지역 내의 특정한 지점과 장소에서 소규모로 겪은 경험 등에만 천착하면 결국 하찮은 것만 찾아 헤매는 판국이 될 수 있다고 경고한다.

나는 여기에 대해 말을 아끼련다. 하지만 좋은 문제의식이기는 하다.

1 **마이클 에런 로빈슨**Michael Aaron Robinson(1924-2006)은 미국의 개혁 랍비이자 인권운동가이다. 마틴 루터 킹Martin Luther King Jr.(1929-1968) 목사와 함께 셀마Selma에서 가두시위를 이끌었다. 1964년에는 플로리다 세인트오거스틴St. Augustine 시위에 참가하여 15명의 다른 개혁 랍비들과 함께 체포되어 투옥되었다. 미국의 핵개발 프로젝트 및 인종차별주의에 반대하였고 동성결혼에 동의하기도 하였다.

2 **존 L. 빈틀리프**John L. Bintliff(1949-)는 영국 출신 고고학자로 케임브리지 대학을 졸업하고 같은 대학에서 박사학위를 받았다. 그 후 브래드퍼드 대학과 더럼 대학을 거쳐 1999년부터는 네덜란드 레이던 대학Universiteit Leiden에서 가르쳤다. 유럽 지중해 지역의 선사시대가 주 전공이며 그 외 유럽의 고대 및 중세 고고학도 다루고 있다.

3 오이디푸스 콤플렉스는 지그문트 프로이트Sigmund Freud(1856-1939)가 제시한 개념으로, 그리스 신화에서 자신의 아버지를 살해하고 어머니와 결혼하는 오이디푸스왕의 이야기에 기반하고 있다. 사람의 무의식에는 이성 부모에 대한 성적 욕구나 동성 부모에 대한 경쟁심이 내재한다는 정신분석이론 개념이다. 본문의 문장은 후학들이 아버지뻘 된다고 볼 수 있는 선학들과 과도하게 경쟁해서 그들을 도륙屠戮하다시피 비판하는 현 고고학계 세태를 비유한 것이다.

4 이론고고학집단TAG: Theoretical Archaeology Group은 1977년 영국 고고학자들을 중심으로 고고학의 학문적 토대를 보다 충실히 마련하기 위해 마련되었다. 당시까지만 해도 그다지 표면적으로 논의되지 않던 고고학의 이론적 부분을 집중 논의하는 자리였다. 데이비드 클라크의 사망 이듬해에 구성되었기 때문에, 고고학의 이론적 면모에 평생 천착해 온 클라크를 기리기 위한 자리이자 그가 남긴 유증으로 인식되기도 한다. 본격적인 학술대회는 1979년부터 시작되었고 영국 이외에 미국을 포함한 북미 지역 분회인 TAG North America도 조직되었다. 덴마크 및 스칸디나비아 지역의 고고학자들을 위한 TAG Nordic은 2007년부터 시작되었다.

5 2009년 당시 영국의 TAG 대표는 콜린 렌프루Colin Renfrew였다.

6 **린 메스켈**Lynn Meskell(1967-)은 호주 출신의 고고학자로 시드니 대학University of Sydney을 졸업하고 케임브리지에서 박사학위를 받았다. 그 후 옥스퍼드 대학과 미국의 컬럼비아 대학, 스탠퍼드 대학을 거쳐 현재는 펜실베이니아 대학에서 가르치고

있다. 유럽과 이집트의 선사시대 사회를 복원하는 데 탈과정주의적 접근을 적극 채용하고 있으며 유네스코 세계유산 프로그램 등의 문화유산 사업 및 고고학계의 실천적 문제도 함께 다루고 있다.

7 본명은 **브라이언 머레이 페이건**Brian Murray Fagan(1936-)이다. 케임브리지 대학에서 학부부터 박사과정까지 마쳤고 아프리카 잠비아의 리빙스턴 박물관Livingstone Museum에서 근무하다 미국으로 이주하였다. 일리노이 대학을 거쳐 캘리포니아 산타바버라 대학에서 지금까지 가르치고 있다. 일반적이면서도 대중적인 고고학을 지향하며 개설 수준의 학부과정 수업 및 일반인들을 위한 저술 작업에 치중하여 왔다. 대중 교양 월간지인 *Scientific American*이나 *Gentlemen's Quarterly*에 고정 칼럼을 연재하기도 하였다. 국내에도 다양한 번역서가 출간되었다. 대표적인 것들은 다음과 같다.

브라이언 페이건(이희준 옮김). 2015. 『세계 선사 문화의 이해: 인류 탄생에서 문명 발생까지』. 사회평론아카데미.

브라이언 페이건(남경태 옮김). 2021. 『기후, 문명의 지도를 바꾸다』. 씨마스21.

8 커다란 연구 주제를 품고 꾸준히 관련 유적 및 유물을 연속적으로 다룰 만한 고고학 조사가 불가능하다는 의미이다. 이는 구제고고학의 본질적 한계로서, 각종 개발 및 형질 변경으로 사라질 수밖에 없는 문화유산의 유물 수습 및 1차적 정보만 기록하고 마는 작업만 가능하다는 뜻이다. 이건 고고학이 아니라 '유물캐기'에 가깝고, 과거 호고주의의 재반복인 셈이기도 하다.

9 그래서 그런지 이 '**얽힘**entanglement'이라는 용어는 볼드체로 표시해 놓고도 15장의 용어 설명에서는 전혀 등장하지 않고 있다. 따라서 번역서인 이 책도 저자의 의도를 반영해 굳이 따로 기입하지는 않겠다. 관심 있는 독자는 다음 책을 참고하면 될 것 같다.

올리버 해리스·크레이그 시폴라(이성주 옮김). 2019. 『이론 고고학: 21세기 연구 동향과 새로운 모색』. 사회평론아카데미.

10 **자케타 혹스**Jacquetta Hawkes(1910-1996)의 본명은 제시 자케타 홉킨스Jessie Jacquetta Hopkins로, 고고학자이자 저술가이다. 당시 드물게 케임브리지 대학에서 고고학을 전공한 여성이며 자신이 발굴하거나 연구한 과거를 자체적인 내러티브로 발전시켜서 작품화하는 발군의 재주가 있었다. 그녀의 전남편은 유럽 선사시대를 전공하였고 '혹스의 사다리Hawkes' Ladder'로 유명한 고고학자인 크리스토퍼 혹스Charles Fran-

cis Christopher Hawkes(1946-1972)이다.

11 시대정신은 독일어로 'Zeitgeist'로서 영어로는 time spirit이 된다. 원래 게오르크 헤겔Georg Hegel(1770~1831)이 고안한 용어로, 헤겔은 어떤 특정 시대를 강렬하게 요약하고 관통하는 절대정신이 있다고 믿었으며 그것을 시대정신이라고 불렀다. 이러한 시대정신은 당대에는 깨달을 수 없고 해당 시기가 한참 지나야 비로소 알 수 있다. 이 책에서 저자가 사용한 개념은 이 같은 철학적 심오함은 없으며 그냥 당대에 유행하는 대중들의 공통적인 관념 정도로 이해하면 되겠다.

12 **마크 플루시에닉**Mark Pluciennik(1953-2016)은 영국 고고학자로, 셰필드 대학을 졸업하고 같은 학교에서 박사학위를 받았다. 웨일스 대학University of Wales을 거쳐 레스터 대학에서 선임강사로 재직했다. 주로 종교 및 과거인의 관념 세계를 탐구하는 주제에 관심을 가지며 신체성corporeality과 같은 철학적 개념을 차용하여 고고학을 수행했다.

13 **마크 피어스**Mark Pearce는 영국 고고학자로 현재 노팅엄 대학University of Nottingham에서 가르치고 있다. 지중해, 특히 이탈리아의 선사시대가 전공이며 선사시대 유럽의 채광 및 야금술을 주로 다루고 있다. 이 장에서 주로 다루고 있는『고고학 이론의 사망?The Death of Archaeological Theory?』을 존 빈틀리프와 함께 2011년 출간하였다.

14 **마리아 마이안**Maria Mayan은 캐나다의 교육학자로 사회과학에서의 질적 접근Qualitative Inquiry 및 지역사회의 상호부조 관련 문제 전문가이다. 현재 앨버타 대학University of Alberta의 평생교육대학에 재직 중이다.

15 **티머시 R. 포크탯**Timothy R. Pauketat(1961-)은 미국 고고학자로, 현대 미국 고고학계에서 보기 드문 순수 탈과정주의 계열의 고고학자이기도 하다. 서던일리노이 대학Southern Illinois University에서 지질학을 전공하고 미시간 대학에서 박사학위를 받았다. 오하이오주의 커호키아Cahokia 분구 및 사회상을 주로 연구하고 있다. 오클라호마 대학University of Oklahoma과 뉴욕 버팔로 주립대학을 거쳐 현재 일리노이 대학에서 가르치고 있다.

16 **조너선 헨리 색스**Jonathan Henry Sacks(1948-2020)는 영국의 정통 유대교 랍비이자 철학자이다. 영연방 전체 유대교의 랍비장으로 봉직하였고 미국 뉴욕 대학New York University 및 예시바 대학Yeshiva University, 영국의 킹스 칼리지 런던King's College London에서 가르쳤다.

17 본문에 나온 그대로다. **미치 앨런**Mitch Allen은 이 책의 원서를 처음 낸 미국 레프트

코스트 출판사Left Coast Press 대표였다. 레프트 코스트 출판사는 미국 캘리포니아의 월넛크리크Walnut Creek시에서 고고학, 인류학 및 기타 인문·사회 분야의 학술 서적을 주로 출간하는 독립 출판사였는데, 2016년 루트리지Routledge 출판사에 인수되었다. 미치 앨런은 이 밖에도 세이지 출판사Sage Publications의 편집 책임자였고, 알타미라 출판사AltaMira Press의 발행인이었다.

🔱 토론거리

1 '이론의 사망'이 의미하는 것은 무엇인가?

2 무이론 혹은 비이론atheoretical고고학 같은 건 없는가? 만약 있다면 그건 어떻게 보일까?

3 고고학자들이 포스트모던의 불확실성과 함께 벌이는 짓거리(?)flirtation가 과거에 대해 우리 분야가 가지고 있는 전통적 권위를 훼손하지는 않을까? 그렇다면 이런 짓거리는 어떻게 해석해야 할까? 좋은 일일까? 우리가 갖고 있던 권위는 누구, 아니면 무엇이 대신해 줄 건가?혹시 지 혼자 만들고 편집하고 입증하고 북 치고 장구 치는 위키피디아처럼 되면 어쩌지?

4 방식과 목표가 다양하다는 건 장점이 될 수 있는가, 아니면 정상과학 모델처럼 더욱 맹목적으로single-minded 접근하는 게 고고학하기엔 더 좋은 모델인가? 모든 사소한 문제들이 15분간 유명해질[1] 수 있을 만큼 짤막한 고고학적 관심을 받다 보면 수박 겉 핥기superficiality의 결과만 남지 않을까?

5 과거에 대해 다른 유형의 질문을 던지려면 접근 방법도 달라야 할까? 그렇다면 인류 전체의 혜택을 도모하는 거대문제들the Big Issues을 탐구하는 게 중요하다는 것에 고고학자들이 과연 동의할까?

6 5번의 거대문제들이란 도대체 무엇일까?

....

옮긴이 주

1   앤디 워홀이 "미래에는 모든 사람이 15분 동안 전 세계적으로 유명해질 것이다 In the future, everyone will be world-famous for 15 minutes"라고 1968년 스웨덴 스톡홀름Stockholm 전시회에서 한 말이다. 미래에는 일상성을 가진 어떤 평범한 행위도 커다란 효과를 일으키는 것이 허용된다는 의미이다. 일종의 기믹gimmick으로, 다양한 아티스트나 작가들이 이 말의 일부를 바꾸거나 라임rhyme으로 차용하기도 한다. YouTube, SNS에 등장하는 개인의 각종 소사가 국경을 넘어 전 세계적으로 파급되고 영향을 미치는 현 세태에 적절하게 들어맞고 있으며, 이걸 의도적으로 추구하는 행위도 그 정당성을 점차 확보해 가고 있다.

더 읽을거리

Bintliff, John and Mark Pearce (Eds.)
2011 *The Death of Archaeological Theory?* Oxbow books, Oxford.
Clarke, David L.
1973 Archaeology: the loss of innocence. *Antiquity* 47:6-18.
Cochrane, Ethan and Andrew Gardner (Eds.)
2011 *Evolutionary and Interpretive archaeologies: A Dialog*. Left Coast Press, Inc., Walnut Creek, California.
Fagan, Brian
1996 Archaeology's Dirty Little Secret. *Archaeology* 48(4):14-16.
Flannery, Kent V.
1982 The Golden Marshalltown: A Parable for the Archaeology of the 1980s. *American Anthropologist* 84(2):265-278.
Hawkes, Jacquetta
1967 God in the Machine. *Antiquity* 41(163):174-180.
Hodder, Ian
2012 *Entangled: an Archaeology of the Relationships between Humans and Things*. John Wiley & Sons, West Sussex, UK.
Kintigh, Keith, Jeffrey Altshul, Mary Beaudry, Robert Drennan, Ann Kinzig, Timothy Kohler, Fredrick Limp, Herbert Maschner, William Michener, Timothy Pauketat, Peter Peregrine, Jeremy Sabloff, Tony Wilkinson, Henry Wright, and Melinda Zeder
2014 Grand Challenges for Archaeology. *American Antiquity* 79(1):4-24.
Mayan, Maria J.
2009 *Essentials of Qualitative Inquiry*. Left Coast Press, Inc., Walnut Creek, California.
Pauketat, Timothy
2001 Practice and History in Archaeology: an Emerging paradigm. *Anthropological Theory* 1:73-98.
Pearce, Mark
2011 Have Rumours of the 'Death of Theory' been Exaggerated? In John Bintliff and Mark Pearce (Eds.), *The Death of Archaeological Theory?* (pp. 80-89). Oxbow Books, Oxford, UK.
Pluciennik, Mark
2011 Theory, Fashion, Culture. In John Bintliff and Mark Pearce (Eds.), *The Death of Archaeological Theory?* (pp. 31-47). Oxbow Books, Oxford, UK.
Praetzellis, Adrian
2011 CRM Archaeology: The view from California. In Chris Gosden (ed.), *The Oxford Handbook of Global Archaeology* (pp. 319-331). Oxford University Press, Oxford, UK.
Theoretical Archaeology Group (TAG)
2009 Abstract Book. The 31st Annual Meeting of the Theoretical Archaeology Group. Department of Archaeology, Durham University, Durham, UK.

포-모를 말하시나용?
포스트모던한 용어 대충 정리

지금까지 접해 온 각종 추상적 생각들은 가엾은 학생들의 머리를 터뜨려 버리고도 남을 수준이다. 그 와중에도 다른 고고학자들은 지금의 고고학 용어만으로는 충분하지 않다며 고고학 이외 다른 분야 개념들까지 일상적으로 넋 놓고 사용하고 있다. 앞으로 고고학자가 되고 싶다면 문학평론, 미술사, 커뮤니케이션 연구 및 사회학과 정치학 이론까지, 다른 학문 분야의 개념 및 용어도 감당해야 할 것이다.

하지만 절대 겁낼 필요 없다.

나는 책을 가끔 읽는 사람들이간헐적 독자라고 한다. 물론 그대는 아니겠지만 **데리다**Jacques Derrida와 **바르트**Roland Barthes의 견해 차이를 기억할 것이라 생각하지도 않고 **푸코**Michel Foucault라는 사람의 이름을 제대로 발음할 것[foo-coh]이라 기대하지도 않는다. 그럼에도 불구하고 나는 이런 간헐적 독자들이 **그람시**Antonio Gramsci의 『옥중수고Prison Notebook』를 열심히 읽고, 도대체 그람시라는 노인네가 문화적 **헤게모니**라는 개념을 통해 무엇을 말하고자 하는지 이해하려고 애쓰는 경우도 있을 것으로 본다.

그래서 나는 그대를 위해 이걸 만들었다. 사실 지금까지 이 책에 등장했던 굵게 쓴 볼드체 단어들은 모두 이 용어집에 있다.

나는 여기서 대부분 평이한 용어를 구사해서 일반 고고학뿐 아니라 탈과정고고학에서 많이 사용되는 포스트모던적 담론談論, discourse, 이 단어까지 용어집에 있다들의 요긴한 설명서를 제공하려 한다. 근사하지? 하지만 낚이지 마라. 이러한 생각들 대다수는 자기시사自己示唆, self-referential[1]에 불과하다. 그러므로 한 가지 개념을 이해하려면 그걸 설명해 주는 다른 개념들의 뜻도 찾아봐야 한다. 고고학자인류학에 기반을 두고 있는 고고학자들이 이런 개념들을 어떻게 구사하는지 알아낸다는 것은 단지 다른 분야의 사례들을 수박 겉 핥기 수준으로 짚고 넘어가는 것에 불과할 수도 있다. 따라서 다음 개념들은 '고고학을 위한' 용어집을 표방하므로 고고학자들이 이러한 용어를 어떻게 활용하고 있는지에 대한 그럴싸한 정의만 제시한다. 사실 이러한 정의를 모든 고고학자가 따르는 것도 아니기 때문에 부담 가질 필요는 없다.

포스트모더니즘이란 원래 무언가를 권위적으로 정의하는 것을 명백히 거부한다. 따라서 내가 용어 정의를 잘못하고 있다고 느낀다면, 이러한 담론의 본질을 비난하기 바란다. 나한테 책값을 물어내라고 하지는 말길 바란다.

결정론決定論, determinism: 특정한 한 가지 요소가 역사 전개, 사회구조 등을 '결정한다'는 사회이론상의 견해. 예를 들면 마르크스주의의 몇몇 갈래는 역사가 계급갈등의 산물이라고 주장하기 때문에 결정론에 해당한다3장과 4장 참조.

경험주의자經驗主義者, empiricist: 직접 관찰할 수 있는 것만 믿고 받아들이는 사람들. 흔히 '사실fact이 모든 걸 말해 준다'라고 주장하는 사람들과 같다. 그들은 이론을 필요로 하지 않고, 당연히 이 책도 구입하지 않는다1장 참조.

고고학에서의 전통archaeological tradition: 장기간에 걸쳐 특정한 기술이 사용되고 복합적 행위들이 구사되었다는 것을 명확하게 지적해 주는 유물 형식들의 집합a set of artifact types. 대표적인 사례로 호주의 소형 도구석기 전통Australian Small Tool tradition[2]을 들 수 있다.

공시共時, CE: Common Era: 통상적으로 서력 기원후의 연대를 나타내던 ADAnno Domini, 기원후 대신 쓰기 시작한 대안적 표기법. BCBefore Christ, 기원전와 같은 표기법은 BCEBefore Common Era, 공시전로 대체할 수 있다. 이러한 표기법은 기독교에 근거해서 역사를 언급하는 편향bias을 바로잡아 준다.

과정주의過程主意, processualism: 인간사에서 문화적 과정의 역할을 설명하고자 노력하는 고고학적 접근 방법**'탈과정주의'**와 1장 참조.

과학적 방법scientific method: 검증할 만한 가설을 이론에서 도출한 후 실제 현장 자료field data를 갖고 검증하는 과정. 검증 결과는 기존 가설을 구체화하는 데 적용되고, 이렇게 구체화된 가설은 나중에 재검증 절차를 거친다.

관계유추關係類推, relational analogy: 하나의 문화 내에서 두 가지 요소예를 들면 유물이나 생계유지 관습 따위 사이의 문화적 혹은 역사적 연결에 의해 뒷받침되는 유추. 두 집단이 상호 흡사한 유물을 사용한 것이 반드시 같은 목적으로 사용했음을 시사하지는 않는다. 관계유추에서 유추 자체가 민족지나 역사에 기반을 둔다면 더욱 강력한 사례를 제공한다**'직접 역사적 접근'**과 1장 및 8장 참조.

관념론觀念論, idealism: 사고와 생각이 행동보다 선행하고 더 중요하다고 믿는 신조. **유물론**의 상대 개념에 해당한다3장 참조.

고고학자들의 샌드위치 제조법 안내

저자(제조자)들을 위한 가이드, 미국 고고학회: "다양한 빵을 사용하는 게 권장되지만 도정 과정을 거치지 않은 잡곡 가루로 만든 빵이 더 좋음. 썰어 낼 때는 12.7 X 10.16cm(5 곱하기 4인치)를 넘지 말 것."

루이스 빈포드: "1948년에 그리핀에게 말했듯이, 피클이 없으면 전혀 샌드위치가 아니고 그렇게 불릴 건덕지도 전혀 없다니까."

제임스 디츠: "헨리 글라시(1945: 43)에 의하면 이항대칭의 '빵/샌드위치 속/빵'은 건축과 묘비석 디자인에서도 역시 나타나고 있는 구조의 사례라네."

이안 호더: "생산자건 소비자건 샌드위치 만드는 과정상의 모든 이해당사자를 결부시켜야 돼. 촤탈회위크 발굴 웹사이트는 이런 가상의 과정에 중의적인 접근을 하도록 권장하려고 샌드위치 재료를 봉지째 내준다니까."

스탠리 사우스: 달걀 샐러드 유형

빵	35.4%
달걀	24.1%
마요네즈	17.4%
양파	14.9%
셀러리	08.2%
	(100%)

이보 노엘 흄: "숙녀분들은 이런 수공품을 만들지 않도록 해야 된다네. 왜냐면 길쭉한 손톱이 빵에 구멍을 낼 테니까. 그래도 다 먹고 뒷정리는 해도 되겠지."

랜달 맥과이어: "중요한 점은 누가 샌드위치를 만드느냐, 그리고 누구의 이익을 위함이냐다. 샌드위치 생산의 유일한 목적이 식량 공급이라는 기능주의자들의 주장은 샌드위치의 사회적 재생산 역할을 무시하는 거라구."

카멜 슈라이어: "샌드위치란 본질적으로 영국 엘리트들의 거실에 그 연원을 두고 있는 정복의 산물이기는 하지만, 네모나고 잘 짜여진 이 모양새의 의미는 너덜너덜한 야생 영양고기를 썰어 넣으면서 기묘하게 변환되었지."

자넷 스펙터: "어떻게 샌드위치가 만들어졌나와 관련해서 많은 이야기들이 복원되거나 또는 구축될지 모른다. 그걸 만든 여자, 아니면 남자는 내가 내린 해석과 내 샌드위치에 대해 어떻게 생각할까?"

앨리슨 와일리: "탐구 주제와 관련한 문제, 예를 들면 빈포드의 BLT(베이컨-양상추-토마토) 샌드위치 민족지고고학을 분명하게 정의하며 시작한다면, 신고고학은 이전 고고학의 관행에서 기본적 가정으로 삼았던 것들에 꾸준히 의문을 가졌다네. 빵은 진정 뭔가를 지시하는 특성을 가지고 있을까(Clarke 1972:43)? 그리고 이게 반드시 '샌드위치'여야만 할까? 뭐랄까, 속재료는 아닐까(Watson et al. 1971:17)?"

구조주의構造主義, structuralism: 인간의 마음그리고 결론부터 얘기하면, 사회와 문화까지도에는 언어처럼 모종의 법칙에 의해 지배되는 방식의 구조가 존재한다는 이론. 인간의 심리와 문화에 일종의 법과 질서law-and-order가 내재한다고 보는 관점으로, 실제 현상을 바라보는 인간의 고유한 성향은 위/아래, 날것/조리된 것, 남성/여성과 같이 일련의 이항대립 관계에 근거한다고 주장한다'포스트모더니즘'과 8장 참조.

구조화構造化, Structuration: 영국의 사회학자 앤서니 기든스Anthony Giddens가 고안해 낸 용어. 기든스는 개개인들이 그들이 살아가는 사회 내 구조와 맺는 관계를 기술하기 위해 이 용어를 사용하였다. 그는 사회 내의 구조가 사람들의 선택을 제한하기는 하지만, 사람들은 단지 수동적인 들보blob가 아니라고 제시하였다. 사람은 **작주성**을 갖고 있으며 원하는 것을 능동적으로 추구한다. 기든스는 작주성과 구조의 충돌이 사회 변동의 요인이라고 말했다. 정치적으로 좌빨lefties인 사람들은 기든스가 신자유주의를 추앙한 공로로 남작baron, 영국의 귀족 계층 작위를 받았다고 말한다. 그대라면 그렇게 생각할 수도 있지만 나라면 그런 말은 못하겠다9장 참조.

귀납歸納, induction: 정보를 축적해서 반복되는 유형들을 관찰한 후, 관찰한 것들을 총괄해서 비로소 최종 설명에 도달하는 방식. 귀납은 **연역**의 반대 개념이다. 실제로 고고학자들은 두 방법을 모두 사용하는 경향이 있다1장 참조.

규범적規範的, normative: 사회의 모든 구성원들이 해당 집단의 문화적 규범을 알고 따른다고 가정하는 것. 고고학에서는 집단이 제작하고 사용한 유물에 이러한 규범들이 구체화된다는 생각을 함의한다1장, 8장, 9장 참조.

기능주의機能主義, functionalism: 문화적 관습 및 제도는 유기체가 생명 유지를 위해 신체 각 부위를 함께 작동하는 것과 비슷한 방식으로 움직이거나 변화한다는 생각. 그리고 이러한 생각에 기반해서 인간 사회를 바라보는 기계적 관점도 포함한다. 기능주의의 기본 전제는 비록 옳고 쓸모 있기는 하지만 인간을 단지 복잡한 유기체로 바라보는 경직된 모델에 불과하다. 그리고 이는 역동적인 변화를 설명하는 데 몇 가지 문제를 가지고 있는 게 사실이다1장, 3장, 9장 및 12장 참조.

넘길패스TLDR: "너무 길어서 패스too long, didn't read"의 약어略語. 분량이 지나치게 많은 인터넷 게시물에 댓글로 구사하는 유행어다. 게시물을 제대로 읽을 시간과 여유가 없을 때 쓰기도 한다.

담론談論, discourse: 특정 집단의 사람들가령 정치인들이나 교수들이나 특정 학문 분야예를 들면 고고학 내에서 생각과 소통이 이루어지지만, 노골적으로 언급되지는 않는 모종의 규칙들. '담론을 통제한다'는 것은 특정 주제에 대해 생각하거나 말해도 되는 것이 과연 무엇인지를 결정하는 것이다. 권력이라는 단어에 심각하게 경도된 **미셸 푸코**Michel Foucault가 꿈결같이 고안해 낸 개념이다1장과 7장 참조.

대상화/객관화對象化, objectify: 다른 사람 혹은 다른 집단의 성적 특징性徵, 예를 들면 여성의 가슴이나, 인종적/종족적 속성피부색이나 머리카락 종류처럼만으로 판단해서 인간적인 면모를 배제하고 이해하는 것. 다른 집단을 대상화한다는 것은 그들의 모든 어리버리한callous 행동들을 쉽게 합리화rationalize시킬 수 있도록 만들어 버린다. 그들이 그대나 나처럼 완전한 인간이 아니라서 그렇다는 것이다. 사실 그들은 우리보다 못한 게 아니라 우리와 다른 **타자**일 뿐이다12장 참조.

독자적readerly/**저자적**writerly[3]: 롤랑 바르트는 '독자적讀者的/독자스러운'의 의미란, 독자들의 기대에 맞추는 친숙한 통념familiar convention, 예를 들면 단선적인 이야기 전개나 일반적인 형태를 그대로 보여 주는 나무의 모습 등을 채택해서 저술이나 예술 작품을 만드는 방식이라고 했다. 이런 종류의 작품을 읽는 것은 수동적인 행동이기 때문에 **즐거움/기쁨**만 남는다. 반대로 '저자적著者的/저자스러운' 작품은 파탄破綻, disruptive적이다. 이 작품은 중간에 개입하는 구조structure 없이 실재하는 현실reality을 독자가 스스로 목도目睹하도록 도발하여, 바르트가 **주이상스**라 부르는 감정을 자아내게 한다. 통념을 파탄내는 것, 기존의 고정된 범주를 무시하는 것이야말로 포스트모더니즘의 핵심이기도 하다10장 참조.

롤랑 바르트 Roland Barthes: 프랑스이름만 봐도 알 수 있다의 문학비평가. 텍스트의 의미를 창조하는 과정에 독자들이 적극적으로 참여한다는 견해를 내놓았다. 바르트는 세탁물 배달 트럭에 치여 죽었다'**저자사망**'과 10장 참조.

루이 알튀세르 Louis Althusser: 국가는 권력을 유지하기 위해 억압적 방법경찰, 군대과 **이데올로기**적 방법종교, 사법제도을 개발한다는 견해를 제시한 프랑스의 철학자. 알튀세르 자신이 표현한 바에 의하면, 억압적 기재機材, apparatuses는 사람들을 단지 순응하도록 강요하지만, 이데올로기적 기재는 사람들이 일을 하면서 지배 이데올로기를 합리적이고 합법적이라고 여기게 하므로 더욱 더 점진적이고 은밀하다. 그리고 이를 통해 지배계급은 그들에게 종속하는 사람들의 동의와 지지를 끌어내고 조정하기도 한다. 이미 알고 있겠지만 알튀세르는 마르크스주의자이다4장 참조.

르네 데카르트 René Descartes: 17세기 프랑스의 철학자. 그는 정신思考이 신체物質世界를 지배한다고 주장했다12장 참조.

마르크스주의Marxism: 카를 마르크스의 기본적인 사상과 개념들을 통칭하는 용어. 카를 마르크스와 그의 친구 프리드리히 엥겔스에 따르면 역사란 사회계급 간 갈등의 결과이다. 그들은 현대 사회 및 그것을 지탱하는 철학을 권력을 가진 자들이 안주安住하는 기계적 장치로 보았다. 마르크스는 역사의 필연적 결과는 혁명밖에 없다고 보았다. 하지만 사회가 어떻게 작동하는지 이해하면서 그의 사상적 가치를 파악하기 위해 혁명에 굳이 동조할 필요는 없다. 마르크스의 사회이론 일부는 받아들이더라도 그의 혁명적 정치관과는 거리를 두는 고고학자들 중 일부는 자신을 유물론자라고 부른다 '사적유물론', '유물론'과 3장 참조.

맥락脈絡, context: 시간, 장소, 문화와 관련하여 사물들대상, 생각, 사건들을 포함이 위치하는 곳. 특정 유물의 층서적 맥락stratigraphic context은 다른 대상 및 고고학적 구조와의 물리적 관계를 말한다. 어떤 특정 대상이나 사물의 역사적 맥락이란, 사람들이 그것에 대해 무엇을 생각했고 어떻게 사용했는지를 포함한다. 맥락이란 어떤 것의 의미를 이해하기 위해 알아 둬야 할 그 모든 것을 말한다.

메타서사metanarrative: 현재를 설명해 주는 과거에 대한 이야기.[4] 인적 없는 황무지가 정착지로 사용되기 가장 좋다는 식민지 개척자colonizer들의 시각은 편의적 일반화convenient generalization 과정을 거치면서 일관적으로 납득되는 역사를 만들기 때문에 메타서사에 해당한다. 메타서사는 하나의 스토리로 역사적 사실과는 통하지만, 다양한 변이variability를 비정상적인 것으로 치부할 수밖에 없다. 메타서사는 사실의 해석 뒤에 자리 잡고 그 해석을 이해하도록 해 주는 기본 틀을 제공한다 '포스트모더니즘'과 1장 참조.

모더니즘modernism: 지금 현재 시점을 의미하는 '현대주의'와는 거의 관련 없는 개념. 지난 몇 세기 동안 서구의 가치관을 지배해 온 사유 방식으로 종교나 선천적 지혜 대신 과학과 논리적 의사결정을 통한 인간의 진보를 강조한다신의 계시보다는 합리주의를 강조. 자본주의capitalism야말로 이러한 근대Modern era의 지배적인 정치 **이데올로기**다 '포스트모더니즘'과 1장 참조.

목적론目的論, teleology: 어떤 산물이나 궁극적인 결과를 미리 상정하는 모델. **기능주의**적 해석들은 목적론적인 경향이 종종 있는데, 이는 기능주의자들이 어떤 하나의 특성이 실재하는 이유를 알 수 있으며 그 증거들은 초기 전제premise를 뒷받침하는 것으로 간주하기 때문이다. 역사는 필연적으로 탈자본주의post-capitalist를 향해 간다고 보는 골수 **사적유물론**historical materialist적 해석은 목적론의 사례에 해당한다2장 참조.

문화사文化史, culture history: 물질문화에 기반을 두고 과거 사회를 기술記述, description하는 것. 이러한 기술은 유물의 형식학typology이나 기타 유사한 기법을 통해 그 사회의 편년과 지리적 범위를 밝혀내는 데 목적이 있다1장 참조.

문화상대주의文化相對主義, cultural relativity: 특정 문화란 그 자체의 신앙 및 관습 체계와 관련해서만 이해할 수 있다는 견해. 물론 그렇다고 해서 모든 잔혹한 관습들이 과거부터 현재까지 그들의 고유한 문화로 존재해 왔기 때문에 반드시 받아들여져야 되는 것은 아니다. 다만 이런 경우 잠정적으로 판단을 유보해야 한다.

문화생태학文化生態學, cultural ecology: 문화어떤 문화든 상관없이란 그것이 생겨난 특정 환경에 적응하는 것이라는 전제를 기반으로 하는 학파. 많은 신고고학자들이 인간 사회와 문화에 대한 일반화를 시도하기 위하여 이 접근법을 채택하였다1장과 2장 참조.

문화유산관리CRM: 문화적으로 가치 있는 과거의 산물들을 현시점에서 보전하고 연구하고 후손에게 물려주는 데 필요한 모든 행정적 대응책 및 관련 인사들의 행동.

문제삼기problematize: 일반적으로 받아들여지는 가정을 의문스럽다고 간주하고 검토하는 것. 예를 들면, **퀴어이론**은 역사와 문화에서 **이성애위주**를 기정사실로 여기는 것을 문제 삼았다7장 참조.

물질문화物質文化, material culture: 단순히 **유물**과 동의어가 아니라, 이 개념은 사물들이 문화적 피조물이며 결과적으로 그들의 실용적인 목적효용과는 별도의 의미를 가진다는 견해를 포괄한다4장과 13장 참조.

미결정성未決定性, indeterminacy: 어떤 것은 '옳고' 다른 것은 '틀리다'는 이분법적 태도 없이 다양한 해석들을 제시하는 것1장 참조.

미셸 푸코 Michel Foucault: 사망한 프랑스 철학자 중 한 사람. 영향력이 막대하지만 그만큼 또 심오하고 이해하기 어려운 사상을 특징으로 한다. 그는 정상적이고 수용 가능하다고 여겨지는 것들을 통제하기 위해, 사회가 어떻게 일탈을 규제하는지 보여 주려 했다. 또 고양이들과 노는 것을 좋아했고 광기나 처벌 같은 개념들을 해체하는deconstructing 것을 즐겼다. 푸코의 주요 관심사는 권력에 있었는데, 누가 어떻게 권력을 잡고 유지하는지를 탐구하였다. 사실 고양이 관련 얘기는 내가 그냥 만든 얘기다**'담론'**과 7장 참조.

본질주의本質主意, essentialism: 인간 집단남자나 여자 혹은 특정 민족이란 그들의 '본질essence'로부터 결코 자유롭지 못한 성향이나 태도를 가진다고 보는 견해. 남자는 역사적으로 가족을 먹여 살리는 역할로 진화해 왔기에 천성이 외향적이고 여자는 아이들을 길러야 해서 수동적이라고 보는 견해가 이러한 예에 속한다. 사람들이 보통 '인간의 본성human nature'이란 단어를 언급할 때는 이미 본질주의가 깔려 있기 마련이다. 몇몇 사람들은 이런 종류의 고정관념을 전혀 신경 쓰지 않는데, 사회에 전적으로 참여하지 않는 것을 정당화하기 위해 그들이 본질주의를 구사한다는 점은 더 말할 필요가 없을 것이다. 친애하는 **장폴 사르트르**Jean-Paul Sartre의 실존주의existentialism철학은 바로 이러한 본질주의를 거부하면서 이루어졌다7장 참조.

불특정다수/듣보들(?)faceless blobs: 아주 먼 옛날 사람들의 공공연한 익명성ano-nymity을 기술하기 위해 루스 트링엄Ruth Tringham이 고안한 용어. 그녀는 이렇게 죽어 없어진 지 오래된 듣보들에게 인간됨humanity을 다시 돌려주기 위해 고고학을 사용한다5장과 11장 참조.

브리콜라주bricolage: 이론, 서사narrative, 설명 혹은 예술 작품을 만들어 내는 방법 중 하나. 브리콜라주는 외견상 전혀 연관 없는 다양한 출처들에서 파생한 개념과 방법을 사용한다. 원래는 전통적 이야기traditional story가 모자이크 같은 다수의 문화적 출처들로부터 어떻게 조합되는지 기술하기 위하여 레비스트로스Claude Lévi-Strauss가 최초로 사용한 개념이다14장 참조.

사적유물론史的唯物論, historical materialism: 마르크스의 친구인 프리드리히 엥겔스Friedrich Engels가 좋아했던 개념. 인간사의 사건들은 삶의 물적 조건, 특히 사회계급 간의 권력관계에서 기인한다는 주장이다. 이 관점은 역사에 **작주성**을 부여하고사물은 저절로 발생하지 않게 마련이다 정치적 함의를 뚜렷하게 가지고 있다'**마르크스주의**', '**유물론**'과 3장 참조.

선을 넘는/초월적超越的, transgressive: 문화적으로 정해진 기준을 거스르거나 허용된 한계를 넘는transgress 사고방식. 야한 에로틱 잡지를 사회적 기준에 거스르는 방식으로 읽는 경우 여성의 상품화에 대한 의미를 뽑아낼 수 있다. 따라서 겉으로 보기에는 **단의적**univocal 텍스트여도 합당한 분석이 가해지면 그 의미에 해당하지 않음이 드러날 수 있다. 일탈적逸脫的, transgressive 행동을 구성하는 것은 끊임없는 유동流動, flux이다. 영국 펑크족의 문신, 염색한 머리, 피어싱이 1980년대 등장했을 때는 거침없이 파격적破格的, transgressive이었다. 그러나 이러한 개인의 치장품들이 도시 바깥의 쇼핑몰까지 파급되고 마침내 **규범적**normative 패션 악세서리로 등극하면서 이들이 기존에 가지던 충격적 가치는 어느새 수그러들었다. 오늘날 몸에 피어싱을 하든 다른 것을 하든 이런 것들이 눈살을 찌푸리게 만드는 경우는 거의 없다'**해체**', '**퀴어이론**', '**텍스트**', '**중의성**'과 10장 참조.

설레발front-end loading: 저자가 자신의 박학다식을 뽐내기 위해 이전에 전혀 언급된 바 없는 극히 최신의 사회이론을 자신의 작품 맨 앞쪽에 처발라 놓는 행위. 나는 이 단어를 윌리엄앤메리 대학William & Mary College의 말리 브라운Marley Brown 교수에게 배웠는데, 이 용어는 아마도 그 친구가 만든 것 같다1장 참조.

성소수자LGBTQ: 레즈비언Lesbian, 게이Gay, 양성애Bisexual, 성전환Transgender의 영어 앞 글자에다 퀴어Queer나 의문Question을 의미하는 Q를 추가해서 만든 약어. 성소수자들 전체를 통합적으로 느슨하게 언급할 때 구사되며 **이성애위주**heteronormal에 해당하지 않는 정체성을 인식하기 위한 용어이다7장 참조.

성찰적省察的, reflexive: 반사reflection라는 단어 때문에 고무 망치로 그대의 무릎을 두들겨 보는 의사와 관련 있을 거라 생각하면 안 된다. 이 용어는 그대가 무엇을 하고 있고, 왜 그것을 하는지 끊임없이 재평가하기 위해 자아인식self-aware적이고 자기비판self-critical적인 방식으로 꾸준히 수행하는 것을 말한다. 이안 호더에 따르면 성찰은 해석 훨씬 이전에 "트라울trowel의 끝"에서 시작한다. 즉 성찰이란, 현장 고고학자들이 즉석에서 무엇이 자료를 구성하고 무엇이 자료를 구성하지 않는지에 대해 정의하는 것부터 시작한다.

식습관食習慣, foodways: 사람들이 어떻게 식량을 획득하고, 마련하고, 내놓고 소비하는지와 관련된 모든 것들. 접시plate보다는 사발bowl을 사용하고, 뼈를 직접 발라 고기를 먹기보다는 덩어리로 썰어 먹는 것은 식습관의 면모에 해당한다. 스튜를 먹을 때 접시보다는 사발을 사용하기 때문에 고고학자는 이따금 사람들이 냄비pot를 기반으로 어떻게 식사를 준비했는지 가설을 세우기도 한다9장 참조.

신고고학新考古學, New Archeology: 문화적 과정을 탐구하기 위하여 과학적 방법과 계량화 작업quantification을 강조하는 북미 고고학자들 중심의 움직임. 신고고학자들은 대상으로서의 사물things이 도대체 무엇이고, 언제 어디에서 왔는지 같은 질문뿐 아니라, 왜 그것이 존재하는지 밝혀내려고 한다. 신고고학자들은 종래의 'archaeology'라는 표기법이 유럽의 지적 **헤게모니**를 상징한다고 본다. 따라서 나는 여기서 그들의 의견대로 영어 표기의 두 번째 'a'를 삭제하고 썼다**'탈과정'**과 1장, 2장, 13장 및 14장 참조.

실천이론實踐理論, practice theory: 실천practice에 대한 이론이 있다는 것이 해괴하게 보일지 모르지만, 실제로 있다. 이 생각은 마르크스가 실제 사회에서 작동하도록 마련했던 실천론idea of praxis에 근거한다. 실천이론은 사회가 어떻게 스스로를 재생산하고 변화해 가는지 발견하고자 한다. 여기서 물질문화는, 그 자체의 **재귀적** 성격 및 개개인 행위자actor들이 자신의 전략을 관철貫徹, implement시키는 방식 때문에 중요한 역할을 차지한다. 실천이론은 **작주성**과 역사적 **맥락**을 강조하므로, 구조와 대규모의 과정을 보유한 과정주의적 관점과 대비된다**'탈과정주의', '탈구조주의', '구조화'** 및 9장 참조.

심층기술深層記述, thick description: 클리퍼드 기어츠Clifford Geerts가 고안한 민족지 기술 방법. 작은 규모로 발휘된 개개인의 행동을 해석하기 위하여 집단 내에서 통용되는 지식을 사용하고 면밀한 관찰을 동반하는 방법11장과 14장 참조.

아날학파Annales School: 역사서술historiography의 한 방식으로, 거대하고 장기적인 과정들을 강조한다. 이러한 과정들은 전통적 서사narrative histories를 통해 역사로 구현되는 자잘한 사건들의 밑에 보이지 않게 내재해 있다. 유명한 비유로, 내재하는 영향력예를 들면 경제, 사회, 환경 등들은 마치 파도와 같으며, 이 파도의 마루crest는 특정 사건 및 그 사건과 연루된 유명 인사들이 만들어 내는 포말泡沫, foam로 이루어진다는 말이 있다. 아날학파에 따르면, 역사란 중요한 개개인들이 그들 자신을 위해 만들어 낸 일련의 사건들이기보다는 문화와 자연 영력에 의해 조직되는 유형화된patterned 인간 행위가 장기지속한 결과라 볼 수 있다. 이러한 견해는 아날학파를 영혼의 동반자soul buddy로 생각하는 고고학자들인류학에 기반을 둔을 떠오르게 한다'페르낭 브로델' 참조.

아비투스habitus: 개개인이 특정 장소와 시간 속에서 성장하는 동안 터득하는 모든 태도attitudes, 범주categories 및 무의식적 관습practices 등을 일컫는 개념. 프랑스 사회학자 피에르 부르디외Pierre Bourdieu가 제안하였다. 어떤 사람이 하나의 유물에 부여하는 의미나 경험은 그 사람의 아비투스에 근거하기 때문에 주로 해석고고학자들이 이 용어를 자주 구사한다8장과 12장 참조.

안토니오 그람시 Antonio Gramsci: 권력과 **헤게모니**hegemony에 대한 『옥중수고Prison notebook』라는 저작의 초고를 감옥에 있는 동안 써낸 작가4장 참조.

억견臆見/**독사**doxa: 우리의 관념 속에 아주 자연스럽게 내재해서 너무나도 당연하게 받아들여지는 견해들 '이데올로기'와 9장 참조.

역사주의歷史主義, historicism: 가장 단순한 의미로는 대상이나 텍스트를 그것들이 만들어진 역사적 맥락 속에서 이해하는 것. 일부 마르크스주의자들은 이 용어를 경멸적 의미로 구사하는데, 과거의 사상가들이 현실에 관한 가정을 무비판적으로 수용하던 것은 계급 탄압에 대한 모종의 공모 행위라고 지적한다. 그렇다, 이 용어는 정치적 함의를 가득 담고 있다1장 참조.

역할役割, role: 어떤 문화 내의 사람들이 특정 맥락에서 한 개인에게 기대하는 일련의 행동들. 주어진 날에 누군가가 맡을 수 있는 역할은 어린이그대의 나이와 상관없이 부모하고만 관련해서, 직딩(?)worker bee, 그대의 직장 상사와 관련해서, 꼰대 사수boss, 신입사원과 관련해서, 승객버스에 탄 다른 사람들과 관련해서 등을 포함한다. **젠더** 역할은 우리의 젠더 아니면 좀 더 은밀한 수준에서는 우리의 생물학적 성별에 따라 기대되는 역할이다.

연역演繹, deduction: 가설의 타당성을 검증하는 것을 포함한 과학적 접근법. 연역법은 관찰資料, data보다는 세상 자체에 대한 생각見解, idea에서부터 시작한다'**귀납**'과 1장 참조.

유물遺物, artifact: 인간에 의해 만들어지거나 변형된 것들'**물질문화**' 참조.

유물론唯物論, materialism: 세상을 보는 방식이 우리의 물적 여건을 결정하기보다는 그 반대로 삶의 물적 여건이 우리의 세계관을 결정한다는 견해. 예를 들면 유물론자들은 종교 이데올로기가 그 이념을 통해 사회를 창조하기보다는, 사회 내에서 권력이 어떻게 분배되는가에 따라 종교 이데올로기가 발생한다고 주장한다. 유물론은 생각과 지각知覺, perception, **관념론** 등으로 만들어지는 주관적 실재의 관점과 대조된다. 영국의 문호인 새뮤얼 존슨Samuel Johnson은 돌을 걷어차 버리고 "어쨌든 반박했다니까!"라고 일갈一喝하며 관념론을 거부했다'**존재의 거대한 고리**'. '**사적유물론**', '**마르크스주의**'와 3장 참조.

이데올로기ideology: '이념'이라고도 부름. 마르크스와 엥겔스는 "지배계층의 생각들은 각 시대에 걸쳐 있는 지배이념ruling idea이다"라고 하였다. 그들은 '지배이념'이란 상식이라고 여기고 당연히 받아들일 뿐 의심하거나 도전하려고 하지 않는 사고방식mindset이라 주장하였다. 이것이 바로 그들의 이데올로기이다'**허위의식**', '**마르크스주의**' 및 4장 참조.

이성애위주異性愛爲主, heteronormal: 역사상 이성애heterosexuality가 규범적normative이라고 당연하게 무비판적으로 받아들이는 것. 퀴어이론은 이러한 입장을 문제 삼았다'**성소수자**' 및 7장 참조.

인식론認識論, epistemology: 우리가 알고 있다고 생각하는 것을 어떻게 알 수 있는지에 대한 연구. 입증 가능한 견해와 통빡(?)gut 수준의 믿음을 구분하는 것1장 참조.

임계적臨界的, liminal: 사회인류학에서 쓰이는 용어. 개인이 하나의 사회적 조건과 다른 사회적 조건 사이에서 불안정하게 머뭇거리는teetering 경우를 임계 상태에 있다고 한다. 예를 들어 몇몇 서구 문화에서 청소년은 어른도 아니고 어린이도 아니며, 어른의 자유도 어린이의 의무도 없다. **탈식민주의**post-co-lonial적 분석에서는 식민/피식민, 남성/여성, 백인종/유색인종 및 **이성애위주** 등과 같이 두 갈래로 갈라진 사회 범주의 본질이 임의적인arbitrary것에 불과하다는 것을 말해 준다5장 참조.

작주성作主性, agency: 개인이란 스스로 영향을 미칠 수 없는 힘에 갇힌 무력한 볼모가 아닌, 그들 삶의 능동적인 창조자라는 견해 및 주장. 마르크스주의와 구조주의자들은 역사를 '이미 정해진 역할을 수행하는 교체 가능한 주인공'으로서 개개인이 만든 일련의 구조적 변화라고 보았다. 인간의 작주성에 관심을 가지는 것은 이러한 견해에 대립하고 거부하는 것이다'**마르크스**'와 3장, '**구조주의**'와 8장, '**탈구조주의**'와 '**실천이론**' 참조.

자크 데리다 Jacques Derrida: 또 한 명의 프랑스 포스트모더니스트. 이 양반은 해체주의를 고안해 냈다.

장기지속長期持續, Longue durée: **페르낭 브로델**이 구체화한 개념. 전쟁이나 정치적

책략과 같이 분명하게 정의할 수 있는 짧은 사건보다는 장기지속되는 사건 및 기후나 지리적 여건과 같은 과정들이 역사라 부를 수 있는 것에 더 큰 영향을 미친다 **'아날학파'** 참조.

장폴 사르트르 Jean-Paul Sartre: 20세기의 가장 저명한 프랑스 철학자. 사르트르는 실존주의자였는데, 인간에게는 자신의 잠재력을 결정하는 고유한 특성 혹은 본질essence이 내재한다는 **본질주의**essentialism를 거부한 인물이었다는 의미다. 여기서 내가 그를 언급하는 이유는 역사를 **마르크스주의**적으로 해석했기 때문이다. 그의 책『반유대주의와 유대인Anti-Semite and Jew』에서는 반유대주의가 자본주의의 산물이라는 사례를 제시하기도 하였다3장 참조.

재귀적再歸的, recursive: 유물은 그 자리에 그대로 있으면서 그것이 만들어진 사회의 가치를 반영하기보다는 능동적으로 인간들의 행동에 영향을 미치기 때문에 재귀적다시(再) '인간에게' 돌아(歸)온다는 의미이라고 알려져 있다4장 참조.

저자사망著者死亡, Death of the Author: 작가는 자신의 저서에 대해 책임질 필요가 없다고 롤랑 바르트가 처음으로 선언했을 때, 아마 프랑스에서는 '뭐라고?'라는 반응이 빗발쳤을 것이다. 여기서 꼭 나올 말로 "그래요 그럼 싸가지(?) 상실한 양반, 당신 말대로라면『레미제라블』은 도대체 누가 쓴 거죠?"라고 물을 수 있는데 그러면 지는 거다. 롤랑 바르트는 저자들이 타자기를 두들기는 고유 업무를 등한시한다고 주장하지는 않았다1977년 당시 저자들은 타자기로 저술 작업을 했다. 당연히 그들은 자기 역할을 해냈다. 롤랑 바르트가 지적한 것은, 저자가 마음에 두고 있던 것과는 거의 관계없는 의미를 해석하는 데 독자가 적극적인 역할을 담당한다는 것이다. 모호하게 쓸 의도가 전혀 없었던 진술에서도 독자는 저자가 인식하지 못한 중층의미重層意味, layers of meaning를 파악한다. 그리고 더 나아가 이러한 의미는 상호 소통되는 메시지의 일부이다.

저자적/저자스러운writerly: **'독자적/독자스러운'** 항목 참조.

저항抵抗, resistance: 개인적 **작주화**에 기반한 행동을 통해 지배 이데올로기에 적극적으로 반항하는 것. 저항 행위에는 **초월적**인 옷 입기나 태업 및 노골적인 혁명까지도 포함될 수 있다5장과 9장 참조.

정상과학正常科學, normal science: 과학자들이 연구를 수행하기 위해 자신들의 분야에서 널리 받아들여지고 있는 방법을 사용하는 과정.

젠더gender: 문화적으로 구성된 성 구별 개념. 생물학적 성별sex과 대응하지만 동일하지는 않다. 개개인의 성별은 생물학적 고유함의 문제대부분의 사람들은 남성이거나 여성임인 반면, 젠더는 그들이 보유한 문화에 귀속된다. 이것과 관련해 남성과 여성의 적절한 **역할**에 대한 고질적인 가정assumption이 존재하는데, 사회 내에서 젠더의 역할이 생물학적 성별과 부합하면 '자연스럽다'고 느끼는 선입견이 바로 그것이다. **페미니즘**과 **퀴어이론**은 이러한 가정들에 맞서서 변화를 이끌어 내려고 한다6장과 7장 참조.

존재의 거대한 고리 Great Chain of Being: 모든 존재들 상호 간의 위계적 관계에 대한 중세시대 모델. 맨 위에는 신, 그 아래에는 천사, 왕, 귀족, 일반인이 위치하고, 계속 내려가면 동물과 돌까지 다다른다. 이 질서는 고정되어 있고 변하지 않는다고 여겨져 왔다. 만약 시골 농부로 태어났다면 그것은 신의 섭리이며 그것에 머무르고 만족해야 한다. 맨 위 계층으로 갈수록 얼마나 편안한지 깨닫기 위해 굳이 마르크스주의자가 될 필요는 없을 것이다'이데올로기', '허위의식' 및 3장 참조.

종족형성/족속형성ethnogenesis: **탈식민주의**postcolonialism를 볼 것5장 참조.

주이상스jouissance: 롤랑 바르트와 자크 라캉Jacques Lacan이 제시하고 발전시킨 개념. 우리에게 친숙한 롤랑 바르트는 '주이상스bliss, 희열 혹은 향유로 번역 가능'와 **즐거움/기쁨**pleasure을 구분한다. 표현주의적인 미술 작품이나 분명한 메시지가 전달되는 산문을 감상하듯이, 익숙한 사실이나 관습을 접할 때 얻는 것은 단순한 즐거움이다. 주이상스는 불협화음 같지만 희열을 느끼게 해 주는 감흥으로서, 우리 머릿속에 있는 기본 가정을 배반하는 비익숙한unfamiliar 것들로부터 나온다. 제임스 조이스James Joyce의 책인 『율리시스Ulysses』를 읽다 보면 불안정하면서도 동시에 흥미를 자극한다는 느낌이 드는데, 이는 작품의 전개가 독자가 그 작품에게 기대하는 모든 것들을 거스르며 진행되기 때문이다. 무조음악無調音樂, atonal music을 듣는 경험도 이와 비슷한 감흥을 불러일으킨다**'독자적/저자적'** 참조, **'초월적'**과 10장도 참조.

중의성重意性, multivocality: 보는 주체의 입장에 따라 다양한 의미를 띠는 대상물의 성격. 예를 들어 과학자 집단의 해석과 실제 이해 당사자인 후손 집단descendant communities의 해석은 둘 다 중의성을 가진다4장과 11장 참조.

즐거움/기쁨pleasure: 복잡하지 않은 책을 읽거나 단의적單意的, univocal인 예술 작품들을 보면서 느끼는 편안한 감정 상태. 이런 것들은 저자적/저자스러운 작품들이다**'주이상스'**와 10장 참조.

확산擴散, horizon: 지역 전체에 공간적으로 급격히 파급되는 유물의 형식화살촉과 같은 또는 형식들의 복합체. 지평地平이나 파급波及이라고 부를 수도 있다.

직접 역사적 접근直接歷史的接近, direct historical approach: 북미 선사시대 연구의 중요한 방법으로, 현존하는 문화 집단에 대한 민족지나 민족사 관련 정보를 사용해서 그들 집단보다 먼저 살았던 과거 집단에 대하여 추론inference할 수 있도록 해 주는 방법이다1장 참조.

퀴어이론queer theory: **규범적** 문화와 상충하고 불일치하는 그 모든 것을 강조하는 역발상contrarian 접근법. 흔히 도외시당하는 성별 혹은 젠더 집단과 관련 있지만, 그 밖에도 일탈적deviant이라고 취급받는 그 어떤 집단이나 관습 또한 쉽게 연구 대상이 될 수 있다. 무엇보다도, 고고학에서 퀴어를 다룬다면 규범적인 문화에서 결코 생각할 수 없는 사람들, 관습, 사고방식을 진지하게 받아들이는 것을 포함한다 '**초월적**'과 7장 참조.

클로드 레비스트로스 Claude Lévi-Strauss: 인간 사회를 이해하는 방식 중 하나인 구조주의를 구축한 프랑스의 인류학자. 클–레이름을 줄여서 부른다면는 인간 사유의 보편적 작용에 관심이 있었고, 문화적 관습은 그 저변에 깔려 있는 구조를 파악해야만 비로소 이해할 수 있다고 생각했다. 그의 주장에 따르면 이러한 구조란 개념은 실제로 존재한다. 구조는 주먹구구식heuristic 장치나 은유적 언급이 아니다. 그가 저술한 『야생의 사고Savage Mind』는 소위 원시인primitive이라 불리는 사람들의 사유방식이 유치한 수준에 불과하다는 오래된 편견을 정면으로 반박한다. 클–레는 그들의 사유구조가 다른 모든 사람과 동일한 방식이라 말하고는 했다8장 참조.

클리퍼드 기어츠 Clifford Geertz: **심층기술**의 개념을 고안한 인류학자11장과 14장 참조.

타자他者, Other: 항상 관찰자의 입장에서만 규정되고 종종 대문자로 시작한다. 타자는 대상화된 사람이나 집단으로 구성되어 있다. **탈식민주의** 이론은 지배 집단이 타자를 규정하면서 그들의 지배를 어떻게 강화해 나가는지에 관해 주장한다. 만약 제국주의 세력이 '토착인natives'에 대해 애들처럼 유치하고 자치自治 능력이 없다고 규정하면, 토착인에게 도움을 제공하는 것이 정당화된다. 러디어드 키플링Rudyard Kipling이 만들어 낸 '백인의 부담the whitemen's burden'이라는 표현은 타자에 대한 제국주의적 태도를 말한다2장과 5장 참조.

탈~脫, Post-: '탈~'이라는 접두사원래는 '~ 이후'를 의미가 보인다면, 언제든 이 개념은 어떤 익숙하고 자명한 것에 대한 비평을 포함한다고 이해하면 될 듯하다. 이건 포스트모던한 개념이다.

탈과정脫過程, postprocessual: 과정고고학의 과학스럽고 보편적인 목적을 추구하는 경향을 거부하면서 나온 해석고고학의 여러 분야들. 일부 탈과정적 접근은 포스트모던 이론으로부터 심각한 영향을 받았다'**신고고학**'과 1장 참조.

탈구조주의脫構造主義, poststructuralism: 언어학 기반의 구조주의 모델을 거부하는 지적 움직임. 이론상, 체계적인 구조 분석을 통해 사물의 의미들이 최소한이나마 도출될 수 있다는 상황에 근거해서 탈구조주의는 고고학이 유물의 **맥락적**이고 **중의적**이며 **저자적/저자스러운** 의미를 강조해야 한다고 주장하였다1장과 10장 참조.

탈식민주의脫植民主義, postcolonialism: 17세기부터 유럽 국가들이 지속적으로 자행했던 식민주의의 역사적·문화적·이데올로기적 영향을 다루는 지적/정치적 움직임. 탈식민주의 고고학은 권력과 **종족형성**ethnogenesis 분야에서 식민주의자와 피식민자에게 함께 파급된 충격들을 살핀다. 이 분야는 현대의 제국주의적 경제 체제에 대하여 확실하게 암시하는 바가 있다'**이데올로기,**' '**하위계층**'과 5장 참조.

텍스트text: 포스트모더니즘의 영향을 받은 고고학은 롤랑 바르트의 텍스트 개념을 많이 차용한다. 원래 텍스트는 글로 쓰인 문헌文獻, written sources'을 의미했지만, 시간이 흐르면서 비언어적 대상인 패션이나 사진, 그리고 과거의 고고 유물부터 현재 만들어지고 있는 작품까지를 포괄하게 되었다. 이들의 공통점은 마치 문헌처럼 읽힐해석될 수 있는 역량을 가지고 있다는 점이다. 고고학 유물과 같은 텍스트는 새로운 의미를 밝혀내기 위해 **해체**되기도 한

다. 그리고 바르트의 **저자사망**이라는 주장에 따르면 그는 텍스트의 창조자아

니면 유물의 사용자가 구사한 용어의 최종적 의미를 인정하지 않기도 한다. 포스

트모더니즘 고고학의 확실한 원칙은 유물의 의미를 최종적, 확정적으로 '읽

어 내는 것reading'이란 없다고 보는 거다. 이것은 고고학자들이 유물 혹은 텍

스트를 **독자적**讀者的, readerly 방식으로 읽을지 아니면 **저자적**著者的, writerly인 방식

으로 읽을지 스스로 결정하도록 남겨 놓는다10장 참조.

페르낭 브로델 Fernand Braudel: 아날학파 역사학의 비조鼻祖, leading light. 그가 프랑

스 사람이라고 굳이 밝힐 필요는 거의 없을 듯.

페르디낭 드 소쉬르 Ferdinand de Saussure: 스위스의 언어학자. 언어 구조에 대한 그

의 견해는 구조주의에 기본적 영감을 제공하였다8장 참조.

페미니즘의 첫 번째 물결feminism, first wave: 현대 서구 사회에서 페미니스트들의

초창기 활동activism 단계. 18세기 후반부터 법으로 보장받는 기본적 평등 확

보를 목표로 시작되었고, 여성들이 투표권을 획득함으로써 그 정점을 이루

었다6장 참조.

페미니즘의 두 번째 물결feminism, second wave: 첫 번째 물결이 이룩한 성과를 기

반으로 1960-1970년대에 이루어진 여성 권리신장 운동. 두 번째 페미니즘

물결은 여성의 신체에 대한 법적 자율권낙태나 피임 등을 강조했으며, 직장 혹

은 사회 전반에서 여성이 남성과 동등한 자격으로 참여하는 것을 방해해

온 남성 위주androcentric의 관례를 없애는 것을 주안점으로 두었다6장 참조.

페미니즘의 세 번째 물결feminism, third wave: 포스트모더니즘 이론으로부터 막대

한 영향을 받은 1980년대와 그 이후의 진행형 페미니즘. 이전 물결들처럼

젠더 문제를 다루는 것뿐 아니라 **탈식민주의** 이론, **마르크스주의**의 요소들, **탈**

구조주의 및 각종 무겁고 추상적인 경향들까지 건드리고 있다. 이전의 대중적인 운동보다는 학술적이고 지적인 운동의 성향이 짙다3장, 5장, 6장 참조.

포스트모더니즘postmodernism: 전통적인 과학 탐구의 구조와 과학적 권위 자체를 우선적으로 거부하는 철학 및 분석 방법. 프랑수아 리오타르François Lyotard는 '메타서사에 대한 불신incredulity'이라는 표현으로 포스트모더니즘을 정의했는데, 이건 내가 생각할 수 있는 가장 간결한 정의이기도 하다. 리오타르는 인간의 행위란 보편적 원리예를 들면 생태계나 법칙이 작동한 결과라기보다, 특정 시공간에 있었던 조건들의 결과이자 역사적으로 우연historically contingent히 나타난 것이라고 보았다'메타서사', '모더니즘'과 1장 참조.

프롤레타리아proletariat: 생산수단을 소유하지 않고 임금노동으로 삶을 영위하며 자본주의 경제 체제에 전혀 지분이 없는 사회계급'마르크스주의'와 3장 참조.

하위계층下位階層, subaltern: 정치적으로 자신의 가치를 자각하지 못한 집단 혹은 그 집단의 구성원. 탈식민주의 고고학의 목표는 이러한 하위계층민들의 작주성을 확인하는 것이기도 하다'안토니오 그람시'와 5장 참조.

해석학解釋學, hermeneutics: 본래 성경을 이해하기 위한 다양한 접근법을 기술하는 데 사용되던 개념. 지금은 일반적 해석 방법을 언급하는 인식론의 분야를 말한다. 해석학은 사물예를 들면 유물의 의미가 고유하지 않다고 가정한다. 즉, 그저 그 자리에서 발견되기를 기다리는 게 의미가 아니라는 거다. 해석이란 사람이 사물에게 의미를 부여하는 적극적인 과정이다. 해석학적 접근에서는 새로운 이해가 끊임없이 만들어진다. 이안 호더는 이 과정을 '해석나선解釋螺線, hermeneutic spiral'이라 부르면서, 객체 혹은 대상object에 대한 현재 시점의 이해가 어떻게 과거의 해석에 기반을 두면서 지속적으로 전개되는지 묘사한다1장과 12장 참조.

해체解體, deconstruction: 포스트모더니즘 연구에서 의미를 불안정하게혹은 애매하게 만드는 주요 방법 중 하나. 이 방법은 텍스트, 그림, 대상의 모든 부분들이 평범한 단어적 의미부터 숨겨진 함축implication에 이르기까지 다양한 수준의 의미를 지닌다는 점을 밝히는 것이다'**자크 데리다**'와 1장, 7장 참조.

허위의식虛僞意識, false consciousness: 현실reality에 대한 대중적이고 고정된 환상. 사회의 현 상황status quo을 안정적으로 정착시키는 경향이 있다. 종교를 '대중mass의 아편opium'으로 간주한 마르크스는, 사회적으로 뒤떨어진 부류의 사람들에게 천국 가면 보상을 받을 거라는 확신을 주는 것이야말로 권력층의 이익과 결부된 것이라고 보았다'**이데올로기**'와 3장 참조.

헤게모니hegemony: 사회의 지배적인 사고로서, 원래 어원은 패권 혹은 주도권에 해당한다. 지배층이 자신이 원하는 대로 대중들이 행동하게 만들고자 지속적으로 폭력적 압박을 가하는 것은 효과적인 방법이 아니다. 왜냐하면, 개개인은 자신이 '착한good'게 아니라 실리적pragmatic이라 느낄 때 고분고분해지기 때문이다. 대중이 원하는 것이 곧 지배층이 원하는 것과 우연히 일치한다는 확신을 주면서 대중이 스스로를 감시/규제하도록 만드는 것이 훨씬 더 효과적이다. 그리고 그런 방식으로 생각하는 게 기본 상식이라고 느끼도록 해야만 한다'**안토니오 그람시**', 4장 참조.

올바른 파트너와 함께하니, 빌렌도르프의 비너스는 몸놀림이 놀랄 만치 가벼워졌다.

옮긴이 주

1 정의되지 않은 어떤 개념을 정의하기 위해 또 다른 미정의 개념을 사용하는 것. 예를 들면 'self-referential'이라는 용어를 정의하기 위해 '自己示唆'라는 표현을 사용한다면 독자는 영어사전과 한자사전을 모두 참조해야만 하고, 결국은 두 개념이 동의어인지 아닌지 모순에 빠지게 된다.

2 1960년대에서 70년대에 걸쳐 리처드 굴드Richard Gould가 제시한 호주 선사시대의 석기군. 찌르개point, 등댄돌날backed blade 및 목재 가공에 특화된 장착용 타제석기인 툴라tula류가 주이다. 일반적으로 홍적세 말기의 대형 석기 전통과 충적세 이후의 소형 석기 전통으로 양대 구분을 하는 것이 호주 선사시대 편년의 기본 골격이었지만 현재는 이렇게 전통에 근거한 시기 구분은 거의 하지 않는다.

3 한국에서는 이러한 롤랑 바르트의 두 가지 상대적인 개념을 각각 '읽기/읽는 텍스트'와 '쓰기/쓰는 텍스트'라고 번역하기도 한다. 하지만 이러한 번역은 개념에 대한 구체적인 이해 없이 기계적으로 번역한 것에 불과하다. 그래서 여기서는 독자적/저자적이라고 번역하였다.

4 '자고로~' 라든가 '일설에 의하면~'으로 시작되는 내용은 대부분 과거에 형성된, 현재에 대한 거대 담론들이고 이러한 것들은 대부분 메타서사라 보면 된다. 과거 이래 꾸준히 받아들여지고 있지만 실제로 진실과는 거리가 먼 선입견들은 모두 다 메타서사들이다.

현재 한국 고고학에서 이론의 위치, 또는 옮긴이 후기를 대신하는 글

고고학 공부한다면 최상급 장가들기 어려울지 모르나
고고학 했다고 굶어 죽은 사람은 아직 없다.
사실은 산업과 과학이 발달할수록 사람들이 마지막 찾아가는 것은
조용한 정신의 안식처여서
말없이 죽은 사람만을 대하는 고고학은 언젠가는
너도나도 덤비는 인기 학문이 될 것이다.
— 『한국 고고학과 나』(1987)에서 삼불三佛

한국 고고학에서 이론이 어려운 이유

대한민국에서 고고학을 하는 사람은 바쁘다. 볼일 볼 시간도 부족할 정도로 바쁘다 해도 과언이 아니다. 고고학을 하는 사람뿐만 아니라 고고학을 공부하는 교수나 학생 및 연구자도 마찬가지다. 고고학을 하는 사람과 고고학을 공부하는 사람이 무슨 차이가 있냐고 묻는다면 이렇게 대답할 수 있다. 고고학으로 밥벌이를 하는 사람은 일단 고고학 하는 사람이다. 그리고 고고학을 공부하는 사람은 앞으로 고고학으로 밥벌이를 하기 위해 지금 현재 수업을 듣고 논문을 준비하는 사람이라 볼 수 있다.

이 책을 쓴 에이드리언 프랫첼리스 교수는 진작에 정년퇴임한 시니어인데, 그럼 그는 고고학을 하는 사람인가 아니면 고고학을 공부하는 사람인가? 이 양반은 고고학으로 살아온 사람이다. 고고학으로는 어느 정도 경지에 도달했고, 이제는 고고학을 하거나 공부하거나 그런 걸 초월한 사람이라 할 수 있다. 이 글 맨 처음에 소개한 삼불 선생 말대로, 조용한 안식처

에 도달한 사람이다. 그리고 고고학을 하는 사람과 고고학을 공부하는 사람 모두가 부러워하는 넘사벽(?) 부류인 셈이다.

바쁘다 해 놓고 사족이 길어졌다. 고고학을 하는 사람과 고고학을 공부하는 사람 모두 고고학자라고 할 수 있다. 고고학자들이 바쁜 이유, 그것도 징그럽게 바쁜 이유는 해야 하는 일의 가짓수가 많기 때문이다. 현장에 종사하는 고고학자는 사진 찍고 측량하고 삽질하고 기록하고, 요즘은 3D스캔하고 드론까지 날린다. 또한 문화재청이나 문화재협회 관련 일도 처리해야 하고, 조사원이나 보조원까지 챙겨야 한다. 실측하고 도면 그려서 보고서 내고 심지어는 입찰에도 참여해서 제안서 평가받고 협회 체육대회나 야유회 나가서 공도 차고 뜀박질도 뛰어야 된다. 집에 가서 자식과 배우자에게 정신적, 신체적, 시간적으로 봉사하는 건 남들 다 하는 거니까 여기서는 논외로 하자.

이런 걸 다 할 수 있고 감당할 수 있는 사람은 아마 대한민국을 넘어 전 세계적으로 얼마 없을 것이다. 고고학자들은 한마디로 만능 재주꾼이라 불려도 전혀 손색이 없는 사람들이다. 그래서 위에 삼불 선생이 말한 대로 고고학자 중에 굶어 죽은 사람이 없는 거다. 말을 바꾸면, 고고학 하다가 굶어 죽으면 뭘 해도 굶어 죽는다는 뜻이 될 듯하다. 아니, 고고학자들처럼 재주 많은 팔방미인이 굶어 죽는다면 그건 그 사회가 잘못되어도 한참 잘못된 것으로 봐야 한다는 의미기도 하다. 재주가 열 가지면 밥을 굶는다는 말이 있지만 고고학자에게는 그런 말 안 통한다.

이렇게 재주 많고 지력과 체력과 무력(?)까지 갖춘 고고학자들이 가장 소홀히 하기 쉬운 게 고고학의 이론 분야다. 이론이란 과연 뭘까? 강단에서 학생들을 가르치면서 항상 물어보는 게, 아주 간단하면서 늘 쓰는 말들의 개념 정의다. 우리나라 고고학계에서 노상 입에서 입으로 오고 가는 개념어 중 TOP 3는 바로 1)문화, 2)분석, 3)이론일 것이다. 이 세 가지 개념어는 고고학 분야에만 해당하는 용어는 아니다. 다른 학문 분야에서도 자주 구사되고 회자되며, 학술 분야뿐 아니라 약간의 교양이나 지적 소양이 요구되는 곳에서는 얼마든지 쓸 수 있다. **젠더**나 사회 내의 계급 및 인종과도 무관한 가치중립적 용어이다.

그런데 사실 물어보면 제대로 알고 있는 사람이 별로 없다. 요즘같이 공무원 시험 준비에 특화된 학생들은 수험서에 제대로 안 나왔다든가 인강에서 안 가르쳐 줬다고 모른다. 특히 달달 외우고 시험 볼 때까지만 기억하고 시험 끝나면 날름 까먹는 요즘의 지적 풍토에서 이 정도의 개념어를 명확하고 짤막한 언명 체계로 머릿속에 간직하는 것은 쉬운 일이 아니다.

그렇다고 또 어려운 일도 아니다. 요즘의 지식 습득 모듈을 그대로 옮긴다면, 일단 네*버나 구*에서 앞의 세 단어를 검색한다. 그중 가장 위에 있는 항목을 클릭해서 본다. 그리고 그게 어떤 개념인지 이해를 해 보고 안 되면 유튜*로 가서 '~이란 무엇인가?'를 검색하면 어느 누군가가 올린 관련 동영상이 주르륵 뜬다. 그걸 누워서 핸드폰으로 보기만 하면 된다. 이 정도 노력만 해도 되는 게 요즘의 지식 취득 행위인 셈이다.

이론은 한마디로 말하면 '세상이 돌아가는 방식'이다. 이 세상은 단편적이지 않다. 그럼에도 이 복잡한 세상이 돌아가는 방식을 나름대로 요약할 수는 있다. 그게 바로 이론이다. 그렇지만 이론이란 단 한 가지만 있는 게 아니다. 이 세상의 어떤 부분을 부각시켜 보느냐에 따라 다양한 이론이 있을 수 있다. 먹고사는 문제에서 선택을 중시하면 경제학 이론이 된다. 권력과 통치의 효율성을 중시하면 정치학 이론이 된다. 숨 쉬며 살고 있는 지구상의 물체가 살아가는 방식에 집중하면 생물학 이론이 된다. 이렇게 세상 돌아가는 방식을 어느 분야에 맞춰서 보느냐에 따라 다양한 이론이 나올 수 있다.

그런데 세상 돌아가는 방식을 자세하게 이거 저거 나열하며 설명하다

보면 간단한 이론이라도 책 한 권 분량이 나올 수 있다. 이걸 방지하기 위해 구사하는 장치가 바로 개념어이다. 개념어는 함축적이고 포괄적이며, 그 지시 대상이 세상에 물질적으로 **체화**embodyment되어 존재하는 경우가 별로 없기 때문에 구체적인 사례를 들지 않고서는 직관적으로 이해할 수 없다. 그래서 특정 이론 자체의 정의는 간단하지만 그 이론을 이해하기는 쉽지 않고, 이론을 이해하기가 쉽지 않은 이유는 바로 그 이론을 구성하는 개념어가 평소에 잘 쓰는 용어가 아닌 데다 쉽게 와닿지 않는 추상적 뜻을 갖고 있어서 그렇다.

결국 이론이 어렵게 느껴지는 이유는 이론을 표현하는 함축적 성격의 개념어들이 조합되면서 난해한 표현으로 치달은 것 때문이지 이론 자체가 어렵게 구성된 것 때문은 아니다. 그리고 그걸 알고 그러는지 모르고 그러는지는 모르지만아마 몰라서 그렇게 무모한 것 같다, 요즘 들어 이론this-ory인지 저론that-ory인지 자신도 모르고 남도 모르는 개념어를 남발하면서 괜히 분량만 채우는 학위 논문들이 고고학 공부하는 젊은 학자들 사이에서 신나게 쏟아져 나오는 이유도 바로 이 때문이다. 남들이 잘 모를 것 같은 개념어를 남발하면서 읽는 사람들을 **타자**Others화시켜 버리고 자신의 몽매함을 어려운 개념어로 덮어 버리는 전술. 이게 바로 대한민국 고고학계에서 현재 이론이 하는 역할이다마찬가지로 앞에서 말한 문화와 분석이라는 단어도 이런 미션을 충실히 수행하고 있다.

한국 고고학에서 이론이 가지는 계급성

한국 고고학에서 소위 이론이라 불리는 개념들은 대부분 서양, 특히 영어권 국가에서 쓰던 개념들이 원서나 유학생 출신 고고학자들의 지식 전달을 통해 도입되고 파급된다. 그리고 이러한 이론을 활용하는 수준이 바로 고급 고고학을 구사하냐 아니냐의 척도로 인식되기도 한다. 고고학이론이라 하면 1) 고고학의 어려운 분야, 2) 유학 가야만 배울 수 있는 지식, 3) 지적으로 다른 사람보다 탁월한 사람들끼리만 비전秘傳하는 고급 초식招式 정도로 생각되고 있다. 일단 이 자리를 빌려 위의 세 가지는 절대 아니라고 말하고 싶다.

한국 고고학에서 이론의 논의가 좀처럼 이뤄지지 않는 이유는 바로 관심을 갖고 실제로 하는 사람이 별로 없기 때문이다. 아까 말했듯이 고고학자들은 고고학을 하든 고고학 공부를 하든 제대로 하려면 정말로 바쁜 사람들이다. 그리고 그들이 바쁜 이유도 충분히 정당하다. 한반도의 절반을 여기저기 동가식서가숙하면서 현장에서 구르는(?) 사람들에게 이론까지 관심을 가지라는 건 현실감이 없다. 하루 종일 근무 서고 내무반에 와서 두 다리 쭉 뻗은 사병들에겐 건빵이나 컵라면이 보약이지 정훈이나 종교활동이 필요한 게 아니다.

고고학이론이 꼭 유학 가야만 배울 수 있다는 착각도 짚고 넘어가고 싶다. 나도 유학 생활을 해 봤지만 모든 외국 교수가 이론을 가르치는 것도 아니고 모든 학생이 이론에 관심을 가지는 것도 아니다. 어디서 나온 무슨 유물이 언제 만들어졌고 도대체 누가 만들었는지 정도만 관심 가진다. 그리고 그 유물이 무엇인지에 관해서는 눈에 보이는 액면 정보나 기계가 감지하는 수준의 정보에 근거할 뿐 그 이상에는 별로 관심 없다. 특정 유물 하나 집어 들고 **물질성**materiality이니 **현상학**phenomenology이니 따진다고 해서 교수나 학생 모두가 그것에 목매는 것도 아니다.

영어권 국가에 유학을 다녀온 일부 고고학자들은 자신이 이론을 잘 알고 있다고 착각하고, 유학을 안 다녀온 사람들도 영어권 유학 출신자들이 이론을 담당해야 한다고 생각하곤 한다. 사실 나를 포함해서 영어권 유학 출신 고고학자 전체가 이론을 제대로 배운 건 아니고, 또 이론을 만들 엄두를 내지도 않는다. 유학생이건 그렇지 않은 학생이건 모두 다 이론을 소비하는 사람들이고 이론이 어떻게 소비되어 왔는지 그 역사를 조금 주워들은 사람들일 뿐이다. 이론 고고학을 유학 가서 배우고 오는 사람은 거의 없다. 이론이 고고학에서 어떻게 활용아니면 착취되는지 접하고 온 사람이거나, '고고학에서의 다른 분야 이론 활용 잔혹사(?)'만 배우고 온 사람일 뿐이다아니면 영어로 읽고 쓰고 말하는 것만 배우고 왔든가. 이론은 강의실에서 주입식으로 배우고 도서관에서 암기식으로 익히는 것이 아니다. 실제 현장에서 경험적으로 터득하거나 삶 속에서 지속적으로 체험하던 것이 어느 시점에 구체화되어서 개념어들의 조합으로 언명 체계화되는 것일 뿐이다.

따라서 영어권 유학 출신 고고학자들이 반드시 이론 고고학자라고 생각할 필요는 없고 이론이 꼭 영어로만 전달되는 것도 아니다. 나를 포함해서 그들이 이론 고고학자라고 불릴 자격은 별로 없으며, 유학생뿐만 아니라 현지에서 이론을 가르치는 외국 고고학자들도 이론 고고학자라고 불리기에는 많은 부분 한계가 있다. 왜냐하면 고고학자들 중에 자체적인 이론을 고안하거나 발견하거나 창출한 사람은 거의 없다고 봐도 과언이 아니기 때문이다.[1] 프랑스에서 바게트나 크루아상을 먹어 봤거나 만드는 걸 보고 왔다고 해서 그 사람이 파리바*트에 제빵 전문가로 스카우트 되지는 않는 것과 같다물론 그런 사람들 중에도 파리바*트에 입사하려고 제빵 전문가인 파티시에나 블랑제 행세하는 경우도 간혹 있기는 하다.

또한 영어권 유학 출신 고고학자들이 주축이 되어 여러 가지 알아듣기 힘든 개념어가 오고 가는 것을 무작정 이론이라고 여기지는 말자. 그리고 그런 사람들 밑에서 배우거나 학위를 받는 젊은 소장 학자들은 그걸 원숭이처럼 흉내 내면서 따라 하지도 말자. 흉내 내 봤자 다른 사람들이 보기에 턱도 없는 수준이다. 그들이 배워 왔다는 고고학이론은 사실 고고학이론이라고 부르기에는 민망한 수준이며, 단지 좀 더 선진 고고학을 다른 나라 말로 배우고 논문 쓰고 왔다는 데서 기인한 특권 의식의 발로일 뿐이다. 이게 바로 **부르디외**가 언급한 '구별짓기'의 사례라 볼 수 있다. 이론에 관심이 있고 정말 제대로 이론에 천착하고 싶은 사람은 스스로 **작주성**agency을 발휘해서 얼마든지 자신만의 이론 공부를 할 수 있다. 그러기 싫거나 그럴 여력이 안 되는 사람은? 이론을 안 하면 된다. 이론을 모르거나 관심 없다고 고고학을 할 수 없는 건 절대 아니기 때문이다. 자동차의 엔진이나 브레이크의 작동 원리를 모른다고 해서, 운전을 하면 안 되고 대중교통도 이용하면 안 된다는 원칙은 없는 거다.

고고학 하는 데 이론이 기여하는 장면들

여기까지 읽은 그대는 이런 질문을 할지 모른다. "여보슈, 번역자 양반! 고고학이론 책을 신나게 번역해서 내놓는 마당에, 우리나라에서 이론 고고학 하는 사람 대부분을 차지하는 유학 출신 고고학자들 깎아내리고, 이론을 아예 안 해도 된다고 얘기하는 건 무슨 소리요? 그래 갖고 도대체 누가 이 책을 사서 보겠소?"틀린 말은 아니다그래서 일단 돈 주고 산 다음에 읽으라고 원저자 말투를 그대로 흉내 내어 원서의 마지막 장인 것처럼 위장했다. 미리 말하지만 난 어느 누구도 깎아내리지 않았고 그건 내 살 깎아 먹는 짓이다. 영어권 유학 출신 고고학자들이 누린 혜택은 소위 선진 고고학이라 불리는 여러 이론, 방법론, 그리고 더 큰 규모의 고고학 시장을 경험했다는 것이다. 혜택이 있다면 의무도 부여된다. 바로 고고학이론의 위상에 대해 냉철하게 짚어 주고, 효율적인 방식으로 이론을 접할 수 있는 활로를 만드는 것이다. 나는 그런 취지로 지금 이 글을 쓰고 있다.

고고학이론을 현학적이지 않고 통속적인 대상물에 비유한다면 나는 고고학이론이 고스톱판에서의 비광과 흡사하다는 **관계유추**relative analogy를 구사하고 싶다. 통상적인 고고학자라면 화투장 정도는 만질 줄 알 것이다. 굳이 룰을 설명 안 해도 다 아니까 고고학자들에게 화투판은 그만큼 하나의 **아비투스**habitus로 봐도 될 것이다. 비광은 고스톱판에서 참으로 애매한 존재다. 광은 광인데 별로 쓸모가 없다. 바닥에 비광과 비 쌍피가 깔려 있으면 쌍피 먹는 경우가 더 많다. 광을 모아 4장이 안 되면 제 역할을 못한다. 더군다나 기분전환으로 고스톱 대신 섯다나 짓고땡을 하면 아예 판에 끼어들지도 못한다.

먹을 것 없다고 바닥에 함부로 떨굴 수도 없다. 내가 비광 가지면 희한하게도 다른 선수들이 꼭 비 쌍피나 아니면 비 열끗짜리 잡고 친다. 이래저래 애물단지 같지만 함부로 갖다 버리기도 애매한 패다. 하지만 비광의 위력은 셋이 치는 고스톱보다 둘이 치는 '맞고'에서 큰 위력을 발휘한다. 오광이라는 막대한 점수를 내려면 반드시 필요한 패다. '쓰리고' 이상 불러 상대방을 '엔꼬(?)' 나게 하려면 비광이 반드시 필요하다. 반대로 내가 광박의 위기에 처했을 때는 수호신으로 강림한다. 청단, 홍단, 고도리 모두 다 관계없지만 멍박이나 피박 등을 면하게 해 주는 소중한 미디어다. 무엇보다 '밤일 낮장' 원칙을 지키지 않는 이상, 개장할 때 무조건 선을 잡게 해 주는 마술 같은 패이기도 하다.[2]

고고학이론도 비광과 같다. 뭔가 고고학 좀 해 보려고 하면 이게 철학인지 과학인지 구분이 안 되는 희한한 용어가 등장해서 사람을 괴롭힌다. 또 나름 열심히 공부해서 이론과 관련된 화두를 내밀어도 알아먹는 사람들이 없어서 **담론**discourse화되지도 않는다. 그렇다고 혼자 붙잡고 있자니 괜히 잘 알지도 못하면서 함부로 아는 척한다고 사람들이 뒤에서 숙덕거린다. 그냥 이론이건 뭐건 땅이나 파서 유물이나 건지고 남들 하는 대로 형식분류나 하고 편년이나 하고 어디서 온 것이고 언제 소멸한다는 얘기만 하기도 민망하다. 1970년대, 아니 일제강점기 때부터 쓰던 형식분류, 편년, 전파론이라는 이 삼종 세트를 구사하려면 대단한 뻔뻔함과 주변 고고학자에게 깨져도 결코 기죽지 않는 멘탈이 있어야 되는데 그것도 아니다.

하지만 이론을 어느 정도 제대로 익혀 두면 적어도 방금 언급한 당혹스러움과 민망함은 더 이상 신경 안 써도 된다. 미리 말했지만 이론은 어려운 게 아니다. 이론을 명제화하는 부속품인 개념어가 어려운 거다. 다양한 이론을 이해하고 신중하게 사례를 수집하고 그에 맞추어 적절하게 근거를 제시하면 번쩍번쩍 빛나는 고고학 성과물이 등장한다. 그리고 현장 업무 하느라 바쁜데 내 주제에 뭔 이론이고 뭔 연구야 하는 자조감과 자괴감도 극복할 수 있다. 한마디로 고고학에서의 이론은 필요악necessary evil이나 계륵鷄肋이라기보다는 순망치한脣亡齒寒의 순입술과 같은 존재라 볼 수 있다. 고스톱에서 비광은 아무리 패가 말리고 먹을 게 없어도 '흑싸리 껍데기'보다는 훨씬 좋다는 걸 다들 알고 있다.

결론적으로 현 한국 고고학계에서 이론은 익혀 둬서 나쁠 게 없다. 이건 현장 고고학자건 학술 고고학자건 모두 다 해당된다. 그리고 현재 고고학을 익히고 있는 학생들에게는 겉멋에 빠지지 않고 자신의 지적 자산을 마련하기에 이론만큼 좋은 대상도 없다. 특히 지적인 욕구가 옷을 째고 삐져 나올 정도로 절정에 달한 학생들에게 고고학이론이 제대로 흥미를 전해 준다면, 그들이 평생 고고학이론에 관심을 갖고 결국엔 진정한 이론의 생산자로 등극할 수도 있는 거다.

하지만 기존의 고고학이론이 보여 준 한계는 과연 실제 고고학 현장에서 그런 이론을 어떻게 활용할 수 있는가의 문제와 밀접한 관계가 있다. 지금까지 구할 수 있는 이론 관련 도서나 자료는 대부분 서양이나 다른 나라의 사례를 그대로 소개하는 데 그치기만 하였다. 그래서 뜬금없고 쉽게 그 맥락을 파악할 수 없었던 게 사실이다. 또한 번역도 다분히 **저자적**writerly인

고고학이론 껍질 깨기

작품에만 한정되고 말았다. **독자적**readerly으로 이해될 수 있도록 명료하면서도 완결성을 갖춘 번역서는 사실 거의 없었다고 해도 과언이 아니다. 그 이유는 바로 번역한 사람의 번역 솜씨에 있는 게 아니라 이론 고고학에 대해 **담론**discourse을 주도해 나가는 원저자들이 자신만의 방식대로 아이디어를 풀어 놓고 "나를 따르라!"라고 그냥 울부짖듯이 포효하는 수준으로 책을 내놓았기 때문이다. 시거든 떫지나 말고 재미없으면 난해하지나 말지, 한국에서 번역 대상이 된 고고학이론서는 그 내용면에서 단선적으로 이해하기가 쉽지 않았다. 그래서 한국 고고학계에서 이론은 여전히 진입 장벽이 높은 것으로 인식되고, 어려운 개념어와 그것보다 더 난해한 문장, 그리고 그 뒤에 이론 고고학자들 특유의 스노비즘snobism 같은 장치가 복잡하게 **얽혀서**entangled **구조화**structuration되어 있었던 것이다.

고고학이론의 껍질을 깨다?

이 책의 원저는 『*Archaeological Theory in A Nutshell*』이다. 'nutshell'은 복숭아씨나 살구씨 혹은 호두나 잣처럼 딱딱한 껍질 안에 있는 고단백, 고지방 에너지원을 말한다. 이 부분을 한자어로 '핵심核心'이라고 한다. '핵'의 원뜻은 씨앗이다. 따라서 이 책의 제목을 번역하면 '고고학이론의 핵심'이 될 것이다. 책 제목을 이렇게 번역하면 이 책을 교재로 쓰거나 이론을 자습할 생각이 있는 사람들에게 별로 도움이 될 것 같지가 않다. 일단 제목이 너무 **모더니즘**modernism의 산물에 가깝게 진부하고, 과외가 금지되던 시절 누구 하나 가르쳐 주는 사람도 없이 '자학자습自虐刺襲'하던 영어나 수학 참고서 느낌이 물씬 풍기기 때문이다자세히 보면 원래 사자성어와는 한자가 다른 게 보일 수도.

그래서 내가 임의로 '고고학이론 껍질 깨기'로 바꿨다. 껍질은 보통 벗

기거나 까는 것이지만 여기서는 깬다라는 의미로 정했다. 앞에서 말했듯이 고고학이론은 어려운 게 결코 아니다. 어느 누구든지 껍질의 일부에 흠집만 내는 약간의 고통만 감수하면 그다음에는 별로 어려운 게 없어진다. 그리고 껍질을 깨는 노력은 마치 병아리가 달걀을 깨지 않고는 세상에 나올 수 없듯 제대로 된 고고학 세상에 본격적으로 진입하기 위한 최소한의 통과절차라고 보면 된다. 그래서 '고고학이론 껍질 깨기'라는 제목으로 최종 결정했다.

껍질에 흠집을 내는 시초 작업도 별로 힘들지 않게 설계되었다. 이 책은 일단 쓸데없는 격식과 학술적 분위기가 최대한 배제되어 있다. 가장 학술적인 주제인 이론 분야에서 가장 비격식적으로 책이 만들어질 수 있다는 것은 지금의 **시대정신**zeitgeist이 바로 **포스트모더니즘**postmodernism이기 때문이다. 어떠한 거대 이론이나 **메타서사**metanarrative가 배척되고 극복되는 시점에서, 바야흐로 지금까지 어렵게만 느껴지던 고고학이론에 대한 접근이 아주 쉽고 편안하게 이루어질 수 있다. 그리고 우리가 지금까지 고고학이론에 대해 가져왔던, 어렵고 소수에게만 허용된 것으로 보던 **허위의식**false consciousness 을 극복하게 해 준다.

이 책을 번역하게 된 계기는 내 자신이 고고학이론에 대해 가지고 있던 생각이 우연의 일치라고 하기엔 너무나도 생생하게 이 책에 반영되어 있었기 때문이다. 저자인 에이드리언 프랫첼리스 교수는 유대인이자 캘리포니아 버클리 대학에서 제임스 디츠에게서 배운 일종의 전통적인, 즉 신고고학의 세례를 받지 않은 사람이다. 더군다나 별로 유명하지도 않다. 학계에 동문 세력의 **헤게모니**hegemony가 형성되어 있지도 않은 캘리포니아 북부의 소노마 주립대학에서 평생 교수로 지냈다. 뛰어난 수재들을 가르치기보다는 순수하게 고고학을 좋아하고 앞으로 이 분야에서 계속 고고학을 하고 싶어 하는 젊은이들을 대상으로 가르치고 지도하고 연구해 왔다.

그렇기 때문에 이론에 필요 이상으로 경도되지도 않고 별것도 아닌 이론이나 개념을 남발하면서 우쭐대지도 않는다. 이론을 통한 학계에서의 구별짓기와 계급 상승을 위한 허황된 **허위의식**을 발휘하지도 않는다. 고고학이 영리화, 상업화되는 것을 경계하면서도 학문적으로 고립을 자초하는 현학적 이론 남발을 적극적으로 **해체**deconstruction한다. 그러면서도 참신함과 발랄함을 잃지 않고 시종일관 유쾌한 문체로 딱딱할 수밖에 없는 고고학이론들을 정교하게 나열하고 각각의 연구 사례를 제시하면서 앞으로의 전망을 살핀다.

이 책의 단물을 쪽쪽 빨아먹는 법

이 책은 바쁘고 정신없는 한국의 고고학자들에게 어필하는 것들이 몇 가지 있다. 우선 읽기가 쉽다. 한국에서 고고학계에 종사하는 사람들은 어느 누구든지 약간만 집중해도 이해할 수 있는 수준이다. 그리고 무엇보다 기존 이론서의 한계인 개념어 남발에 그치지 않고, 개별 이론이 어떻게 활용되는지좀 더 쉽게 말하면, '써먹는 방법을' 잘 제시하고 있다. 이론은 달달 외우고 암기한다고 깨우칠 수 있는 게 아니다. 주워들은 이론을 스스로 한 번 이상 써먹어봐야 비로소 그 이론이 자기 것이 된다.

이 책에 등장하는 개별 이론들은 실제 한국 고고학에서도 새로운 발굴이나 자료 획득 없이 기존의 자료만으로 얼마든지 활용할 수 있는 것들이 많다. 내 전공 분야와는 별로 상관없는, 신대륙 북미 지역의 콜럼버스 이후 시기를 다루는 역사고고학이 대부분이지만, 당장 시도해 보고 싶은 이론과 거기에 알맞은 자료의 매트릭스가 내 머릿속에 맴돌고 있다. 이 책을 읽는 다른 사람들도 마찬가지일 거라고 생각한다. 고고학이론은 써먹을 수 있어야 한다. 써먹을 수 없는 고고학이론은 이론이라기보다는 종교 교리 아니면 학회 토론장에서 말장난하면서 상대방을 도발하기 딱 좋은 궤변에 불과하다.

물론 이 책도 한계는 있다. 일단 호불호가 분명히 갈릴 수 있는 장치를 너무 남발한다. 이 책의 어투는 나이 한참 잡수신 할아버지 교수님이 학부생 '꼬꼬마(?)' 붙잡아 놓고 훈계하는 말투에 가깝다. 그리고 막걸리 한잔 걸친 영감님이 술김에 얘기하는 것과 비슷하게 문장이 길고 질질 늘어진다. 관계대명사와 접속사가 속출하며, 도대체 명료하게 끝을 내는 경우가 별로 없다. 그리고 문장 맨 처음마다 문장 전체를 수식하는 문장부사metadiscourse가 의미 없이 등장한다. 이건 한국이나 미국이나 말 많은 사람들이 전형적으로 쓰는 특징이다. 이러한 어투와 문체를 고려해서 번역하는 것은 번역자 스스로 장치를 마련하지 않고는 쉽지 않았다. 또한 사소한 스펠링이나 팩트 체크가 이뤄지지 않은 경우도 있었다. 그런 경우는 내가 따로 고치거나 아니면 옮긴이 주에 명기하였다.

내가 의도한 번역은 바로 아무 생각 없이 단숨에 읽을 수 있도록 하는 것이었다. 어렵고 짜증 난다고 느끼던 고고학이론 책 한 권을 순식간에 읽게 할 수만 있다면, 읽는 사람은 이론에 대한 경계심이 호기심으로, 부담감이 자신감으로 바뀔 것이다. 그래서 단숨에 읽을 수 있도록 마련한 장치가 바로 문장에서 괄호를 없애 버리는 것이었다. 원문도 문장 주석이 거의 없어서 이러한 작업은 별로 어렵지 않았다. 그리고 쓸데없이 삽입구를 등장시켜 논지를 흐리는 우리 에이드리언 할아버지의 뜬금포(?) 어법은 대부분 작은 글씨로 처리했다. 작은 글씨들은 굳이 안 읽어도 되지만, 어쨌든 읽을 수밖에 없는 개념들을 위주로 구성하였다.

마지막 15장에는 내가 앞에서 언급했듯 이론이 어렵게 느껴지게 만드는 원흉인 각종 개념어들을 저자가 직접 정리해 놓았다. 솔직히 15장부터 펼쳐서 평소 궁금해하던 개념의 정의만 확인한 다음, 거기서 지정하는 장만 읽어도 효과가 클 것이다. 이 책을 처음부터 끝까지 정독할 필요는 없다. 하이퍼텍스트처럼 마지막 장의 개념 정리부터 확인하고 나서 그 개념과 관련된 내용을 서술한 장으로 이동해 읽어 주면 되는 거다. 이게 바로 **선을 넘는/초월적인**transgressive 문장으로 구성된 고고학이론 책이 가지는 가장 큰 장점이라 볼 수 있다.

한 가지 당부하고 싶은 게 있다. 이 책은 가급적 자주 만지작거리면서 손때를 묻히라는 거다. 이론이란 건 달달 외워 두고 모든 방면에 써먹는 만병통치약도, 단 한 번에 모든 문제를 박멸해 주는 가을날 구충약도 아니다. 한방 보약처럼 시간 날 때마다 예방 차원에서 꾸준히 섭취, 아니 터득해야 하는 것이 이론이다. 그리고 이 책에 나온 다양한 이론이 유래하고 빚을 진 각종 사회과학 및 인문학 분야의 교양 도서도 조금씩은 읽기를 권장한다. 한마디로 현장에서 바쁘게 지낸다는 것을 구실로 아무런 지적 행위도 하지 않는 배부른 돼지는 되지'돼지'와 '되지'는 지금도 헷갈린다 말라는 것이다. 이 책을 읽고 나서 지금까지 고고학과는 전혀 무관하다고 생각해 온 각종 교양 및 전문서적을 읽으면 또 다른 지적 체험을 하게 될 것이라고 장담한다.

그러한 자발적 독서에 조금이나마 도움이 되기를 바라는 마음으로 내가 각 장의 마지막에 옮긴이 주를 달았다. 이 옮긴이 주는 굳이 안 챙겨봐도 되는 시시콜콜한 내용이 대부분이다. 본문에 등장하는 각종 고고학자나 사상가들의 신상, 학력 정보 및 한국 현실에서 다소 생뚱맞아 보일 수 있는 여러 가지 현지 정보 등을 나만의 방식으로 전달했다. 그리고 국내에서 구할 수 있는 이론과 관련된 여러 저서라든가 이론 주창자가 남긴 흔적을 서지 정보로 담아 보았다. 아무쪼록 이 책을 단숨에 읽어 버리고, 혹시 도무지 이해가 안 되면 작은 글씨를 참조하든가, 그래도 안 되면 옮긴이 주를 보면 어느 정도 이해될 것이다. 그래도 모르겠다 싶으면 아까 말한 대로 네이*나구* 검색하고 유*브 찾아보면 된다. 핸드폰은 뒀다 뭐 하나?

　　최근 사회 곳곳에서 이전과는 차이가 많이 나는 현상이 일어나고 있다. '미투' 운동과 성평등 의식, 성소수자나 다문화가정 문제, 일본군 '위안부' 피해 배상 및 일제강점기 잔재, 군부 독재와 광주 민주화 운동 진상규명 등은 이제 엄연히 대한민국 사회에서 주요 이슈로 떠오르고 있고 고고학계도 이런 문제들을 끌어안고 갈 필요가 있다. 이 책은 그러한 부분도 함께 생각할 여유를 주고, 우리가 겪고 있거나 겪었던 문제가 더 이상 우리에게만 국한된 것이 아니라는 것, 다른 나라와 다른 집단도 마찬가지 문제를 겪었고 우리처럼 진실을 규명하려 한다는 것을 잘 알려 준다. 그렇기 때문에 이제 고고학자들도 보다 현실적인 문제에 관심을 기울여야 한다. 시공간을 초월해서 묵묵히 땅이나 파는 그런 사회적 냉혈한이 될 필요가 없다. 맨 앞에서 삼불 선생이 얘기한 대로 '말없이 죽은 사람만을 대하는 고고학'이 아니라, 이제는 머리보다 가슴으로 고고학을 하도록 해 주는 게 결국 이론 고고학의 목표인 셈이다.

그리고 마지막으로

이 책은 과정고고학이라기보다는 탈과정고고학, 그것도 기존의 영국 위주가 아닌 미국고고학 사례를 주로 다루고 있다. 1장과 14, 15장을 제외하면 총 12개 장에서 고고학이론 사조를 하나씩 소개하고 있다. 각 장은 우선 1) 해당 이론의 정의뭔데 그래?, 2) 해당 이론과 고고학의 관계그래서 어쩌라고?, 3) 고고학에서의 실제 적용 사례그게 그런 거였어?, 4) 지금까지 한 얘기를 요약하고 기타 중언부언그렇구만!, 5) 연습문제라 볼 수 있는 토론거리이건 도대체…, 6)마지막의 더 읽을거리이건 안 봐도 될 듯로 일괄 구성되어 있다. 또한 고고학

문헌에서 지금까지 꾸준히 봐 온 지도나 항공 사진, 유물 실측도 대신 이해를 돕는 삽화를 저자가 직접 그려서 첨부하였다. 그대들의 이해를 돕기 위해 삽화의 영문은 모두 한글로 바꾸었고 가능하면 한국 현실에 맞는 용어로 현지화를 시켰다. 또한 저자 특유의 '센치(?)'하거나 '시니컬(?)'한 표현은 그대로 살리되 **선을 넘지**transgressive 않는 수준에서 한국의 유행어나 속어로 대체하였다. 그리고 적어도 내가 생각하기에 저자의 함축적이고 기발한 표현은 따로 밑줄을 그어 강조해 두었다.

내가 담당하는 충남대학교 고고학과 대학원 세미나 '현대고고학의 쟁점'에서, 나는 이 책을 2018년과 2020년 1학기에 두 차례 활용하면서 그 효용을 검토하였다. 원래는 2020년에 번역을 완료할 예정이었지만 급작스러운 와병과 또 전혀 예상하지 못했던 전 세계의 팬데믹pandemic 현상 때문에 이제야 빛을 보게 되었다. 병상에 홀로 누워 있던, 그리고 모든 사람들의 일상이 와해되던 그런 특수 상황에서 오히려 머리는 더 맑아지는 것을 느꼈다. 그런 심정을 이 책의 문장 속에 새롭게 담아냈다.

얄팍한 책 한 권의 번역이었지만 여러 사람들이 함께해 주었다. 먼저 이 책의 원저자인 에이드리언 프랫첼리스 교수에게 감사를 전한다. 일면식도 없는 태평양 너머의 일개 불한당 고고학자가 옥서玉書를 졸역拙譯하는 게 아닌가라는 걱정이 앞선다. 삼불 선생의 수필 중에 「명인名人과 달인達人」이라는 제하題下의 글이 있다.[3] 나는 프랫첼리스 교수가 고고학의 달인이라고 생각하기를 주저하지 않는다. 동 시기의 다른 고고학자들이 이론이랍시고 허명을 좇으며 명인의 위치에 억지로 오르려고 할 때에 프랫첼리스 교수는 자신이 하던 것을 꾸준히 **성찰**reflexive하는 자세로 여기까지 왔고 바야흐로 스스로 **작주**agent가 되어 살다 보니 달인의 경지에 올랐다. 그 나이에 이 정도의 유연함과 해박함 및 참신함은 명인의 위치에서는 이루기 힘든 도량度量이라고 표현할 수밖에 없다.

이 책의 취지를 공감하고 출판을 승낙해 주신 한강문화재연구원의 신숙정 원장님께도 감사드린다. 고고학의 이론과 실제가 보기 좋게 융합하는 것을 몸소 실천해 오신 선임고고학자의 귀감에 다시 한번 존경심을 표한다. 그리고 이 책의 원고 및 출간 진행을 담당해 온 같은 기관 권도희 선생께도 감사를 드린다.

이 책의 초고를 읽고 **독자적**readerly으로 글이 전달될 수 있게 조언을 해준 충남대학교 박물관 조교 김형준대학원 석사과정, 충남대학교 고고학과 실험실의 김민수4학년, 김진울4학년, 임선주2학년 학생에게 고마움을 전한다. 다양한 미디어에 노출되어 있고 또 그것을 적극적으로 활용할 줄 아는 작금의 학생들에게 이 책이 지적 자극과 **주이상스**jouissance를 줄 수 있다면 그게 바로 저자와 역자가 모두 원하는 바일 것이다.

항상 한국고고학계를 위해 시장성 떨어지는 학술서를 기꺼이 출판해 주시는 사회평론아카데미 여러분께도 감사드린다. 사회평론아카데미에서 발간하는 책은 모두 다 우리나라 고고학계의 값지고 훌륭한 지적 유산이다. 아무쪼록 이 졸역서가 그 전통에 누가 되지는 않았으면 하는 바람이다.

2021년 11월 23일
이택재(麗澤齋)에서
彩羽 유용욱 씀

1 비영어권에서 순수하게 독창적인 고고학이론을 고안한 사람을 개인적으로 꼽아본다면 구스타프 코신나, 앙드레 르루아구랑, 장클로드 가르뎅Jean-Claude Gardin 정도가 해당한다고 생각한다.

2 비광에 대한 문학적 레토릭은 임창정, 엄지원이 주연을 맡은 한국 영화 〈스카우트 Scout〉(2007)에 잘 나온다.

3 "명인은 자기가 명인이라고 생각하지만 달인은 자신을 달인이라고 생각하지 않는다. 명인은 자기 기술 자체에 도취하지만 달인은 자기 기술에 언제나 불만을 가진다. 명인에게는 자기의 기술이 인생의 전부이지만 달인에게는 자기의 기술은 인생의 극히 일부분에 불과한 것이다."
김원용. 1985. 「명인과 달인」. 『하루하루와의 만남』. 문음사.

찾아보기

지은이 겸 삽화가 소개

에이드리언 프랫첼리스는 1972년부터 전문 고고학자로서의 경력을 시작하였다. 당시 영국의 고고학 유적들을 순회하면서 로마와 중세 유적 발굴에 전력을 다해 참여하였다. 이를 계기로 버지니아Virginia주의 선사시대와 18-19세기 고고학을 연구하게 되었고, 그 밖에 영국 및 현재 거주하는 캘리포니아 지역에 관심을 가져왔다.

프랫첼리스 교수는 버클리 대학에서 인류학으로 박사학위를 받았고 소노마 주립대학의 인류학 교수였다. 고고학과 문화유산관리를 주로 가르쳤으며 같은 학교 내의 부속 기관인 인류학연구센터 원장을 역임하였다. 프랫첼리스 교수는 저자 겸 삽화가로 『이론에 죽다Death by Theory』(2000) [2011]와 『죽도록 발굴하기Dug to Death』(2003)를 저술한 바 있다. 후자는 고고학 교재 중 유일하게 이디시어Yiddish, 동유럽계 유대인의 언어로 쓴 용어집을 수록해 환영을 받았는데, 아마도 이런 업적은 당분간 다시 등장할 것 같지는 않다.